MORIZ SCHLESINGER

DAS
VERLORENE
PARADIES

EIN IMPROVISIERTES LEBEN
IN WIEN UM 1900

*Mit einem Nachwort von Helene Otley
und 36 Abbildungen*

PICUS VERLAG WIEN

Redaktionelle Bearbeitung: Andrea Huemer

Umschlagabbildung:
Restaurant Konstantinhügel im Wiener Prater,
um die Jahrhundertwende

Graphische Gestaltung: Dorothea Löcker, Wien
Druck und Verarbeitung: Remaprint, Wien
Printed in Austria
ISBN 3-85452-245-2

INHALT

»Soll aber und muß Geschichte sein, kann der Biograph sich um sie ein großes Verdienst erwerben, daß er ihr das Lebendige, das sich ihren Augen entzieht, aufbewahren und mitteilen mag.«

JOHANN WOLFGANG VON GOETHE

Meine Kinder wünschen, ich möge meine Lebenserinnerungen schreiben. Ich will versuchen, diesem Wunsch nachzukommen. Freilich kann ich diesen Erinnerungen einen ihren nächsten Zweck übersteigenden, schriftstellerischen oder dichterischen Wert nicht zumessen. Die Berichte unserer Generation könnten aber durch den Wert der Unmittelbarkeit den künstlerischen ersetzen. Ein paar kunstlose Sätze meiner Mutter haben mich stärker die Revolution von 1848 mitfühlen lassen als alles, was ich darüber gelesen habe.

Ich gehöre einer Generation an, von der es einmal heißen wird, sie habe in zwei geschichtlichen Zeitaltern gelebt. Einen Teil dessen, was ich in der Zeit der Jahrhundertwende erlebt habe, möchte ich im folgenden schildern. Den Nachgeborenen mag es ganz unfaßbar klingen, daß damals das Gestern mit dem Heute und Morgen eine ununterbrochene, klare Linie bildete und der Glaube an die Beständigkeit der Verhältnisse eine unerschütterliche Grundlage allen Denkens und Handelns darstellte. Das äußere Leben im gegebenen wirtschaftlichen und sozialen Rahmen möglichst günstig zu gestalten, das innere auszubilden im Rahmen dessen, was man als europäische Kultur empfand, das allein erfüllte Sinnen und Denken der Mehrheit der Bevölkerung. Und diese Stetigkeit ließ auch keinen Gedanken daran aufkommen, daß dieser Rahmen selbst je gesprengt werden könnte. Nicht daß man an den ewigen Frieden glaubte: Man hatte ja selbst Kriege erlebt. Aber ein Krieg wurde ausgefochten, politi-

9

sche, wirtschaftliche oder soziale Änderungen brachten ein neues Regime, und dann ging das Leben weiter.

Ich wurde im Wien der achtziger Jahre des vorigen Jahrhunderts geboren, einer Zeit, die bespült war von den letzten Wellen der Hochflut der Revolution von 1848. Einer Zeit, die sicherlich nicht alles Elend aus der Welt geschafft, ja die es – und das ist ihre schwere Schuld – nicht einmal ernstlich versucht hatte.

Schon früh lernte ich das Wort »entbehren« kennen, wenn ich auch niemals Mangel, außer in der ersten Zeit nach dem Weltkrieg, erlitten habe. Und früh schon führten meine Gedankengänge ganz nahe heran an das, was man Sozialismus nennt. Aber die Kultur, die durch meine Adern sickerte, war eine bürgerliche. Meine Vorstellung von Schönheit und Lebenslust hängt heute noch an Werten, die dem Knaben die Augen und Ohren öffneten: Burgtheater – Schiller, Goethe, Grillparzer, Shakespeare –, Wiedner Theater, Carltheater – Raimund, Nestroy –, Oper, Theater an der Wien – Grünfeld, Girardi, Johann Strauß, Offenbach –, Schönbrunn, Prater, Kahlenberg, Steiermark, Alpen.

Dieses verlorene Paradies war für mich nicht nur ein europäisches, sondern ein österreichisches, und nicht nur ein österreichisches, sondern ein wienerisches, doppelt verloren, weil es in keiner Form jemals wiederkehren kann.

GEBOREN AUS DEM LIBERALISMUS

Ich kam am 2. Februar 1880 im sogenannten roten Haus an der Ecke Löwengasse/Rasumofskygasse auf die Welt. Meine Familie wurde durch irgendeinen nomadischen Zwang zu fortwährendem Wohnungswechsel getrieben (meine Eltern übersiedelten in den 42 Jahren ihrer Ehe nicht weniger als zwanzigmal), und so wohnten wir

Moriz mit seinen Schwestern Ella, Rosa und Jultschi,
ca. 1886

dann der Reihe nach in der Landstraßer Hauptstraße, der
Ungargasse, 1882 in der Bäckerstraße 26, 1884 in der Sofienbrückengasse und in der Bäckerstraße 22, 1885 am
Fleischmarkt (Hotel Rabl) und anschließend in der Wollzeile 28.

Mein Vater Sigmund Schlesinger wurde im Jahre 1832 in
Ungarisch-Neustadt (Waag-Neustadtl) geboren und kam
als vierjähriges Kind mit seinen Eltern nach Wien, wo er
sich zum angesehenen Schriftsteller und Journalisten entwickelte.
Er hatte zwei jüngere Geschwister. Seine Schwester Ama-

lie heiratete den bekannten Journalisten Moriz Szeps, während sein unverheirateter Bruder Max gleichfalls Journalist wurde und als ausgesprochenes Original noch heute in der Erinnerung unter uns Geschwistern Anlaß zum Lachen gibt.

Mein Vater erzählte uns kaum jemals etwas aus seiner Jugend. Mir ist bekannt, daß er im Schottengymnasium studiert hat und der Primus seiner Klasse war. Sein Konkurrent um diese Würde war der spätere Schriftsteller Franz Nissel. (Auch die Schriftstellerwelt der nächsten Generation war in dieser Klasse vertreten, denn ein Mitschüler der beiden war der Vater von Hermann Bahr.)

Mit Nissel zusammen verfaßte er auch sein erstes Stück, ein – im Geiste ihrer Zeit – die katholische Kirche bekämpfendes Drama, das »Die Inquisition« oder »Der Inquisitor« hieß. Die beiden wußten sich Zutritt bei Friedrich Hebbel zu verschaffen und wurden von diesem zunächst ordentlich angebrüllt, da er meinte, daß eine Dichtung so wenig wie ein Kind zwei Väter haben könne. Später soll Hebbel sein Urteil gemildert und sie zum Weitermachen ermutigt haben.

Seine Beteiligung an der Achtundvierziger Revolution scheint mit Brachialgewalt verhindert worden zu sein. Wenigstens erzählte mir Tante Mali – damals scheute man sich auch in bourgeoisen Kreisen nicht, den Namen Amalie in dieser wienerischen Form zu gebrauchen –, ihre Mutter habe in den aufregenden Tagen meinen Vater ständig eingesperrt. Wenn diese Erzählung auf Wahrheit beruht, dann hat sich meine Großmutter um den Schutz der Revolution zumindest ebensosehr verdient gemacht wie um den Schutz meines Vaters. Denn wenn ich aus seinem Verhalten den Dingen des normalen Lebens gegenüber auf seine Eignung zur Teilnahme an Straßenkämpfen schließen darf, hätte er sicherlich mehrere der eigenen Barrikaden zerstört.

Das Gymnasium verließ er vor der Matura und trat unmittelbar in den journalistischen Beruf ein. Als jüngstes

Sigmund Schlesinger, um 1907

Mitglied der Redaktion der »Morgenpost« erhielt er einen Spitznamen, der ihn als Lehrling, als Schüler, bezeichnen sollte. Es entsprach seiner eigenen Herkunft und dem Milieu der Redaktion, daß diese Bezeichnung aus der Talmudschule hervorgeholt wurde. Um den ungefälligen Klang zu mildern, verlieh man französische Aussprache und Endung und nannte ihn »Bocherlé«. Als er sich einmal einer journalistischen Entgleisung schuldig machte, wurde ihm strafweise diese Aussprache und Endung entzogen und er zum »Bocherl« degradiert.

Es ist mir nicht bekannt, wo mein Vater im Anschluß an seine Tätigkeit bei der »Morgenpost« schrieb. Aber seit der Gründung des »Neuen Wiener Tagblatts«, unter anderem durch seinen Schwager Moriz Szeps, wirkte er achtzehn Jahre als Burgtheaterkritiker und erster Feuilletonist für diese Zeitung.

Diese Zeit, von der zweiten Hälfte der sechziger Jahre bis in die erste Hälfte der achtziger Jahre, war die Blüte und die Glanzzeit seiner journalistischen und schrifstellerischen Laufbahn. Hatte er, wie die Episode mit Friedrich Hebbel beweist, in seiner Jugend nach dem Lorbeer des Dichters geschielt, wurde, wie es scheint, seine schriftstellerische Tätigkeit zunehmend durch seine journalistische beeinträchtigt.

Sein schriftstellerisches Wesen wurde von Heinrich Laube folgendermaßen gekennzeichnet: »...welcher die besten Anlagen entwickelte für die weiter zu bildende Gattung des Proverbs bei den Franzosen. Seine kleinen Stücke sind wirklich eine Weiterbildung dieser aphoristischen Form, welche gleichsam nur anfragt. Schlesinger antwortet auch auf die geistreichen Fragen, welche er aufwirft, in diesen Aufzügen von höchstens dreiviertel Stunden. Leider hat ihn die Journalistik allmählich ganz eingefangen und ihn mit ihrem Aussaugsystem vom Theater abgezogen. Hoffentlich nicht für immer.«

Von seinen im Burgtheater aufgeführten Stücken nennt Laube: »Ein ernster Heiratsantrag« (1855, er war also schon mit 23 Jahren burgtheaterfähig), »Mit der Feder« (1863), »Die Gustel von Blasewitz« und »Mein Sohn« (1863). Andere werden ohne Namensnennung erwähnt, es könnte sich um »Derby«, »Der Scheidungsschmaus«, »Die Taube der Messalina« und einige Gelegenheitsstücke handeln. Gehört habe ich noch Titel wie »Die Schwestern von Rudolfstadt«, »Das Trauerspiel eines Kindes«, »Der Kopf auf der Münze«, »Die Rosl vom Schlachtfeld«, »Wer das Größere nicht ehrt, ist das Kleinere nicht wert« und »Das Ende vom Anfang«. Gemeinsam mit dem Schriftsteller Ignaz Schnitzer, dem Librettisten des »Zigeunerbaron«, verfaßte er in späteren Jahren einige Operettentexte.

Sein schriftstellerisches Wesen bewegte sich aber, soweit

ich das beurteilen kann, nur an der Oberfläche. Denn trotz seiner ausgezeichneten Studienerfolge und seiner intimen Kenntnis von Geschichte, Politik und Kulturgeschichte seiner Zeit, die er ja in politischen Feuilletons und auch Leitartikeln schriftstellerisch und journalistisch behandelte, war ihm nur die Pointe wichtig. Geschichte, Politik, Wissenschaft, Kunst, Kultur, soziales Leben – alles löste sich für ihn auf in Plauderei. Im Geschmack seiner Zeit zu plaudern verstand er, wobei aber der Inhalt stets zur Nebensache wurde.

Sein persönliches Wesen schien die Richtigkeit des französischen Ausspruchs »der Stil ist der Mensch« zu bestätigen. Er war gutmütig, liebenswürdig und in jedem Wort von der Absicht beseelt, sich dem Gesprächspartner angenehm zu machen, diesen zu erfreuen, jedoch ohne jede tiefere Gemütserregung. Außerdem war er einer der anspruchslosesten Menschen. Seine Schwelgereien in Gasthäusern bestanden stets nur im Genuß eines »Viertel G'spritzten« mit zwei Semmeln.

So wären, trotz seines Mangels an Familiensinn, die Voraussetzungen für eine gedeihliche Familienexistenz gegeben gewesen, hätte nicht seine übergroße Empfänglichkeit für Frauenreize – von der sublimen Geistigkeit der bourgeoisen oder aristokratischen Salonkönigin bis zur wilden Animalität einer stämmigen Amme – ihn im Zusammenhang mit seiner Willensschwäche zu – daheim naturgemäß verheimlichten – Ausgaben geführt, die sich mit seinem Einkommen und seinen Familienpflichten nicht vertrugen (wobei ich auch vermute, daß er, was immer er aus Amors Kramladen bezog, stark überzahlt hat). Dem Wohlergehen seiner Familie gegenüber war er von einer fast unerklärbaren Gleichgültigkeit. Ich pflegte ihn mit den Worten zu charakterisieren: »Ein Junggeselle, der zufällig eine Frau und zwölf Kinder hat.«

Im Hause von Franz Pokorny, dem Besitzer und Direktor des Theaters an der Wien und des Josefstädter Theaters (zeitweise auch der Arena in Preßburg und der Arena in

Baden), hatte er dessen Tochter Marie (geboren 1838) kennengelernt, und im Jahre 1861 heirateten die beiden.

Franz Pokorny, meinem Großvater mütterlicherseits, scheint es nicht an Begabung gemangelt zu haben. Er war als armer Musikant von Böhmen über Preßburg nach Wien gekommen und führte später eine Anzahl von Theaterdirektionen. In der Wiener Theatergeschichte wird er als talentiert sowie als eine Persönlichkeit von markanter und besonderer, durch heimatliche Klänge gefärbter sprachlicher Eigenart geschildert.

Die hervorragende Stellung, die er sich im Theaterleben Wiens geschaffen, das Vermögen, das er sich erworben hatte, sind in den Fluten der Revolution von 1848 verschwunden. Ein merkwürdiger Zufall wollte es, daß der erste Schlag, den das Schicksal gegen ihn führte, dem Revolutionär galt, der er niemals war. Im Gegenteil, nach Berichten meiner Mutter war er »schwarz–gelb bis in die Knochen«. Sie schilderte mehrfach die Szene, wie auf der Straße, am Theater an der Wien vorbei, die Studentenlegion mit fliegenden Fahnen marschierte, an der Spitze ihr Bruder Alois; und wie weit über das offene Fenster hinausgebeugt, meine für die Freiheit schwärmende Großmutter ihr Taschentuch flattern ließ, während hinter ihr mit ringenden Händen mein Großvater stöhnte: »Diese Frau bringt mich ins Grab!«

Dieser Mann geriet in den Verdacht oppositioneller Gesinnung. Er hatte Roderich Benedix' »Das bemooste Haupt« aufgeführt, ein Stück, in dem in einer Szene von Studenten Katzenmusik veranstaltet wurde. Dies gab einer Gruppe von Unzufriedenen den Anstoß, vor der Wohnung irgendeines Mitgliedes des Kaiserhauses eine Katzenmusik aufzuführen. Am nächsten Tag wurde dem Direktor Pokorny die Hofloge gekündigt, und bald gab der ganze Adel seine Logen auf. Dieser Schlag traf gerade einen Mann von seiner Gesinnung vernichtend und war der Anfang vom Ende. Er hatte kurz zuvor eine italienische Operngesellschaft engagiert, in der Absicht, in seinem Haus große Opern aufzuführen und damit den Befähigungsnachweis zum Hofoperndirektor – sein Lebenstraum – zu liefern. Nun wurde ihm geraten, sich mit Hinweis auf die schwierigen Umstände seiner Verpflichtungen zu entschlagen: »So lange ich zu essen habe, sollen meine Schauspieler nicht hungern«, war seine Antwort auf derartige Vorschläge.

Er hat den Zusammenbruch nicht lange überlebt. Sein Sohn Alois führte nach seinem Tod die Direktion noch einige Zeit weiter und rettete schließlich für sich eine lebenslängliche Jahresrente von 1000 Gulden. Die anderen Geschwister scheinen nichts oder einen Bettel bekommen zu haben.

Mein Großvater hatte zweimal geheiratet, seine beiden Gattinnen waren Schwestern gewesen. Aus diesen Ehen stammten zehn Kinder. Aber während ich mit den Geschwistern meines Vaters oftmals beisammen gewesen bin, habe ich nur drei Geschwister meiner Mutter persönlich kennengelernt und stand nur mit einem von ihnen, Ferdinand, in engerem Kontakt. Er soll eine Art Wunderkind gewesen sein und schon in allerjüngsten Jahren die für derlei sehr empfänglichen Wiener entzückt haben. Aus dem Wunderkind ist aber später, wie das so oft der Fall ist, kein überragender Künstler geworden, sondern ein Zentralinspektor der Österreichischen Staatseisenbahn. Sein Bruder Rudolf, ein Bankangestellter, hatte sich etwas zuschulden kommen lassen und deshalb eine Kerkerstrafe zu verbüßen, die eine Trübung seines Verstandes zur Folge hatte. Er verbrachte die letzten Jahre seines Lebens hauptsächlich in meiner Familie, wurde von meinem Vater für Botengänge verwendet und nahm dafür an unserem Mittags- und Jausentisch teil. Ein weiterer Bruder, Anton, ist schon in meiner Kindheit verstorben, hatte aber einen Sohn aus einer außerehelichen Verbindung, der ebenfalls Anton hieß, über Jahre unser tägli-

cher Gast war und gleichfalls von meinem Vater für Botengänge eingesetzt wurde.

Das Erbgut ihrer Familie – ein Bruder hatte Selbstmord
begangen, eine Schwester war im Irrenhaus verstorben –
zeigte sich bei meiner Mutter als Melancholie, als Hang,
die Zukunft düster zu sehen. Dabei unternahm sie niemals den Versuch, auf diese Zukunft auch nur im geringsten durch tatkräftiges Handeln Einfluß zu nehmen.
Denn Tatkraft war ihre Sache ebensowenig wie die ihres
Mannes. Sie war voller Güte und unbegrenzter Liebe für
ihre Kinder, besonders für ihre Lieblingskinder. Diesen
gab sie alles, was eine Mutter an Liebe nur geben und
was ein reiches Gemüt spenden kann. Denn hier lagen
ihre Besitztümer. Aus dem Verstandesgebiet holte sie
nur, was sie für den Tag brauchte, ansonsten lagen ihr
Streifzüge dorthin fern, obwohl das Leben sie in eine
künstlerische und stark geistige Umgebung gestellt hatte.

Als sich das schwere Blut meiner Mutter mit dem leichten meines Vaters verband, trafen zwei Persönlichkeiten
zusammen, von denen jede der tatkräftigen Leitung bedurft hätte. So kam es, daß ihr und unser aller Lebens-
schifflein dorthin trieb, wohin die Strömungen es trugen.
Und vielleicht ist es nur verschiedenen Glücksfällen zu
verdanken, daß es nicht für einzelne oder alle ganz und
gar zerschellte.
Mit Erziehungsfragen haben sich meine Eltern weder in
der Theorie noch in der Praxis abgequält. Was ich als
Lenkung der jugendlichen Persönlichkeit, an Ermah-
nung, an Tadel in Erinnerung habe, reicht nicht über das
Ausmaß konventioneller Pädagogik und der Abwehr
von Einbrüchen der Kinder in die Bequemlichkeit des
täglichen Lebens hinaus. Ich persönlich bin meinen Eltern dankbar dafür, daß sie uns im großen und ganzen
aufwachsen ließen wie das wilde Gras. Vielleicht habe
ich diesem Verhalten den größten Teil dessen zu danken,

was noch an vegetativer Heiterkeit und Freiheit in meinem Inneren blüht.

DIE GROSSE ZEIT

Meine ersten, ganz dunklen Erinnerungen knüpfen sich an das Leben in der Bäckerstraße 22. Gegenstände dieser Erinnerung sind durchlöcherte Schießscheiben aus Pappendeckel, Ergebnisse der Flobertgewehrvergnügungen meiner Brüder und ihrer Freunde, und vor allem kleine Wachszündholzschächtelchen in der Art kleiner Schubfächer, deren halb aus der Umhüllung herausgezogene Lade man vermittels eines angebrachten Gummischnürchens wieder in dieselbe zurückschnellen lassen konnte – ein herrliches Spielzeug, um das wir unseren Onkel Max jedesmal, wenn er kam, anzubetteln pflegten. Mit den Besuchen von Onkel Max in jener Zeit verbinde ich auch die Erinnerung an zahllose Pakete in glänzend weißem Papier, gefüllt mit den köstlichen Produkten der Wiener Zuckerbäckerkunst, insbesonders Indianerkrapfen, die er uns Kindern stets mitzubringen pflegte.
Erinnerungen lassen sich auch durch die Nase aufbewahren. Noch heute, nach bald sechzig Jahren, steigt beim Geruch, den gebrauchte Spielkarten ausströmen, die Erinnerung an die Tarockpartien meiner Brüder mit ihren Freunden in mir auf.
Auch das »Farbkastl« haftet noch in meinem Gedächtnis. Wir Kinder beobachteten vom Fenster aus den Abzug der Studentenverbindungen in geschlossenen Reihen vom Sonntagsbummel aus der alten Universität. Die bunten Mützen, eine neben der anderen, sahen aus wie die in Reihen geordneten Farben in unseren Malkästen. Daher haben wir dieses Schauspiel Farbkastl genannt.

Mehr vielleicht durch spätere Erzählungen als durch eigene Wahrnehmung festgehalten, tönt in mir das

Moritz Szeps

Geräusch des regen gesellschaftlichen Lebens, das bei uns in der Bäckerstraße geführt wurde – gesellschaftlich in dem Sinn, in dem man im bourgeoisen und künstlerischen Wien von »Gesellschaft« sprach, denn an Gesellschaft an und für sich hat es uns auch in späteren, kargen Zeiten niemals gefehlt.

Damals standen wir noch in engster Verbindung mit der Familie meines Onkel Moritz Szeps. Er war nicht nur einer der Gründer des »Neuen Wiener Tagblatts«, sondern auch einer der bedeutendsten freisinnigen Wiener Journalisten. Seine Leitartikel fanden stets viel Aufmerksamkeit, und er war auch Autor manch eines geflügelten Wortes seiner Zeit. Von ihm stammte die Bezeichnung von Montenegro als dem »politischen Wetterwinkel Europas«, die durch Jahrzehnte gang und gäbe war. Bekannt war auch seine spätere Freundschaft mit Kronprinz Rudolf, der in liberaler Fremde zu den Tendenzen und Traditionen seines Hauses gerne mit freisinnigen Männern der Feder in Kontakt trat. Eine große Anzahl von Briefen des Kronprinzen, die mein Onkel während der Dauer dieses Freundschaftsverhältnisses erhielt, wurde später von meinem Cousin Julius Szeps als Buch veröffentlicht.

Aus der Ehe meiner Tante Mali mit Moritz Szeps stammten fünf Kinder: Sophie war die Gattin von Paul Clemenceau, dem Bruder des bekannten »Tigers«. Bertha, eine bekannte Schriftstellerin und Journalistin, war mit dem Wiener Anatomen Emil Zuckerkandl verheiratet. Julius wurde ebenfalls Journalist und stand bis zum Ende des Weltkrieges viele Jahre lang als Chefredakteur der »Wiener Zeitung« und des offiziösen »Fremdenblatts« in regster Verbindung mit den maßgebenden Kreisen der österreichischen Innen- und Außenpolitik. Leo und Ella verstarben schon in jungen Jahren.

Von den klingenden Namen des politischen, wissenschaftlichen, literarischen und künstlerischen Wien, deren Träger im Salon Szeps und teilweise auch in unserem bescheideneren, aber im Verhältnis zu späteren Zeiten noch immer glanzvollen Hause verkehrten, sind in meinem Gedächtnis jene des unvergeßlichen Schauspielers Alexander Girardi, des Klaviervirtuosen Alfred Grünfeld und des berühmten Anatomieprofessors Emil Zuckerkandl haften geblieben. Auch Kathi Schratt, mit der später meine Schwestern in engster Verbindung standen, war, damals noch eine junge Schauspielerin, bei uns zu sehen.

Manche heitere Episode aus jener »großen« Zeit wird noch heute bei uns erzählt. So fand etwa in der Wohnung in der Sofienbrückenstraße, die einen Garten mit Kegelbahn hatte, einmal eine Kegelpartie statt. Girardi trat an die »Budel« heran, wählte eine große Kugel und zitierte, während er sie probeweise schwang, in seinem unnachahmlichen Tonfall: »Wo rohe Kräfte sinnlos walten.« »Xandl, wissen Sie, woraus das ist?« frozzelte Zuckerkandl. »Sö Tepp sö, das is von dem Schiller, der was die sämtlichen Werke geschrieben hat.«

Einmal setzte sich Alfred Grünfeld, der es seit je gewohnt war, seine Tonperlen in fürstlicher Freigebigkeit auszustreuen und sie nicht nur in den Krondomänen seiner Konzerte auszustellen, nach beendetem Vortrag noch einmal an den Flügel und ließ Schuberts »Wanderer« als parodistisches Melodram aufsteigen: »Woher kommen Sie denn?« – »Ich komme vom Gebirge her« – »Was macht das Tal?« – »Es dampft das Tal.« – »Und das Meer?« – »Es braust das Meer.« – »Wo bist Du?« – »Ja, wen suchen Sie denn?« – »Mein geliebtes Land« – »Ja welches Land meinen Sie denn?« usw.

Es war nicht zuletzt der Jungmädchenflor des Salons – die Cousinen Bertha und Sophie und meine damals schon dem Kindesalter entwachsene Schwester Mitzi –, der die jüngeren Zelebritäten fesselte. Zucki, Radi und Haui – Zuckerkandl, Girardi und der später sehr bekannte Advokat Dr. Emil Frischauer – waren die häufige Begleitung dieses Flors, aus dem Emil Zuckerkandl später seine Gattin erwählte.
Es gab auch mancherlei Familienfestlichkeiten in den verschwägerten Häusern. Einmal fand ein Kostümball statt, zu dem auch ich im Alter von ungefähr vier Jahren, mit einem überlebensgroßen Bauch als Bierbrauer verkleidet, zugelassen wurde. Das Hauptvergnügen meiner Brüder und anderer Teilnehmer an der Lustbarkeit soll darin bestanden haben, mich auf den Rücken zu legen, wobei mich mein festlicher Bauch daran hinderte, allein wieder aufzustehen. Wie ein auf den Rücken gefallener Käfer war ich an den Boden gefesselt, bis sich jemand fand, in dem die humane Tendenz stärker als die humoristische war.
Die tänzerische Fertigkeit, die für diesen Kostümball, aber auch ansonsten als notwendige Ergänzung der allgemeinen Bildung angesehen wurde, hatte man sich durch den Tanzunterricht erworben, der allwöchentlich, abwechselnd bei uns und im Hause Szeps stattfand. An der Tanzstunde pflegten meine Cousinen Sophie und Bertha, Amal Zuckerkandl – Emils Schwester –, Leontscha Goldscheider, eine Verwandte der Familie Szeps, und meine älteren Geschwister teilzunehmen. Als Lehrer hatte man sich keinen geringeren ausgesucht als Eduard

Bertha Zuckerkandl

Rabensteiner, den berühmten Tanzmeister, der auf allen großen Winterbällen die Quadrillen arrangierte. Noch Jahre später zitierten wir Kinder Rabensteiner in seinem vom Tanzschritt geleiteten Tonfall: »Ein chasseé, zwei chasseés, aber Fräulein Goldscheider.«

In der ersten Hälfte der achtziger Jahre gewann unser Dasein eine Bereicherung, die unser Gemütsleben tief beeinflußte. Wir begannen, die Sommermonate »auf dem Land« zu verbringen. Damals, als für den Wiener Döbling und Grinzing noch auf dem Land lagen, war es, im Unterschied zu heute, noch keine Selbstverständlichkeit, den Sommer in einem so fernen und abenteuerlichen Lande wie der Steiermark zuzubringen.

Den ersten Sommeraufenthalt meines Lebens verbrach-

Otto Zuckerkandl   *Emil Zuckerkandl*

ten wir allerdings in Aspang, welches verwaltungsmäßig
zwar noch in Niederösterreich liegt, gefühlsmäßig aber
schon zur Steiermark gerechnet wurde. Den unmittelba-
ren Anlaß hiezu mochte die kurz zuvor erfolgte Eröffnung der Aspangbahn geboten haben, und meine Eltern
entschlossen sich, dort eine Sommerwohnung zu nehmen.

Der Aspanger Aufenthalt fand ein aufregendes Ende,
weil unter uns Kindern der Scharlach ausbrach. Ein Teil
von uns wurde nach Wien verfrachtet, ein Teil blieb in
Aspang, ohne daß die Trennung verhindert hätte, daß
wir fast alle erkrankten. Mein Bruder Alois blieb in der
Folge jahrelang gelähmt, während ich selbst im Verlauf
der Erkrankung der medizinischen Wissenschaft spotte-
te. Es galt als heiliges ärztliches Gebot, den Scharlach-
kranken in wärmster Umhüllung zu halten und nicht
dem geringsten Luftzug auszusetzen. Einmal wurde ich,
nach überstandener Krankheit, aber noch mit dem schup-
pigen Ausschlag, der Obhut des tschechischen Dienst-
mädchens überlassen und überraschte meine Eltern bei
ihrer Rückkehr durch meine ganz besondere Sauberkeit.
Nähere Nachfragen beim Dienstmädchen brachten die
Antwort: »Hab' ich kleinen Morizl 'badt, weil war gar so
schmutzig und ise jetzt« – und das mit freudestrahlen-
dem Gesicht – »so schen rein«. Die einzige üble Folge

dieser Untat war das Entsetzen meiner Eltern – ich selbst überstand den Scharlach.

Ein Jahr später, im Jahre 1884, fand der Sommeraufenthalt dann in der Steiermark statt, im Dörfchen Adriach bei Frohnleiten, einem sehr bekannten Luftkurort in der Nähe von Graz. Wir wohnten im Haus des Bürgermeisters Hochhauser, dessen Sohn einmal der phantastischen Meinung Ausdruck gegeben hat, das Meer sei wohl »hundertmal so broad als der Mühlbach«. Meine älteren Geschwister wurden von ihren Freunden besucht. So kamen aus Graz der noch junge Anatomieprofessor Emil Zuckerkandl und der Schauspieler Starke, dessen Andenken noch heute im »Starke Häuschen« am Schloßberg bewahrt wird. Leo Szeps und mein späterer Schwager Otto Zuckerkandl, damals noch beide Studenten der Medizin, erfüllten uns Kinder mit entsetzter Bewunderung und ehrfurchtsvollem Schauder, wenn sie Frösche sezierten.

Eine der originellsten Figuren des Frohnleitner Sommeraufenthaltes war Oskar Marmorek. Er lebte später in Paris, war dort ein bekannter Architekt und baute 1892, bei der in der Rotunde errichteten Musik- und Theaterausstellung, die von den Wienern zum erstenmal bestaunte »fontaine lumineuse« auf.

Marmorek war als Hauslehrer meiner Brüder Sigmund und Alois angestellt. (Es ist erstaunlich, welch starken Konsum an Hauslehrern meine Familie aufzuweisen hatte, und um wieviel weniger dabei gelernt wurde als in anderen Familien, wo die Kinder sich ihre Kenntnisse in ganz ordinärer Weise in öffentlichen Volks-, Bürger- und Mittelschulen erwarben.) Da alle jungen Leute, die bei uns verkehrten, der Familie einverleibt wurden, wurde auch Marmorek alsbald in die Kameradschaft einbezogen und den Brüdern gleichgestellt. Man ließ ihn den bezahlten Hauslehrer nicht im geringsten fühlen. Dadurch war er aber auch den Späßen meiner Brüder ausgesetzt, die

Oskar Marmorek

einen beträchtlichen Teil unbekümmerter Roheit enthielten, wie sie bei jungen Leuten sehr oft vorzukommen pflegt.

Schon die äußere Erscheinung Marmoreks wirkte in der ungebundenen steirischen Natur grotesk. Er war ein armer Teufel und hatte nur einen einzigen Rock, und zwar den für Repräsentations- und Lehramtspflichten geeigneten langen schwarzen Salonrock. In diesem segelte er durch die steirische Welt wie Reichmanns schwarzer Holländer durch die blaue Meeresflut. Er war immer hinter Schmetterlingen her und bemächtigte sich zu deren Erhaschen stets des Schmetterlingsnetzes bald des einen, bald des anderen seiner Zöglinge. Erbittert über diese Annexion lockten ihn diese, unter Vorspiegelung irgendwelcher vor ihm flatternden Wunderfalter, gerne an den Rand lehmiger Abhänge. Dort verschwanden sie in den Gebüschen, während der ihnen in jähem Schuß nachstrebende Präzeptor – im hohen Grade das, was man in Wien einen schusseligen Menschen nennt – die Wolfsschlucht regelmäßig zu spät bemerkte und über den lehmigen Hang hinuntersauste, zum Schaden seines schwarzen Salonrockes, dem der gelbe Lehm meist nicht gut bekam.

Das waren die harmlosen Knabenstreiche. Ein gröberes Konzept hatten die Belustigungen der Älteren, die meist auf seine etwas übertriebene Wehleidigkeit und Ängstlichkeit gründeten. Er wurde solange gefrozzelt und provoziert, bis er sich endlich zu einer unüberlegten Äußerung hinreißen ließ und beispielsweise Leo Szeps einen Esel nannte. »Marmorek, Sie werden mich um Entschuldigung bitten«, verlangte Leo dann. »Nie werde ich das tun.« »Sie werden es doch tun«, drohte Leo.

Abends, in den gemeinsamen Schlafräumlichkeiten, bemächtigte man sich dann seiner, und während ihn zwei festhielten, bediente ihn ein dritter solange mit heißen Kerzentropfen am bloßen Leib, bis er sich endlich doch entschloß, Leo um Verzeihung zu bitten.

Ein anderes Mal wurde ihm eröffnet, man werde ihn wegen einer Ungebühr, die er sich habe zu Schulden kommen lassen, lebendig sezieren. Zunächst lachte er hierüber. Als er aber am Abend nackt ausgezogen und festgebunden wurde, Leo Szeps und Otto Zuckerkandl ihre chirurgischen Bestecke vor ihm schwangen und die scharfen gefährlichen Instrumente an seine bloße Haut ansetzten, bekam er es mit der Angst zu tun und tat wieder, was man von ihm verlangte.

Da er aber gutmütig genug war, solcherlei nicht nachzutragen – er hat sich niemals bei meinen Eltern darüber beklagt –, mag ihm der Aufenthalt in unserem Haus als bunter Schmuck seines damals wohl grauen Alltagsdaseins erschienen sein. So führte auch, als er 1892 nach Wien kam, einer seiner ersten Wege zu uns.

DER ABSTIEG

In meiner Erinnerung bildet Frohnleiten, gemeinsam mit der Wohnung in der Bäckerstraße, den Abschluß der Glanzzeit der Familie.

Denn im Jahre 1884 oder 1885 trat jene Änderung in unseren Verhältnissen ein, die uns aus einem bürgerlich behaglichen, von der Wiener gesellschaftlichen Kultur jener Tage gesättigten Dasein in kärgliche und notdürftige

Verhältnisse stieß, in ein Leben von der Hand in den Mund.

Für mich, dessen früheste Erinnerungen mit dieser Zeit beginnen, bedeutete allerdings dieses Leben keinen Tiefstand, und als es einige Jahre später besser wurde, hatte ich sogar das Gefühl eines Aufstieges. Desgleichen waren meine Geschwister in einem Alter, wo einen derlei zwar als Unannehmlichkeit, nicht aber seelisch trifft. Meine Brüder ließen sich ihre Freiheit schmecken, da sie weder in die Schule geschickt, noch sonst auf einen Beruf vorbereitet wurden. Man ließ sie einfach herumlungern, und sie waren die allerletzten, diesem willkommenen Zustand ein Ende zu machen. Mein Vater, der nur Interesse für journalistische Objekte, in erster Linie das Theater, hatte, trat daheim möglichst selten in Erscheinung – späterhin schlief er sogar jahrelang auswärts – und machte von seiner glücklichen Eigenschaft, nur für den Tag zu leben, ausgiebigst Gebrauch. Entsetzlich muß meine Mutter gelitten haben, die, aus einer glanzvollen Umgebung hervorgegangen, nunmehr gezwungen war, nicht nur in dürftigsten Umständen zu leben, sondern dem völligen Untergang der Familie zuzusehen, ohne die Kraft zu haben, die nach ihren Gefühlen unabwendbaren Verhältnisse abzuwehren.

Mein Vater war nach einem Zerwürfnis mit seinem Schwager Moritz Szeps aus dem Verband des »Neuen Wiener Tagblatts« geschieden. Ob dieses Ausscheiden ein freiwilliges oder ein von Szeps erzwungenes war, weiß ich nicht. Ich vermute aber, daß die steten Geldnöte, in denen er sich befand und die ihn in seinem Leichtsinn oftmals zu Unbedenklichkeiten übler Art veranlaßten, den Hauptgrund für das Zerwürfnis gaben; wahrscheinlich spielten sich in der Redaktion peinliche Gläubigerszenen ab, die seine Stellung dort unhaltbar machten. Denn bei einer Besichtigung der Sammlung von Autogrammen des jungen Emil Zuckerkandl, des Enkels von

Szeps' Tochter Bertha, fand ich einige Wechsel über den Gesamtbetrag von ungefähr 15.000 Gulden. Die Wechsel hatte offenbar Moritz Szeps eingelöst, ein Zeichen dafür, daß er den Vorgängen bei uns nicht kalt und uninteressiert gegenüberstand. Ob das Ausscheiden meines Vaters aus der Redaktion sich nicht doch hätte vermeiden lassen, weiß ich nicht. Jedenfalls bestanden jahrelang überhaupt keine Beziehungen zwischen uns und der Familie Szeps.

Die große Wohnung in der Bäckerstraße hatten wir aufgeben müssen. Da sich nicht gleich eine geeignete Unterkunft fand, wurden die Möbel bei einem Spediteur eingestellt, und wir zogen vorläufig in das Hotel Rabl am Fleischmarkt, das heutige Hotel Post. Als endlich eine geeignete Wohnung in der Wollzeile gefunden wurde, stellte sich heraus, daß sich der Spediteur in betrügerischer Weise an dem Eigentum seiner Kundschaft vergriffen hatte – wir waren um die ganze Wohnungseinrichtung gekommen.

Mit dem Leben in der Wollzeile, vom Herbst 1885 bis zum Herbst 1886, beginnen im wesentlichen meine eigenen Erinnerungen. Den lebhaftesten Eindruck aus jener Zeit vermittelte mir der Umstand, daß im selben Hause der damals sehr bekannte Zuckerbäcker Sollinger seinen Betrieb und sein Geschäft hatte. (Ich spüre jetzt noch den Geschmack der damals sehr beliebten Sollingertorte auf der Zunge.) Ein in den Hof hinein gebauter sogenannter Klopfbalkon vermittelte uns täglich Einblick in das Leben des Zuckerbäckerbetriebes, der sich besonders in der schönen Jahreszeit zum Teil im Freien abwickelte. Ich und meine mir im Alter am nächsten stehenden Schwestern Ella und Jultschi faßten damals den felsenfesten Entschluß, später einmal Zuckerbäcker zu werden.

Mit dieser Wohnung ist mein Schulbeginn in der Knabenschule in der Zedlitzgasse verknüpft. Ich pflegte des Abends – offenbar, weil bei uns im allgemeinen spät zu

Bett gegangen und ich als Jüngster vorzeitig schläfrig wurde – einen Winkel des Zimmers aufzusuchen, in dem Bettzeug unter Decken gehäuft lag, um dort einen Vorschuß auf den Schlaf der Nacht zu nehmen. Einmal machten sich meine Brüder den Scherz und weckten mich auf, sagten mir, es sei höchste Zeit und ich müsse schleunigst in die Schule gehen. Gehorsam stand ich auf, nahm meine Schulsachen unter den Arm und wackelte auf den Gang hinaus, wo ich, durch die Kühle endlich aus meiner Schlaftrunkenheit geweckt, erst an den brennenden Gasflammen merkte, daß es Abend war.

Auch meine ersten musikalischen Erinnerungen stammen aus jener Zeit und reichen von hoher Opernkunst über Operette und Volkslied bis zum Gassenhauer. Zunächst trafen die erschütternden Klänge des Miserere aus dem »Troubadour« mein Ohr. Die Interpreten waren die sogenannten Werkelmänner, die damals in großer Anzahl von Haus zu Haus zogen und mit den kläglichen Klängen ihres Hauptschutzpatrons Verdi – später war es dann Rossini – in Zeitungspapier gewickelte Kupferkreuzer aus den Taschen empfindsamer Dienstmädchen und Köchinnen von den einzelnen Stockwerken zu ihren Füßen herabzogen. Mit anderen musikalischen Schöpfungen wie »Denk dir nur, mein Liebchen, was ich im Traum geseh'n« und »Ich liebe dich so tief, so innig tief« trafen sie ihr kunstgenießendes Publikum im Herzen, um dann mit den befeuernden Klängen des mit den Worten »die Deutschmeister san da« endenden Liedes eine mehr sinnlich-plastische und lokalpatriotische Verlebendigung rosenroter Phantasiewünsche zu erzielen. Hier machte ich aber auch meine erste Bekanntschaft mit Wagnerscher Tonkunst – die dann später für mich überragende Bedeutung gewinnen sollte – , wie dem Pilgerchor aus »Tannhäuser«, dem Brautchor aus »Lohengrin« oder dem Holländerruf und dem Matrosenchor aus dem »Fliegenden Holländer«. Auch Bruchstücke aus Opern von Marschner habe ich noch im Ohr. Seine Opern sind mitt-

Theodor Reichmann, 1903,
als »Wotan« im »Ring der Nibelungen«

lerweile vergessen und waren an die Persönlichkeit eines einzigen Sängers gebunden, an Theodor Reichmann, den berühmten Bariton der Hofoper. Insbesonders die Wiener Frauenwelt stand im Banne von Reichmanns Kunst, und für seine erlösungsbedürftigen Helden zu schwärmen war offenbar nicht nur Mode, sondern schien einem fraulichen Seelenbedürfnis jener Zeit entsprochen zu haben.

Im Herbst des Jahres 1886 mußten wir die Wohnung in der Wollzeile verlassen. Wahrscheinlich fehlte wieder einmal das Geld zur Bezahlung des Zinses. Da eine andere Jahreswohnung nicht so schnell zu beschaffen war, nahmen wir im Hotel Rabl am Fleischmarkt Aufenthalt – ein Aufenthalt, der sich bis in das Jahr 1888 hinein aus-

Das Hotel Rabl am Fleischmarkt, um 1900

dehnen sollte. Die zwei Zimmer wurden aber nicht mehr von der ganzen Familie bewohnt. Mein Vater bezog eine Privatunterkunft bei Freunden, und auch mein ältester Bruder Heinrich wohnte als Student auswärts. Meine Schwester Mitzi, der das Stubenkätzchendasein am Burgtheater nicht entsprach, hatte ein Engagement als Salondame in Frankfurt am Main, unter dem in Theater- und Literaturkreisen sehr angesehenen Intendanten Alfred Klaar, gefunden und unsere Schwester Maltschi als Begleiterin mitgenommen.

Wir anderen führten im Hotel ein Leben, das frei war von Aufsicht, und das durch die Fernhaltung jeglicher Arbeit und geregelter Tätigkeit dazu angetan schien, die letzten Schranken von Disziplin niederzureißen.

Morgens holten wir das Frühstück aus dem Kaffeehaus.

Auf einer großen Tasse befand sich eine Anzahl gefüllter Kaffeegläser sowie ein Glas mit Schlagobers. Davon erhielt jeder einen Löffel voll auf seinen Kaffee und der jeweils letzte – die Vergünstigung ging rundum tagweise von einem zum anderen – bekam seine Portion in dem ausgeleerten Glas, in das er seinen Kaffee schüttete. Dieses Verfahren wurde praktiziert, damit auch nicht das kleinste Tröpfchen der weißen Köstlichkeit ihrer widmungsgemäßen Verwendungsart entzogen würde.

Zunächst besuchten Jultschi und ich noch die Schule. Eines Tages fragte mein Lehrer die einzelnen Schüler nach ihrer Konfession. Da von derlei bei uns daheim niemals die Rede gewesen war, konnte ich diese Frage nicht beantworten. Daraufhin wollte der Lehrer wissen, ob ich getauft sei. Auch das war mir nicht bekannt, ich wollte es aber nicht zugeben und so antwortete ich auf gut Glück mit ja. Bei der Beantwortung der Frage, in welcher Kirche ich denn getauft worden sei, scheint bei mir hauptsächlich Repräsentationsrücksicht mitgespielt zu haben, denn ich gab als Taufort die vornehmste mir bekannte Kirche, die Stephanskirche, an. So wurde ich dem Religionsunterricht der Katholiken zugeführt und gehörte bald zu den ausgesprochenen Lieblingen des Herrn Dechanten. Leider stellte sich eines Tages in recht grotesker Weise heraus, auf welch verwerfliche Art ich mir die Vermittlung der Gnadengüter der allein seligmachenden Kirche erschlichen hatte. Ich mußte den Lehrer nämlich bitten, dem Nachmittagsunterricht fern bleiben zu dürfen, weil ich getauft werden sollte.

Durch ein Versäumnis, wie es nur in unserer Familie vorkommen konnte, hatte man es bisher unterlassen, meine Schwester Jultschi und mich der Taufe zuzuführen. So wanderten wir also zu Fuß zur Taufe in die evangelische Kirche A.C.,wie sie damals bezeichnet wurde, in die Dorotheergasse. Es war uns beiden nicht ganz geheuer, denn die älteren Brüder hatten uns erklärt, wir würden in einem großen Wasserschaff untergetaucht werden.

Obwohl wir das nicht recht glaubten, begegneten wir der Sache immerhin mit Mißtrauen, trotz des Schutzes der uns zur Seite stehenden Taufpaten. Das war für meine Schwester Tante Madeleine, für mich Richard Eisenmenger, der damals erst zwanzigjährige Bruder meines späteren Schwagers Gustav.

Bald verging auch der Vormittag mit Spielen, denn schließlich blieben auch wir jüngeren Geschwister zu Hause. Meine Spielgefährten waren vornehmlich Ella und Jultschi, und meine Spiele daher vielfach mädchenhafter Art. Ich erinnere mich, daß ich besonders gerne Bilderbogen, in Wien hießen sie »Mandlbogen«, mit der Schere und Gummiarabikum bearbeitete. Sie enthielten die Figuren unbekleideter Puppen sowie die erforderlichen Kleider- und Wäschestücke, um aus einer Eva die nach letzter Mode angezogene Dame zu gestalten.
Die Angleichung der Geschlechter fand mit der Zeit auch äußerlichen Ausdruck. Wegen des Geldmangels ersparte es sich meine Mutter, mir den erforderlichen neuen Anzug zu kaufen und steckte mich einfach in alte Mädchenkleider. So lebte ich eine Zeit lang als »Achill unter den Weibern« dahin und entlockte in dieser Umhüllung meiner aus Frankfurt zurückgekehrten Schwester Mitzi den entsetzten Ausruf: »Gott, häßlich ist diese Jultschi geworden!«
So schlimm kann es aber nicht gewesen sein, denn ich erinnere mich genau, wie ich, noch in Knabentracht, im Stadtpark von den Schulfreundinnen meiner Schwestern Ella und Rosa zum Küssen herumgereicht wurde. Wobei diese halb mädchenhaften, halb schon mütterlichen Zärtlichkeitsanwandlungen wohl nicht so sehr durch meine klassisch regelmäßigen Gesichtszüge als durch das Zusammenspiel von roten Wangen und goldblonden Haarlocken hervorgerufen wurden. Mein blendender Teint und die goldene Haareslänge meiner Schwestern im Herabwallen übertreffende Lockenpracht wurden we-

niger von mir selbst geschätzt, sondern waren vielmehr ein Gegenstand der beneidenden Bewunderung meiner Schwestern und ihrer Freundinnen. Bis es eines Tages hieß: »Man kann den Buben doch nicht länger so herumlaufen lassen.« Ich wurde also zum Friseur geschickt, mit dem Auftrag, mir die Haare schneiden zu lassen. Für dessen Frage, auf welche Art dies geschehen solle, war ich mit denselben Kenntnissen ausgestattet, wie einige Zeit zuvor für die Frage des Lehrers nach der Art der Frisur meiner Seele. Da ich keine Antwort wußte, ging der Friseur vom Allgemeinen ins Besondere und fragte, ob er mich »fiesco« schneiden solle. Das Wort schien mir vornehm genug, und so bejahte ich. Nach vollzogener Prozedur erschien ich daheim in einem Zustand, dessen schockartige Wirkung auf den weiblichen Teil der Familie an Intensität nur durch das innige Vergnügen meiner Brüder über die Verwandlung des Jüngsten, aus dessen Amorettenköpfchen einige brutale Läufe der Schermaschine das grinsende Haupt eines winzigen Silens gedrechselt hatten, übertroffen wurde. Ich vermute, daß nicht ausgesprochene Menschenfeindlichkeit den Friseur veranlaßt hat, seine Frage in dieser tückischen Art zu stellen, sondern lediglich der Wunsch, das seiner Schere verfallende Lockenhaar in voller Länge zu belassen, um durch dessen Verkauf für die Ausstattung von Puppen einen schönen Erlös zu erzielen.

Ella und Rosa nahmen mich mit, wenn sie ihre Schulfreundinnen im Stadtpark trafen. Wie für die meisten in der Inneren Stadt wohnenden Kinder, öffnete sich mir hier durch grüne Reize und blühende Fülle das Auge für das große Wunder Natur.
Die vornehmen und gesitteten Reize des Stadtparks hielten jedoch den Vergleich mit den ungezähmten Weiten des Praters nicht aus, die aufs herrlichste mit Bäumen, Gebüsch und Wiesen ausstaffiert waren und damals noch von Schmetterlingen und Käfern in reicher Fülle

Praterauen um 1870

durchschwärmt wurden. Zudem wurde er verklärt durch
den Zauber, daß man von hier direkt ins Märchenland
kommen konnte, in den Wurstlprater. Als ich nach Ansicht meiner Brüder Alois und Sigi weit genug war, um
die Schwelle des Megaron, wie der Männersaal bei Ho-
mer heißt, zu übertreten, erhoben sie mich zum Prater-
neophyten. Ich durfte, neben oder hinter ihnen herzot-
telnd, an den Sensationen teilnehmen, die die Jagd nach
Schmetterlingen und Käfern zu bieten vermag. Damals
erfreuten noch der mit waagrecht ausgebreitetem Flügel-
paar vornehm durch die Luft gleitende Trauermantel
und seine Verwandten, der große und der kleine Fuchs,
das Tagpfauenauge und vor allem der prächtige Admiral
Auge und Herz des Schmetterlingsammlers. Es ließen
der schwarze und der braune Schillerfalter den Wunder-
glanz ihrer im Sonnenschein leuchtenden Flügelschup-
pen aufsprühen, von dem ordinären Volk der Augen-,
Perlmutter-, Scheckenfalter und Bläulinge gar nicht zu re-

den. Heute sieht man nur mehr selten einen Schmetterling, und wenn, dann zumeist nur einen aus der kümmerlichen Familie der Weißlinge, höchstens einen Zitronenfalter.

Doch nicht nur wir Kinder spielten, auch die dem Kindesalter entwachsenen Brüder Hans, Karl, Alois, Rudolf und Sigi vertrieben sich die Zeit auf vielfältigste Weise, vorzugsweise mit Wettrennspiel, soweit sie »dienstfrei« waren.

Der Dienst bestand in Botengängen für den Vater. Da es ihm fortwährend an Geld mangelte, bemühte er sich stets, solches auf jede ihm nur mögliche Art und Weise zu beschaffen. Ein geeignetes Mittel bestand im – wie die Studenten sagen – »Anpumpen« seiner zahlreichen Bekannten. Aus seiner großen Zeit kannte er genug Menschen, die an ihm weiterhin den einfallsreichen Schriftsteller, den brillanten Journalisten und den unterhaltenden Gesellschafter schätzten, besonders solche, deren Namen durch seine Feder hie und da in verschiedenen Zeitungen ihren Niederschlag fanden. Einzelne meiner Brüder waren nun oft mit bewegenden Briefen des Vaters unterwegs, deren jeder ein kleines stilistisches Meisterstück war.

Andere Wege führten meine Brüder zu den einzelnen Theaterkanzleien. Damals stand das Freikartenwesen an den Theatern noch in voller Blüte. Bekannten Theaterkritikern und auch Journalisten von Rang wurden – abgesehen von den allen Zeitungen stets zur Verfügung gestellten Repräsentationssitzen – auf Ansuchen zusätzliche Parkettsitze und Logen überlassen. Mein Vater nützte dieses Entgegenkommen weidlich aus und ließ allwöchentlich von sämtlichen Theatern Wiens Freikarten für je zwei Sitze oder eine Loge holen.

Diese Freikarten fanden jedoch nur zum geringen Teil innerhalb der Familie Verwendung, obwohl sie genügten, daß alle Familienmitglieder im wesentlichen das Repertoire der Wiener Privattheater kennenlernten. Sie wurden vielmehr als geeignetes Mittel zur Bändigung der stets drängenden Gläubiger eingesetzt. Das waren jene Geldspender, von denen nicht Kontributionen, sondern wirkliche Darlehen gegen Zinsen erhoben worden waren. Diese Gläubiger waren aber, soweit ich sie kannte, keine blutgierigen Geldhyänen, sondern Leute, die ihre ersparten paar tausend oder auch hundert Gulden unter der Hand verborgten, um etwas bessere Sparzinsen dafür zu bekommen. Da er mit der Rückzahlung natürlich stets Schwierigkeiten hatte, benützte mein Vater in geschickter Weise die Leidenschaft der Wiener, das Eintrittsgeld für's Theater zu ersparen. Denn einen Freisitz im Theater zu haben, das ließ man sich damals etwas kosten.

So spielte sich der Verkehr zwischen den verschiedenen Shylocks und ihrem Opfer in ganz konzilianter Art ab und hatte den Vorteil, uns Kindern manche vergnügte Stunde zu bereiten. Mit der Erscheinung des Herrn Amon verbinde ich »Das hohe Alter« aus Ferdinand Raimunds »Der Bauer als Millionär«. Er setzte sich immer umständlich nieder, entnahm seiner Tasche die Zeitung mit dem Theaterrepertoire und sagte: »Alsdann, Herr Schlesinger, was ham'mer dö Wochn«, um dann in ebenso umständlicher Weise seine Freikarten zu erörtern. Da er Kulanz nicht nur in Geldgeschäften übte, fühlte er die Verpflichtung, sich gelegentlich mit Nußbranntwein und Guglhupf zu revanchieren und wurde deshalb vom Vater wie von uns Kindern entsprechend geschätzt.

Ein anderer Geldgeber, an dessen Namen ich mich nicht mehr erinnere, trat wie der Feuergeist in Raimunds »Der Diamant des Geisterkönigs« auf. Im Bewußtsein, er müsse um sein Geld kämpfen, sprudelte er vor Angriffsgeist über, wenn er auf den Gegner Katarakte von Wörtern niederprasseln ließ. Für uns Kinder lag der Hauptreiz dieser Wortkatarakte in der Komik, die von seiner mangelnden Beherrschung der Zischlaute ausstrahlte. Er lispelte, wie die Schriftsprache es nennt, oder »zuzelte« wie die Wiener sagen, sprach das S fast wie ein F, wußte aber, wie die meisten Angehörigen der »Zuzlergilde« nicht, daß er dazu gehörte. So verbreitete er nicht, wie beabsichtigt, Furcht und Schrecken, sondern bereitete uns inniges Vergnügen, wenn er schon beim Eintreten drohend sein Stimme erhob: »Der Vater net z'hauf?«, um bei seinem Abgang die letzte düstere Prophezeiung auszustoßen: »F'nächftemal, wann i kum und f'gibt ka Geld, fetzt'f an Fturm.«

Herr Sura dagegen legte Wert darauf, seine Forderung mit aller Behutsamkeit und Bedachtsamkeit vorzubringen, zu zeigen, wie ungemein peinlich ihm das sei, wie ungern er störe, kurz und gut, als Mann von Welt und von guten Manieren zu gelten. Er brachte den ihm dargelegten Gründen, warum man diesmal nicht zahlen könne, stets volles Verständnis entgegen. Einmal hatte er das Glück, daß gerade Geld im Hause war, und er erhielt eine Anzahlung von zehn Gulden. Um diesem außergewöhnlichen Ereignis die entsprechende solemne Form zu geben, nahm Vater einen großen Bogen weißes Papier und sagte: »Herr Sura, hier schreiben wir auf, was ich Ihnen schuldig bin, und hier werden wir immer die Abzahlungen aufschreiben.« Ergriffen von der Größe dieses Augenblickes, konnte Herr Sura nicht umhin, auch sein Scherflein Edelmut auf dem Altar eines höheren Menschentums niederzulegen und sagte: »Herr Schlesinger, ich erlaube mir die Bemerkung, daß ich auf Zins und Zinseszins verzichte.«

SCHULEN UND FREUNDSCHAFTEN

Jeder Gymnasiast pflegt die Erinnerungen an sein Gymnasium nicht bloß als die an einen Komplex von Ort, Personen und Erlebnissen, sondern sieht darin eine Institution mit ausgeprägten Eigenarten. Die meisten der Wiener Gymnasien stellten sich dem Außenstehenden als ausgesprochen individualistisch entgegen, deren Gepräge sowohl vom Lehrkörper als auch durch die Wesensart der Schüler bestimmt wird. Eine ganz besondere Stellung nahmen, von diesem Blickpunkt aus gesehen, das Theresianum und das Schottengymnasium ein.

Das Theresianum war das Gymnasium der adeligen Kreise. Es war nicht nur Schule, sondern auch Erziehungsanstalt, und die Zöglinge lebten dort zumeist wochentags im Internat. In der körperlichen Ausbildung wurden auch Fechten, Reiten und Schwimmen gepflegt. Die wenigen Schüler stammten ausschließlich aus Familien, die durch Vermögen, hohe Staatsstellung des Vaters oder irgendwelche anderen Beziehungen dem Adel nahe standen. Während es sonst auch Freundschaftsbeziehungen zwischen Schülern verschiedener Gymnasien gab, ist mir vom Theresianum derartiges nicht bekannt. Die Theresianisten verhielten sich, die Verhältnisse ihrer Zukunft vorwegnehmend, sehr exklusiv. Wir Schüler aus Gymnasien für gewöhnliche Erdensöhne vergalten diese Exklusivität damit, daß wir uns über die Theresianisten lustig machten, obwohl auch wir rauhen Demokraten ihre Uniformen – dunkelgrüne Waffenröcke mit ebensolchen langen Beinkleidern, roten Samtaufschlägen, den vergoldeten Degen an der Seite – zu tragen wahrscheinlich nicht verschmäht hätten.

Das Schottengymnasium war eine Schule des Schottenstiftes, stand unter geistlicher Leitung, und seine Lehrer waren Priester. Es war aber das freisinnige Priestertum josefinischer Geistesrichtung, das dort lehrte, und diese Schule galt in einer Zeit, in der das Verlangen nach Freiheit der Person, Freiheit des Wortes und der Schrift, Freiheit der Forschung, Freiheit des Gedankens und des Gewissens als heftige Brandung auch an den Felsen Petri schlug, geradezu als Hochburg dieses freiheitlichen Geistes. In das Schottengymnasium schickten das freisinnige Bürgertum der höheren Schichten, sich dieser Richtung zuneigende hohe Staatsbeamte sowie die Vertreter der

Wissenschaft und Kunst gern ihre Söhne. Viele Träger bekannter Namen sind aus dieser Schule hervorgegangen.

Einer der Lehrer meines Vaters war Othmar Helfersdorfer, später Abt des Schottenstiftes und noch später Landmarschall des niederösterreichischen Landtages. Kurz nach der Schlacht bei Vilagos, bei der die nach der Revolution von 1848 noch immer aufständischen Ungarn niedergeschlagen worden waren, erhielt die Klasse meines Vaters die Aufgabe, eine Ode über den Tod Leonidas' und seiner dreihundert Spartaner zu verfertigen. Mein Vater, mit seinem schon damals unleugbar vorhandenen journalistischen Spürsinn für Aktualität, schlug einen prächtigen Gedankenbogen von den Thermopylen zu Vilagos, indem er seine Ode beiläufig in dem Sinn schloß: »Was, mit deinem und den Leibern deiner Dreihundert wolltest du die Lücke schließen, durch die der östliche Barbar in das Abendland einzubrechen beabsichtigte? Heute öffnet man ihm doch alle Tore und ruft ihn an, sich in das Land zu ergießen. Tauche hinab in die Nacht des Vergessens. Leonidas, du bist unzeitgemäß.« Othmar Helfersdorfer berief meinen Vater zu sich und sagte: »Schlesinger, Ihre Arbeit verstößt nicht nur gegen die Schulordnung, ich kann sie nicht klassifizieren und gebe sie Ihnen zurück. Ich ersuche Sie aber, mir zu gestatten, daß ich sie als mein Privateigentum behalte.«

Das war zur Zeit der absoluten Monarchie. Während meiner Schulzeit, der Zeit der konstitutionellen Monarchie, der Presse- und Versammlungsfreiheit, mag es nicht allzu viele Mittelschulprofessoren gegeben haben, die ähnlich unbedachten Äußerungen einer jugendlichen Feuerseele die gleiche Sympathie entgegengebracht hätten.

Die Schotten zeigten sich als eine Art Gegenspieler zu den Jesuiten in Kalksburg, die es als ihre heilige Mission erachteten, wehrhafte Kämpfer gegen den Thron und Altar bedrohenden Liberalismus heranzuerziehen. Dorthin entsandte vor allem der Hofadel seine Söhne, und die meisten Repräsentanten jenes Österreich, das in den Jahrzehnten zwischen 1848 und dem Zerfall des Reiches immer wieder die neuen konstitutionellen Schläuche mit dem alten absolutistischen Wein zu füllen trachteten, sind zu Füßen der Jesuitenlehrer in Kalksburg gesessen. Für die Kalksburger galt, daß viele Absolventen von vornherein für alle hohen Stellen in Staat und Verwaltung auserwählt waren, während jedoch nur wenige als wirklich berufen erachtet werden konnten. In jeder Klasse saßen zukünftige Minister, Statthalter und Generäle. Welche Ironie mußte für manchen der welterfahrenen Lehrer des Ordens Jesu, die ja seit jeher für eine überlegene Betrachtung des Menschen und des Weltgetriebes gerühmt wurden, in der Beobachtung liegen, wie diese künftigen Staatsdiener ihre lateinischen, griechischen und mathematischen »Kompositionen« voneinander abschrieben; so wie sie dann später die Kompositionen ihres politischen und administrativen Programmes einer von dem anderen abschrieben; immer bestrebt, nach dem einen Rezept von Gottesgnadentum und beschränktem Untertanenverstand das alte Habsburgerreich zu erhalten – bis sie es glücklich in Grund und Boden regiert hatten.

In diesen Schulen wurde vorwiegend die durch Geburt oder Reichtum ihrer Väter begünstigte Jugend erzogen, während in den Gymnasien der äußeren und äußersten Bezirke (damals noch Vorstadt) die Masse der Schüler aus dem mittleren und kleinen Bürgertum und allmählich auch aus Arbeiterkreisen stammte. Steht Kalksburg für die äußerste Rechte, läßt sich als die äußerste Linke das Meidlinger Gymnasium bezeichnen, dessen Schüler es als Ehrensache betrachteten, schon durch Auftreten und Dialekt zu dokumentieren, daß der Boden, in den ihre Schule tiefe Wurzeln getrieben hatte, nicht ein Bezirk, sondern ein »Hieb« sei.

Zu diesen Schulen zählte auch das Landstraßer Gymnasium in der Sofienbrückenstraße. Es bot einen freien Blick

Sofienbrückenstraße Richtung Donaukanal, links Landstraßer Gymnasium

auf die Ufer des Donaukanals mit dem dahintergelege-
nen Prater, dessen grüne Wiesen und Bäume, damals
vom Ufer nur durch einen schmalen Häuserblock ge-
trennt, über den Strom herüberlockten. So mag die Wesensart der Landstraßer außer durch das Milieu ihres
Stadtteiles auch durch einen Hauch von Strom, Wiese
und Wald und durch die zur schönen Jahreszeit fast täglichen Streifzüge in diesen grünen Zauber bestimmt worden sein.

Dort, unweit meines Geburtshauses, lernten meine Brüder Heinrich, Rudolf und Hans »mensa« zu deklinieren.
Aber nur Heinrich, der Älteste, hat es bis zum Tacitus gebracht, der in der achten Klasse gelesen wurde. Rudolf
fiel in der dritten Klasse durch und wurde Klassenkolle-
ge seines nur um ein Jahr jüngeren Bruders Hans. Er besuchte dann eine landwirtschaftliche Schule. Auch Hans
ließ es wohl an dem notwendigen Lerneifer fehlen und
brachte es nicht über die sechste Klasse hinaus. Dafür
mag auch unser Vater verantwortlich gewesen sein. Seine
Pädagogik erschöpfte sich darin, ebenso heftige als pa-
thetische Tiraden vom Stapel zu lassen, wenn seine Söh-

ne schlechte Zeugnisse heimbrachten. Von einer Verfolgung der Lernfortschritte während des Schuljahres, von einer Leitung oder Hilfe bei der Überwindung von Schwierigkeiten war nie die Rede. Vielmehr wurden die Brüder von der Erledigung ihrer Aufgaben durch Inanspruchnahme für Botengänge und dergleichen geradezu abgehalten und landeten schließlich beide bei den Jüngeren im Hotel Rabl.

Durch die Erzählungen meiner Brüder wurden mir das Landstraßer Gymnasium und sein Schulbetrieb eine vertraute Stätte, lange bevor ich selbst dort als Schüler einziehen durfte. Von den mancherlei Namen von Professoren, die schon frühzeitig an mein Ohr schlugen und deren Träger ich in einzelnen Fällen bei meinem späteren Studium an dieser Schule noch persönlich kennen lernte, ist mir vornehmlich der des Professor Glimpfinger in Erinnerung geblieben. Nicht als der eines besonders eindrucksvollen, sondern der des meist-»gepflanzten« Lehrers, wie der wienerische Ausdruck für den Begriff des verspottenden Aufziehens lautet.

Dieser Professor Glimpfinger bestritt als vornehmste Kraft das Unterhaltungsprogramm seiner Schüler. Da er es nicht verschmähte, kleinere und größere Aufmerksamkeiten von Seiten ihrer Eltern entgegenzunehmen, die vielfach auf diese Weise die Zeugnisnoten ihrer Sprößlinge, wenn es sonst haperte, zu verbessern trachteten, fehlte es ihm schon aus diesem Grund an der nötigen Autorität, ihrem überschäumenden Lustbarkeitstrieb entgegenzutreten, der aus der Latein- oder Literaturstunde eine Stunde der Kurzweil zu machen jederzeit bereit war. So mußte er es denn geschehen lassen, daß sie beispielsweise als Bestien des Königs Franz mitspielten, wenn er den »Handschuh« von Schiller deklamierte. Denn Deklamieren war seine Leidenschaft. Er hatte Schauspieler werden wollen und wurde nicht müde zu versichern, daß er in seiner Jugend – es war dies offenbar der Höhe-

punkt seines Lebens gewesen – mit Lewinsky in Czernowitz an einem Vortragsabend habe deklamieren dürfen.
So sprach er denn den Handschuh, während rings um
ihn der Löwe die Mähne schüttelte, während der Tiger
laut brüllte, mit dem Schweif einen furchtbaren Reif
schlug, die Leoparden mit mutiger Kampfbegier auf das
Tigertier stürzten, bis endlich herum im Kreis von Mord-
sucht heiß, die greulichen Katzen lagerten, womöglich in
den hinteren Bänken zum Tarockspiel, nachdem sie vor-
her noch seine deklamatorischen Leistungen mit don-
nerndem Applaus quittiert hatten. »Psst! – Was war das?
– Daß ich das nicht wieder höre!« pflegte er dann zu sagen, halb geschmeichelt, halb geängstigt, der tolle Lärm
könne das direktorale Oberhaupt der Schule in die Klasse
herunter beschwören. Er ließ sich dann aber doch erbit-
ten, »Die Kraniche des Ibikus« und besonders sein Glanz-
stück, den »Tod des Tiberius«, zuzugeben. So war
schließlich alles befriedigt, er in seinem rollenden Pathos,
in der Erinnerung wahrscheinlich wieder neben Lewinsky stehend, und die Schüler, da sie immer noch ein
»Radl« zugeben, das heißt eine neuerliche Stunde spielen
konnten.
Zur Zeit des Frühlings oder des einsetzenden Sommers,
da durch die offenen Fenster das Nicken und Weben der
Bäume des dem Gymnasium gegenüberliegenden Gar-
tens ein Fühlen der freien Natur in das staubige Klassen-
zimmer trug, da ließ einer der Schüler die Töne eines
»Vogelpfeiferls« hören, jenes beliebte Musikinstrument
etwa in Form eines großen Hosenknopfes, das zwischen
Lippen und Zähne geklemmt betätigt wurde und den
Tonbeflissenen daher nicht verriet. »Was war das?«
fauchte der entrüstete Pädagoge. »Nichts, Herr Professor,
ein Vöglein singt drüben im Garten«, antwortete mit un-
schuldsvollem Augenaufschlag irgendein Schüler –
natürlich nicht der Musikant, der ja durch den in seiner
Mundhöhle hausenden Fremdkörper verhindert gewesen
wäre. Professor Glimpfinger, im Gefühl seiner Schwäche

geneigt, jede halbwegs plausible Erklärung entgegenzunehmen, die ihn des Zwanges zur Verfolgung eines möglichen Unfugs enthob, ließ es dabei bewenden und nach dem Satz »Quae volumus, libenter credimus« glaubte er sogar daran. Die Schüler lachten. Das Spiel wiederholte sich nach einiger Zeit, die Schüler lachten noch stärker. Als aber das Pfeifen zum dritten Mal ertönte und die Schüler in ein wahres Freudengebrüll ausbrachen, da sagte der Präzeptor nur im Tone unwilligen Erstaunens: »Jetzt lachen die dummen Buben, weil drüben im Garten ein Vöglein singt!«

In dieser Schule wurden aber auch jene Freundschaftsbündnisse geschlossen, die, auch über die schlimmen Jahre hinweg, zum Teil ein Leben lang dauerten und sogar zu Eheschließungen mit zweien meiner Schwestern führten.

Gustav Eisenmenger, der Sohn eines Redakteurs der alten »Presse« (im Gegensatz zur »Neuen Freien Presse«), war der Neffe des bekannten Malers August Eisenmenger, eines Schülers von Rahl. Ein dritter Bruder aus dieser älteren Eisenmenger-Generation lebte mit seiner Familie als Maler in Hermannstadt. (Dessen Enkel Rudolf ist derzeit Vorstand der Vereinigung bildender Künstler in Wien.)

Gustav Eisenmenger und seine Geschwister Richard, Karl, Bertha und Thekla sahen sich schon als Kinder des Vaters und Ernährers beraubt und wurden frühzeitig vor die Notwendigkeit gestellt, sich selbst zu erhalten. Es war die zur Zeit des Todes des Vaters erst fünfzehnjährige Bertha, die für die schwache, vom Unglücksfall vollständig gebrochene Mutter einsprang und das Geschick der Familie mit energischer Hand zum Besten lenkte. Richard begann als Setzerlehrling und brachte es bis zum technischen Direktor und Stellvertreter des Chefredakteures und Besitzers der Kronen-Zeitung. Gustav, der sich dem Forstwesen widmete, starb als Güterdirektor des Grafen Abensberg-Traun. Karl war Bürgerschullehrer, Bertha

Bürgerschuldirektorin. Die jüngste Tochter Thekla litt an Epilepsie und starb in jungen Jahren.

Allen Geschwistern eignete viel Humor, der Witzigste war aber mein Schwager Gustav. Seine Briefe an meine Schwester Rosa, in die er sich schon verliebt hatte, als er sie, selbst noch ein Knabe, als Kind auf dem Arm trug, fanden sogar Gnade vor dem monokelbewaffneten Auge des kritischen Onkel Max. In einem seiner Briefe hieß es: »Rosa, mach kane Faxen, zeig deine Brief nicht Onkel Maxen, denn er würde statt zu schmunzeln, zürnend das Monokel runzeln.« Rosas Vergeßlichkeit – ihre Briefe konnten bisweilen nur gegen Entrichtung von Strafporto ausgefolgt werden – trachtete er mit einem Merkreim zu bekämpfen: »Liebe Rosa, schreib hinforto keine Briefe ohne Porto.«

Ein willkommenes Instrument für seine satirische Ader bot ihm in späteren Jahren meine Schwester Maltschi. Sie war in ihrer Jugend in den Künsten und den Wissenschaften wenig beflissen. Nachdem sie den Urologen Professor Otto Zuckerkandl geheiratet hatte, glaubte sie es ihrer Stellung schuldig zu sein, sich hauptsächlich in Gesprächen künstlerischer, medizinischer, literarischer oder philosophischer Art ergehen zu müssen und begann – um es mit Grillparzer zu sagen – ein »ungeheures Lesen«. Ich muß ihr zubilligen, daß sie sich als Autodidaktin erstaunlich viel von ihrer Lektüre merkte, doch gebrach es ihr an tieferem Verständnis. Das schadete ihr in der Gesellschaft wahrscheinlich deshalb nicht, weil viele Gesprächspartner weniger beschlagen waren und die gebotenen »Lese-tutti-Frutti« als eigenes Gewächs bestaunten, andere mehr die Konversation selbst mit der hübschen und pikanten Frau schätzten als den Inhalt. Es konnte aber nicht unterbleiben, daß manchmal unter dem farbenprächtigen Kleid der schillernden Gesellschaftsdame der graue Schlafrock zum Vorschein kam, in dem sie als junges Mädchen in der elterlichen Wohnung den Bücherkasten lieber abgestaubt als seinen Inhalt untersucht hatte. Und so brachten sie ihre Darlegungen manchmal fast in die Nähe der berühmten Frau Pollak, der bekannten humoristischen Fremdwortjongleurin jener Zeit. Und wie auch diese sicherlich nicht ein Zehntel der ungewollten Pointen, an denen sich die Wiener Gesellschaft damals belustigte, auf ihre Rechnung schreiben hätte müssen, waren natürlich auch die Witze, die Gustav Eisenmenger auf Kosten meiner Schwester machte, zumeist von ihm erfunden.

So berichtete er ihr eines Tages von einer neuen Expedition, die der Graf Wilczek ausrüste. Zum Verständnis sei hier angeführt, daß vom Grafen Wilczek, dem bekannten großherzigen Philanthropen, dem Gründer der Wiener Rettungsgesellschaft, dem verdienstvollen Förderer von Kunst und Wissenschaft, dessen Unterstützung ja auch die österreichische Nordpolexpedition unter Payer und Weyprecht zu verdanken ist, erzählt wurde, er hätte es nicht ungern gesehen, wenn seine Verdienste durch die Verleihung des Ordens vom goldenen Vlies anerkannt worden wären. Gustav erklärte also Maltschi, der Graf Wilczek rüste derzeit wieder eine Expedition aus, und zwar nach Kolchis, weil er durchaus das goldene Vlies bekommen wolle. Da schlug Maltschi mit der Hand auf den Tisch und rief: »Der Mensch weiß wirklich schon nicht mehr, was er mit seinem Geld anfangen soll!«

Er verstand es immer wieder, durch vorgetäuschtes Interesse an ihren Darstellungen ihren warmen Redefluß zu jenem Eis erstarren zu lassen, auf das er sie schließlich führte. So wenn er eine philosophische Erörterung mit der Frage schloß: »Maltschi, liebst du den Otto platonisch oder unaussprechlich?«

Ein weiterer getreuer Freund meiner Brüder, der nicht ausblieb, nachdem wir die gastlichen Räume der Bäckerstraße mit den dürftigeren der Wollzeile und schließlich mit dem kahlen Zimmer des Hotels Rabl hatten vertauschen müssen, war unser Verwandter Leo Klinenberger.

Es ist mir nicht bekannt, welcher Art die Verwandtschaft der Familie Klinenberger zu uns war, Leo hat sich aber seine Anhänglichkeit an unsere Familie bis zu seinem Tod bewahrt. Legendär in unserer Familie war seine Mutter, Tante Fanny, die ich persönlich nicht mehr kennengelernt habe. Um diese originelle Frau hat sich ein Kranz von Erzählungen gewunden. Sie muß auf zwei sehr kräftigen Beinen mitten im Leben gestanden sein, das sie zu meistern verstand wie selten jemand. Aus sich mußte sie schöpfen, was ihr und vor allem ihren Kindern zur Fristung und Erhöhung ihrer Existenz nötig war, denn ihr Mann war ihr eher ein Hindernis als eine Hilfe oder Stütze. Er war ein erfolgloser Geschäftsmann und betrieb eine Zeitlang eine kleine Branntweinschank. So wären Gegenwart und Zukunft der nicht weniger als neun Kinder unter trüben Auspizien gestanden, hätte nicht die unbändige Tatkraft der Mutter deren Lebens-schifflein zu verhältnismäßig hohen Zielen gesteuert. Von den Söhnen wurden drei wohlhabende Kaufleute, einer Chefredakteur der »Österreichischen Volkszeitung«, einer Redakteur der »Neuen Freien Presse«, einer studierte Naturwissenschaften und wurde Assistent des bekannten Afrikaforschers Holub, und Leo wurde Oberprokurist eines der bedeutendsten Kreditinstitute, der »Österreichischen Creditanstalt«.

Die unermüdliche Arbeit der Mutter hätte allein nicht genügt, die Söhne alle studieren zu lassen. Aber sie verstand es meisterhaft, sich alle Hilfsquellen, nicht nur einer großen Verwandtschaft und Bekanntschaft, sondern auch der Bekanntschaft und Verwandtschaft dieser Verwandtschaft und Bekanntschaft, zu erschließen. Was sie gerade brauchte und nicht hatte, mußten diese zinsen, wobei die Art der Einhebung solchen Zinses nicht die geringsten Bedenken erweckte und in der groteskesten Form erfolgte. So wenn sie inmitten einer zahlreichen Kinderschar gerade zur Jausen- oder Nachtmahlzeit zu Besuch erschien. Dabei war sie sich als Mutter so vieler

studierender Söhne ihrer Repräsentationspflichten vollständig bewußt, nahm zu jedem Thema Stellung, wie sie
ja auch von einem der Söhne mit Stolz sagte: »Er kann
sprechen über alle Themáta.« Mit ebensolchem Stolz erzählte sie in der Knabenzeit ihres Sohnes Emil, des späteren Assistenten Holubs: »Da sammelt er die Käfer, bringt
sie nach Haus und ordnet sie nach den Regeln der Bota-
nik.«
Mochte sie auch, durch Art und Auftreten, zunächst in
humoristischer Belichtung erscheinen – als Mutter erschien uns diese Frau in späterem Alter durchaus vereh-
rungswürdig und ihr Mutterwirken fand auch seinen reichen Lohn in der tiefen Verehrung und Liebe, mit der
alle ihre Kinder an ihr hingen und die auch noch viele
Jahre nach ihrem Tod aus der Stimme der altgewordenen
Söhne klang, wenn sie von ihr sprachen.

Dann gab es noch zwei Cousins, die beide Karl Wuschke
hießen. Der ältere war ein Mitschüler meines Bruders
Heinrich, der jüngere war ein Mitschüler meiner Brüder
Rudolf und Hans. Zur Unterscheidung rief man sie nicht
mit ihren Taufnamen, sondern bezeichnete sie zweck-
mäßig als Senior und Junior. Der Vater Juniors, ein Bahn-
beamter, hatte ein Haus in Langenzersdorf, und mein
Bruder Heinrich, sowie Richard, der Bruder meines späteren Schwagers Gustav Eisenmenger, verkehrten viel in
dieser Familie, in der die Töchter Mitzi, Hedwig und Johanna aufwuchsen. Sie verbrachten viele Stunden am
Fuße des Bisamberges und an dem zum Schwimmen, Ru-
dern und Fischen einladenden Strom. Dort lernte mein
Bruder Heinrich auch seine Frau Hedwig kennen,
während die jüngste Tochter Johanna ihren Cousin Karl,
den Senior, heiratete.

Die beiden Wuschkes, die drei Brüder Eisenmenger und
Leo Klinenberger waren der eiserne Bestand an Freunden
meiner Brüder.

In diesen engsten Freundeskreis wuchs ich trotz des Altersunterschiedes von bis zu fünfzehn Jahren hinein. Wie den Sagen einer gewaltigen Vergangenheit lauschte ich den Erzählungen meiner Brüder aus ihrer heroischen Zeit um mein Geburtsjahr herum und etwas später, als wir im roten Haus wohnten. Von dort war es nicht weit zum Donaukanal, an den damals unmittelbar die Auen des Praters anschlossen. Und dort schlugen meine Brüder sich mit allerhand »Pülchern« verwegener Art. Da konnte es auch vorkommen, daß sie infolge der Überzahl oder der stärkeren Kampfeskraft ihrer Gegner Probleme bekamen. Aber für solche Fälle hatten sie vorgesorgt. Denn unter den Geschäften, die die Gassenfront unseres Hauses aufwies, gab es auch eine Branntweinschenke, in der handfeste Gentlemen verkehrten. Jenen von herkulischer Bauart zahlten meine Brüder hie und da einige »Frackerln Schnaps«, und als Gegenleistung waren sie verpflichtet, auf einen bestimmten Pfiff hin donaukanalwärts auszurücken. Ging dort also etwas schief, erscholl das Signal »res ad triarios venit«, und die Triarier waren auch schon zur Stelle. In erster Linie der rote Schorsch und der blaue Zenz, wie die Hauptvertreter der Enaksgilde mit ihren Vulgärnamen bezeichnet wurden, der eine nach der Haartönung, der andere nach der Farbe seines »Jankers«. Von den Widersachern blieb nicht viel übrig, sie räumten den Kampfplatz, da ansonsten wahrscheinlich noch weniger von ihnen übrig geblieben wäre – ein Rückschluß, der mir durch das Muskelspiel des roten Schorsch und den Bizeps des blauen Zenz hinlänglich fundiert erschien.

Eine Anzahl von Jahren hatte über diese Uferschlachten Gras und über das Gras Häuser wachsen lassen, die das Ufer des Donaukanals stattlich säumten, wo einst die Prärie unmittelbar an den Strom gegrenzt hatte. Meinen Bruder Hans, längst eingekleidet in die Bezirke bürgerlicher Wohlanständigkeit, führte sein Weg eines Tages am roten Haus vorbei, als plötzlich durch die Tür der

Branntweinschenke ein Gebirge von einem Menschen auf ihn zuschoß, und eine durch alkoholische Heiterkeit verschleierte Baßstimme ihn mit einem jovialen »Servas Herr Schlesinger« begrüßte. Der rote Schorsch hatte ihn trotz der langjährigen Trennung und des Wandels der Zeiten schon von weitem erkannt und streckte ihm nunmehr treuherzig eine Hand entgegen. Meinen Bruder amüsierte die Begegnung als Reminiszenz an das heroische Zeitalter, und so erwiderte er auf die Gefahr hin, eine Einbuße seiner Reputation zu erleiden, falls zufällig irgend ein Bekannter die Idylle bemerkt hätte, die Begrüßung des alten Waffengenossen mit aller Herzlichkeit und erkundigte sich nach dessen Wohlbefinden. »No i dank' schön, i kum grad aus Stan«, war die mit herzerfreuender Aufrichtigkeit gegebene Antwort mit dem vielsagenden Hinweis auf die Strafanstalt in Stein an der Donau. »Ja um Gottes Willen, was ham' S' denn ang'stellt?«, fragte mein Bruder. »No i' hab halt an a so a g'sunde Fotzn 'runter g'haut, daß er hin war.« Nun erschien es meinem Bruder doch ratsam, den Austausch von Erinnerungen möglichst abzukürzen. Von diesem Tag an benützte mein Bruder, wenn ihn sein Weg durch die Rasumofskygasse führte, lieber die dem roten Haus gegenüber liegende Straßenseite.

Aber nicht nur an den Ufern des Donaukanals, wohin Europas Zivilisation und übertünchte Höflichkeit damals noch nicht gedrungen war, fand der Wikingerdrang meiner Brüder Genügen. Bisweilen drangen sie auch in die Bezirke bürgerlicher und aristokratischer Sphäre, in den Nobelprater ein und störten dort Ordnung und Anstand. Sie schlichen sich beispielsweise an kellnerfreie Stellen im Restaurant am Konstantinhügel und ließen von dort leere Bierfässer in den Teich hinunterrollen. Oder sie versteckten sich längs der Promenade der Hauptallee, mit schlanken Gerten bewaffnet, deren Enden mit Abfallstoffen übelster Art bestrichen waren. Diese ließen sie dann durch die Luft und solchermaßen auf die Kleidung einer

Restaurant und Café Konstantinhügel, um 1905

vorbeigehenden Gesellschaft sausen. Dann liefen sie ein
gutes Stück weiter und wandelten langsamen Schrittes,
artig und gesetzt Gespräche führend, auf der Promenade
der verunglimpften Gesellschaft entgegen, die ihrer
Empörung noch immer lebhaft Ausdruck verlieh. Durch
vorgeschobene Anteilnahme kamen sie mit ihr ins Gespräch, zeigten gleichfalls äußerste Entrüstung und cha-
rakterisierten die nichtswürdigen Täter mit vernichten-
dem Urteilsspruch: »Das müssen rechte Lausbuben gewesen sein.«
Dabei gelang es ihnen stets, dem Arm der Gerechtigkeit
zu entwischen, und als er endlich einmal zupackte, er-

wischte er den Falschen. Sie ergingen sich in den Jagd-
gründen eines entlegeneren Teiles des Prater, jeder mit
einer Steinschleuder bewaffnet. Das Schwanken der
Zweige an einem Busch bewog ihren Kameraden Wladi-
mir Skarda, das Geschoß dorthin zu entsenden, da er
meinte, das Schwanken der Zweige sei durch ein jagdba-
res Tier veranlaßt worden. Der Wehlaut, der den Treffer
verriet, hatte sich aber dem Klang nach unzweifelhaft einer menschlichen Kehle entrungen. Ein Mann war von
dem geschleuderten Stein auf einen zwar nicht edlen,
aber dafür entblößten Körperteil getroffen worden – ent-
blößt aus derselben Veranlassung, die ihn hinter das Gebüsch geführt hatte. Auf Wladimirs Warnruf stoben alle
davon. Nur mein Bruder Heinrich, der gar keine Schleu-
der mit sich führte, überhaupt niemals an Lausbübereien
der anderen teilnahm, sich stets eines gesitteten Lebens-
wandel befliß, als Ältester gerne den Stellvertreter der Eltern spielte und das Autoritätsprinzip hochhielt, ging allein im Gefühl seiner absoluten Unschuld ruhigen Schrittes weiter. Der Träger der heruntergelassenen Hose aber
verabreichte dem einzigen, dessen er habhaft werden
konnte, die Ohrfeige, die den anderen schon längst ge-
bührt hätte. Da sie für alle galt, dürfte sie nicht von
schlechten Eltern gewesen sein.

PFERDERENNEN

Als sechsjähriges Kind lernte ich auch ein Vergnügen
kennen, dessen Reize noch heute für mich gelten – die
Pferderennen in der Freudenau. Meine Brüder nahmen
mich zunächst auf den inneren Platz mit, für dessen Betreten ein Eintrittsgeld von nur 20 Kreuzer verlangt wurde – »Militär vom Feldwebel abwärts die Hälfte«. Er
wurde deshalb der »Zwanzigkreuzerplatz« genannt,
während der zweite als »Guldenplatz« und der nobelste
– Eintrittsgeld sechs Gulden – als »Plaqueraum« bezeich-

Freudenau, Sattelraum und Tribünen der Rennbahn, um 1897

net wurde. Die hierfür zum Eintritt berechtigenden Plaques hatten eine unterschiedliche Gültigkeitsdauer, entweder für den Tag, ein ganzes sogenanntes Meeting oder für das ganze Rennjahr und wurden an einem Schnürchen durchs Knopfloch getragen. Jeder dieser drei Plätze hatte sein besonderes Publikum. Am inneren Platz traf sich der kleine Mann, vom »Pülcher« bis zum soliden Familienvater mit geringem Verdienst, der seine Familie am Sonntag ins Grüne führen und zugleich sein Bedürfnis nach einer Emotion befriedigen wollte. Es war ein Publikum, das sich zum Großteil später vom Pferde- dem Fußballsport zugewandt hat, damals aber mit ehrfurchtsvoller Bewunderung über die Rennbahn nach dem Plaqueraum hinüberblickte, in dem sich die Vertreter des Adels und der oberen Zehntausend ergingen oder auch nur solche, die sich irgendwie dazu gehörig fühlten oder es ihnen auch nur gleichtun wollten. Auch wohl solche – beiderlei Geschlechts – die dort Vorteile geschäftlicher Art suchten, mit dem Merkur im Wappen oder der Venus. Von den dunkleren Farben der zivilen Herrenklei-

55

dung hoben sich wirkungsvoll die bunten Uniformen der
Offiziere und die helle Frühlingsluft der Damentoiletten
ab, und besonders an den beiden gesellschaftlichen Groß-
tagen der Freudenau, den Tagen, an denen das Derby
und die von Offizieren bestrittene Armeesteeplechase ge-
ritten wurden, bot diese Mischung im lichten Frühlings-
grün der weiten, im goldenen Sonnenschein schimmern-
den Praterauen ein Bild gesellschaftlicher Schönheit und
Pracht, wie es von keinem Ballfest in den geschlossenen
Räumen der Winterveranstaltungen überstrahlt werden
konnte.

Das »juste milieu«, der sogenannte Guldenraum, fand
sein Publikum im mittleren Bürgertum und in Leuten,
für die Pferderennen in erster Linie Wettrennen waren
und die die Möglichkeit, wetten zu können, eben mit einem Gulden bezahlen mußten. Denn im Innenraum gab
es damals noch keinen Totalisateur, man konnte daher
nicht wetten, außer bei einem sogenannten wilden
Buchmacher. Es fanden sich dort nämlich immer einige
geschäftstüchtige Gentlemen, die bei einem Mindestein-
satz von zehn Kreuzern genau wie ihre Kollegen am No-
belplatz, die offiziellen Buchmacher, Wetten zu fixen Be-
trägen für den Fall des Gewinnes anboten und hiebei ihre
Kunden »fachmännisch« berieten. Wobei der Wettende
nicht nur das Versagen seines Pferdes riskierte, sondern
auch das des Buchmachers. Denn es kam vor, daß sich
dieser trotz aller Geschäftstüchtigkeit verspekulierte, für
ein Pferd, an dessen Sieg er nicht glaubte, zu hohe Beträge ausgeboten hatte und sich den Folgen seiner Insolvenz
durch den Zirkustrick »Verschwinden aus der Manege«
entzog. Im allgemeinen aber waren die »Wilden« doch
anständige Menschen, die ihren festen Kundenkreis hatten, dessen Vertrauen sie nur dann enttäuschten, wenn
sie von einem der zur Beobachtung aufgestellten Detekti-
ve – der inoffizielle Abschluß von Wetten war polizeilich
verboten – erwischt und die bei ihnen vorgefundenen
Gelder beschlagnahmt wurden. Die Geschädigten ließen

den Verlust in diesen Fällen nicht den Geschäftsfreund entgelten, sondern hatten das Gefühl »Mitgefangen, Mitgehangen«. Wußten auch sie doch ganz genau, daß ihre Wetten verboten waren.

Dies war ein Aufenthaltsort, wie ihn sich ein Knabe herrlicher kaum wünschen konnte. Die Rennbahn verlief in einer Ellipse von nahezu drei Kilometern, war von Wiesen, auf denen damals noch Blumen der mannigfaltigsten Art wuchsen, umrahmt, von Schmetterlingen umgaukelt und am Rand von Bäumen und Gebüsch beschattet. In einem hölzernen Pavillon musizierte eine Militärkapelle mit Bum-Bum und Tschinderassa. Zwischen dem aufgeregten Publikum betrieb ein Zuckerlmann sein ambulantes Gewerbe. Er trug seinen Laden an einem Tragband vor sich her und brachte Fruchtzuckerl, Sutschuk – eine gallertartige Kaumasse von unvorstellbarer Süßheit –, verzuckerte Mandeln und andere Köstlichkeiten an den Mann. Der Inbegriff meiner Wünsche war ein Eibischzuckerl in der phantastischen Größe von ungefähr vier Quadratzentimetern. Wurde es in den Mund geschoben, hatte man mit dem Abbau dieses Blockes ungefähr einen halben Nachmittag zu tun. Auf diese Weise konnten sich meine Brüder das Schweigen des Plappermaules für einen Kreuzer leicht erkaufen.

Ging ein Rennen an, stellten wir uns ganz nahe zum Startplatz und beobachteten aus nächster Nähe, wie die nervös zitternden und zuckenden Pferdeleiber, von ihren in bunte Jacken gekleideten Reitern eben noch gebändigt, mit dem Senken der Fahne dahinstoben und sofort von den Weiten der Rennbahn geschluckt wurden. Die Ankunft am Ziel konnten wir von dem weit entfernten Startplatz aus nicht sehen, da die nun zusammengeballte Menge der Besucher das Blickfeld durchschnitt. Wohl aber verriet ein aus vielen einzelnen Rufen zusammenbrausender Aufschrei diesen Augenblick, denn keiner konnte es sich versagen, den Namen des Pferdes, an dem sein Herz oder gar sein Zehnkreuzerstück hing, laut hin-

Galopper-Derby in der Freudenau, um 1899

auszuschreien, wenn es für den Ausgang des Rennens noch irgend in Betracht kam.

So manchen der Vierbeinigen, deren Ruhm in den Gesprächen der Pferdefreunde noch durch Jahrzehnte fortlebte, habe ich noch selbst gesehen, von anderen nur gehört. Wie etwa von dem berühmten Derbysieger Buzgo, der stets an einer gewissen Stelle der Rennbahn – ein dort stehender Baum wurde noch viele Jahre später als Buzgo-Baum bezeichnet – seinen mitgaloppierenden Konkurrenten auf und davon und in weitem Abstand vor ihnen durchs Ziel ging. Bis es ihm einmal nicht paßte und er nur Dritter wurde. Diese Sensation, Buzgo als Pegasus, fand sogar in einem Wiener Witzblatt ihre dichterische Würdigung. Ich erinnere mich noch an eine Strophe: »Buzgo, Buzgo Derbysieger! Schinderkrampen, Leutbetrüger! Auf den dritten Platze laufen? Luder, Tinte sollst du saufen!«

Auch Kincsem, die berühmte Wunderstute des Grafen Blaskovics, feierte ihre Triumphe noch vor meiner Zeit. Sie blieb in nicht weniger als vierundfünfzig Rennen siegreich und zeigte auch in England, dem Mutterland

58

der Vollblutzuchten, ihren Konkurrenten mehrfach die Hufe. Ich erlebte aber die Triumphe ihres gleichfalls berühmten Enkels Tokio. Er hatte von der Großmutter das Rennvermögen, nicht aber die Treue geerbt, und wenn es ihm aus irgendeinem Grund nicht gefiel, sich zu strecken, blieb er eben hinten. Auch als er in England den Triumph seiner Großmutter wiederholen sollte, zeigte er sich des großen Namens, den er zu vertreten hatte, als nicht würdig. Dies kostete viele Wiener und Budapester ein bedeutendes Stück Geld – es wurde von mehr als einer Million Kronen gesprochen, die an großen und kleinen Wetten in das Debakel des ehrvergessenen Tokio hineingezogen wurden.

Es gibt eine Menge Leute, die auf eine solche Art Vergnügen sehr geringschätzig heruntersehen. Sie würden mich und meinesgleichen noch mehr verachten, wüßten sie, daß mich außer der Zeit, die ich am Rennplatz selbst verbringe, auch die Beschäftigung mit den Rennresultaten und deren Einordnung in ein gewisses System die eine oder andere Stunde kostet. Dies sind zumeist Menschen, die an jede Beschäftigung die Anforderung stellen, daß es eine ernste sein soll. Sie erzählen dann todsicher die Geschichte von Naso-Eddin, dem Schah von Persien. Denn als dieser in den neunziger Jahren Wien und den Kaiser Franz Josef besuchte, wollte man ihn auch in die Freudenau führen. Er lehnte jedoch mit den Worten ab: »Daß Pferde schnell laufen, weiß ich, daß eines schneller läuft als das andere, weiß ich auch, und welches am schnellsten läuft, interessiert mich nicht.« Für mich besagt diese Geschichte nicht mehr, als daß Naso-Eddin Pferde eben langweilten.

Man sollte von einem Steckenpferd nicht gering denken. Fast wichtiger als für den kleinen Knaben ist das Steckenpferd zumeist für den alten Mann, für den ringsherum die Welt zu versinken und ihre Bewohner wegzusterben beginnen, für den es langsam einsam wird. So bin ich heute vielleicht, an den Besuchsjahren gemessen, der älteste Stammgast der Freudenau und gedenke dort unten oft und gern der guten Gesellen aus früheren Zeiten.

SOMMERFRISCHE

Auch im Sommer 1887 brachen wir von den dürftigen Räumen des Hotel Rabl am Fleischmarkt auf, um »auf's Land« zu gehen. Dies war charakteristisch für die wirtschaftlichen Methoden, nach denen bei uns vorgegangen wurde. Wir hatten kein Geld, um die Miete einer Stadtwohnung zu bezahlen, wohl aber, um für mehrere Monate eine Sommerwohnung für ein Dutzend Personen zu mieten.

Für die Fahrtspesen kam allerdings die k.k. privilegierte Südbahngesellschaft auf. Denn wie fast alle Aktiengesellschaften in der vom Liberalismus beherrschten Wirtschaft war sie eine äußerst journalistenfreundliche Unternehmung. Erst als sich eines Tages bei einer Gebarungskontrolle herausstellte, daß ein Journalist im Laufe eines einzigen Jahres nicht weniger als achthundert Freikarten erhalten hatte, wurde die Großzügigkeit etwas gedrosselt.

Für die repräsentative Anreise in einem reservierten Coupé erster Klasse war also gesorgt. Dabei ist aber anzuzweifeln, ob alle Reiseteilnehmer zusammen über einen Betrag verfügten, mit dem auch nur eine einzige Karte erster Klasse bezahlt hätte werden können. Das für den Sommeraufenthalt erforderliche Geld stand nämlich keineswegs von vornherein zur Verfügung, sondern wurde in Teilbeträgen von dem in Wien zurückgebliebenen Vater nachgesandt. Und die Beträge waren so klein, daß sie zumeist nur für ein paar Tage ausreichten. Wenn unser Kredit bei den einzelnen Lebensmittelhandlungen erschöpft war, hatte das Ausbleiben einer solchen Sendung häufig einen Fasttag zur Folge. Kein Wunder also, daß der Postwagenzug jedesmal mit großer Ungeduld erwartet wurde.

Mein Vater pflegte zwar wortreich und in feuilletonistischer Ausdrucksweise über die Freuden des Landlebens
zu schwelgen, nahm daran aber höchstens acht bis vierzehn Tage lang teil, da er dem alten Motto huldigte: »Ex-
tra Hungaricam non est vita, et si est vita, non est ita.«
Wobei für ihn Hungaria die Großstadt, und zwar konkret
Wien bedeutete. Alljährlich wiederholte sich ein fester
Brauch, der für uns Kinder, in seiner·nach einem festen
Ritual durchgeführten Übung, als Quelle unerschöpfli-
cher Heiterkeit diente. Zunächst erklärte der Vater, daß
er an der gemeinsamen Reise nicht teilnehmen könne,
aber am übernächsten Tag nachkommen wolle. Dieses
Übermorgen zog sich dann durch den ganzen Sommer.
Meine Brüder waren von der Unstichhältigkeit dieser steten Ankündigung so überzeugt, daß es ihnen nicht im
Traum einfiel, dem ebenso steten Gebot der Mutter, sie
sollten den Vater von der Bahn abholen, nachzukommen.
Sie gingen ihre eigenen Wege und berichteten dann daheim, der Vater sei nicht angekommen. Bis ihre Aussage
eines Tages durch den aus dem Nebenzimmer plötzlich
auftauchenden Vater dementiert wurde. Dieser war einmal wirklich angekommen und trotz der Schwierigkeiten, die die freie Natur seinen nur an Straßenverzeichnis-
sen geschulten, sowie durch Kurzsichtigkeit und Zer-
streutheit recht wenig erfolgreichen Orientierungskün-
sten entgegensetzte, nach mehreren Irrwegen doch endlich über die richtige Schwelle gestolpert.
1887 brachte uns die Fahrt nach Peggau – Deutsch-Fei-
stritz im Murtal. Auch in den beiden folgenden Sommern
hatten wir eine Sommerwohnung in dieser Gegend, im
Dörfchen Hinterberg. Dort habe ich jene Liebe zur Natur
und zu den Bergen eingesogen, die mir mein ganzes Leben hindurch viel Glück und Freude geschenkt hat und
die auch auf meine Kinder übergegangen ist.
Die Tage verbrachte ich zumeist auf der »Staubwiese«,
einer weiten, mit zahllosen Apfelbäumen bepflanzten
Grasfläche, die ihrem Namen nicht gerecht wurde, da

man dort die gesündeste Luft einatmete. Sie grenzte an einen Eisenbahndamm, und wir nutzten die Gelegenheit, die einzelnen Waggons der vorbeirollenden Güterzüge zu zählen, wobei wir einander durch immer höhere Zahlen zu übertrumpfen trachteten. Meine Spielkameradin war hauptsächlich meine Schwester Jultschi, da die uns im Alter entsprechende Ella als Kind häufig krank war und deshalb, verbunden mit ihrer Faulheit, am Freiluftleben wenig Freude fand.

Jultschi und ich vergnügten uns in Gesellschaft mehrerer einheimischer Kinder, wie etwa von Ploni, der die Aufsicht über einige Kühe oblag. Meine Schwester und ich waren stolz, Trabanten einer mit Aufsichtsfunktionen bekleideten Persönlichkeit zu sein. Leider ließ Ploni es eines Tages an der erforderlichen Genauigkeit fehlen, eine Kuh entwich und konnte erst nach stundenlangem Suchen gefunden werden. Dies veranlaßte Frau Halovsky, Pächterin des von uns bewohnten Gutshofes und Besitzerin der Kuh, zu der Bemerkung: »An jed'n Dirndl kann ma halt net die Küh anvertrauen. Zum Küh'-Hüatn braucht ma Kinder von Genie und Geist.«

In den nächsten beiden Jahren durfte ich bereits meine Brüder Alois und Sigi auf ihren Schmetterlingsjagden begleiten. Ich verfolgte mit Herzklopfen die Jagd auf den großen Eisvogel, einen sehr schwer zu erhaschenden Falter, der zuerst hoch in den Lüften erscheint, sich sodann etwas herabläßt, wieder in die Höhe steigt, um sich endlich für einen Augenblick zu entschließen, die Erde zu berühren. Täglich erschien ein Männchen hoch über den Wipfeln der Bäume, kam hie und da etwas niedriger, ohne sich aber ganz auf die Straße herabzusenken. Meine Brüder beschlossen, eine Lockspeise auszulegen. Sie erhandelten ein Stück Käse und legten es auf die Straße. Gerade als der lockende Duft seine Wirkung auszuüben begann und der Eisvogel immer tiefere Kreise zog, kam schweren Schrittes ein Bauer daher, der offenbar auch Gefallen am Geruch des Käses gefunden hatte. Er bückte sich und schob das offensichtlich verlorene und nun herrenlose Gut in die Tasche, erfreut über die willkommene Zubuße zur Jause. Der Eisvogel aber verschwand hoch über den Bäumen und zeigte sich nie mehr wieder.

Aber nicht nur die Schmetterlingswelt wies nach dem nahen Süden. Auch Obst und Beeren in üppiger Fülle und von erlesenem Geschmack ließ das schon durch eine italienische Sonne angeheizte Klima reifen. Dies war ein willkommener Segen, aus dem die Lokalbevölkerung damals noch nicht den entsprechenden Gewinn zog. Die Kinder, die für die Sommerfrischler Erdbeeren pflückten, waren hochbeglückt, wenn sie für eine große Schüssel dreißig Kreuzer erhielten. Auch die während der Reifezeit reichlich von den Bäumen fallenden Äpfel und Birnen lagen überall im Gras für den freien Zugriff offen, und es wäre keinem noch so habsüchtigen Besitzer im Traum eingefallen, für derlei Entgelt zu verlangen. Als wir nach der Ernte einige hundert Kilogramm Äpfel nach Wien schickten, scheuten die Bauern fast davor zurück, für das Kilo zwei bis drei Kreuzer zu verlangen, unabhängig davon, ob es sich um ordinäre Strudeläpfel handelte, um Maschanzger von rescher Volkstümlichkeit, oder um Reinetten und Goldreinetten der edelsten Art. Denn alles hatte für sie nur den einzigen Wert, in die Presse zu kommen und dort zur Erzeugung von Apfel- und Birnenmost zu dienen. Für uns Kinder bot die Beteiligung an der Herstellung dieser Säfte, die damals noch durch Zerstampfen der Früchte mit der Hand erfolgte, ein willkommenes Vergnügen. Der Lohn für die geleistete Arbeit bestand darin, daß wir von dem aus der Presse abfließenden Saft schlemmen konnten, soviel wir wollten.

Den Abschluß der sommerlichen Vergnügungen bildete jeweils am 8. September die Feier des Namenstages unserer aus einer katholischen Familie stammenden Mutter mit einer Varietévorstellung. Das Programm wurde von meinen Brüdern und deren Freunden in der großen, im

Hof gelegenen Scheune der Hinterberger Sommerwohnung bestritten, und so ziemlich das ganze Dorf nahm an
den Darbietungen als Zaungast teil. Erst heute ist mir bewußt, welch närrischen Eindruck wir Städter bei der
ländlichen Bevölkerung hervorgerufen haben müssen,
wenn eine solche Vorstellung von einer Damenkapelle,
bestehend aus meinen kostümierten Brüdern, an der
Spitze der hochgewichtige und ungefähr zwei Meter lange Richard Eisenmenger in duftigem Kleidchen mit
Schärpe und einer riesigen violetten Masche über dem
bebrillten Bulldoggengesicht, mit Kindertrompeten, Pfei-
ferln und Mundharmonika eröffnet wurde.

Während des Sommeraufenthaltes im Jahre 1887 verließ
mein Bruder Karl das Elternhaus. Wie die meisten Geschwister hatte er nur eine geringfügige Schulbildung genossen und war dann kurz bei einem Tischler in der Leh-
re gewesen. Nun entschloß er sich, in der nahe bei Peggau gelegenen Brauerei Übelbach das Brauhandwerk zu
erlernen. Wir hatten im ersten Peggauer Sommer einen
Direktor Saitzl kennengelernt, einen älteren Pensionisten
aus Graz, der mit seiner liebenswürdigen Schwester Rosa
sowie einem befreundeten älteren Schwesternpaar, Marietta und Maria Mayer, in unserem Pachthof Wohnung
genommen hatte. Als Karl auch das Bierbrauen nicht zu-
sagte, verschaffte ihm Direktor Saitzl eine Anstellung bei
der Postverwaltung in Graz. Aus dem Verkehr mit dem
Schwesternpaar Mayer haben sich dort offenbar mehr als
rein freundschaftliche Beziehungen entwickelt, und mein
Bruder gewann einen verhängnisvollen Einfluß nicht nur
auf die beiden Frauen, sondern auch auf den Direktor
Saitzl. Alle überließen dem blutjungen Menschen ihre gesamten Ersparnisse zum Börsenspiel. Zunächst scheint
Karl nicht unbedeutende Gewinne erzielt zu haben, denn
er gab seine Stelle auf und ging mit dem Schwesternpaar
auf Reisen. Dann ging alles verloren. Dem Direktor blieb
seine Pension, die Schwestern aber waren bettelarm ge-

worden. Marietta Mayer verstarb kurz darauf an Lungentuberkulose und Karl, dem es offenbar an Anständigkeit nicht vollständig mangelte, heiratete die um vieles ältere Marie. Sie schlug sich als Erzieherin durchs Leben, und er abenteuerte weiter durch die Welt, zunächst als Erfinder. Ich erinnere mich – er lebte damals, zu Anfang der neunziger Jahre, wieder eine Zeitlang bei uns – der Reklameplakate, die seine Erfindung den Wienern ins Bewußtsein knallen sollten: »Hallo! Hallo! Was ist den los? Der Brillantlampendochtputzer...«

Vielleicht hat das Licht des Sternes, der dem Schöpfer des »Cri-Cri« geleuchtet hat, ihm diesen Pfad gewiesen – jenes lächerlich kleinen Lärminstrumentes für Kinder, das seinem Erfinder Millionen eintrug. In der Folge ergoß sich damals ein Strom von Goldsuchern in das Land der Erfindungen. Darunter mein Bruder mit ungefähr dem gleichen Erfolg wie die übergroße Mehrheit der anderen »Erfinder«. Ich weiß nicht, ob nicht etwa der Brillantlampendochtputzer seine Meriten hatte. Aber für den Erfolg auf diesem Gebiet ist wahrscheinlich weniger ein technischer Spürsinn maßgebend als einer für Massenpsychologie. Man muß erfinden, nicht was die Menge braucht, sondern was diese haben will. So wie der Agramer Erfinder des »Elsafluid«, irgendeiner breiförmigen Arznei, zur Zeit, als ich im ersten Weltkrieg dort im Militärdienst stand. Ob denn sein »Elsafluid« etwas nütze, wurde er gefragt. »Ich weiß nicht«, war die Antwort, »mir hat's genützt.«

Das konnte mein Bruder nicht von seiner Erfindung sagen, und so bekam er wieder den Wandertrieb. Er ging – zu Fuß, da es ihm an Reisegeld mangelte – nach Hamburg, wo ihm mein Vater bei Pollini, dem Direktor des Hamburger Stadttheaters, eine Stelle in der Theaterkanzlei verschaffte. Eine Zeitlang hörte man dann wieder nichts von ihm, bis er im Herbst 1894 schrieb, er sei krank und liege im Spital, und flehentlich bat, eines sei-

ner Geschwister möge zu ihm kommen. Mein Bruder
Heinrich holte ihn schwerkrank nach Wien zurück, wo er
im folgenden Frühjahr an Lungentuberkulose starb.

KONSOLIDIERUNG

Normalerweise zogen wir Mitte September wieder in die
Stadt zurück. 1889 blieben aber alle bis in den Oktober
auf dem Land, während ich von Heinrich in die Stadt gebracht und vorübergehend bei der Familie Wuschke ab-
gestellt wurde. Der Grund war der Schulbesuch, denn
zumindest für meine Person hatten sich die Eltern wieder
dieser bürgerlichen Form der Kindererziehung zugewandt. Das hing damit zusammen, daß auch unsere son-
stigen Umstände sich wieder in die Geleise bürgerlicher
Lebenshaltung einzulaufen begannen.
Diese günstige Wendung stand offensichtlich mit der
Rückkehr meiner Schwestern Mitzi und Maltschi aus
Frankfurt in Zusammenhang, und unser weiteres Schicksal wurde durch Mitzis Verbindung mit der Hofschauspielerin Kathi Schratt und dem Grafen Hans Wilczek
entscheidend beeinflußt.
Unser Aufstieg begann zunächst mit der Ersetzung des
Inferno im Hotel Rabl durch eine bescheidene Dreizim-
merwohnung in der Kegelgasse im dritten Bezirk. Es
wurde wieder daheim gekocht und es kam nicht mehr
vor, daß es tageweise überhaupt kein Mittagessen gab.
Die Eltern begannen sich auch wieder mit der Zukunft
der Söhne zu beschäftigen und setzten deren Tauge-
nichtsdasein ein Ende.
Am einfachsten war diese Aufgabe bei mir, und so besuchte ich nun die vierte Klasse Volksschule. Ich war seit
meinem Ausscheiden aus der ersten Klasse gemeinsam
mit Jultschi von unserem Bruder Alois unterrichtet worden. Dieser hatte seine kümmerlichen Kenntnisse auch
nur in der Volkschule erworben, brachte uns aber wenig-

stens das Schreiben und auch ein wenig Rechnen bei. So spielte ich unter den durch öffentlichen Unterricht dreier Jahre besser vorbereiteten Altersgenossen zunächst eine traurige Rolle und erhielt im ersten Quartal in den Gegenständen Zeichnen und Geographie die betrübliche Note 4. Ich holte aber nach und nach auf, und in der fünften Klasse konnte man mich der Spitzengruppe der Klasse zuzählen, worüber die Eltern durch den vielbegehrten Vermerk »Wurde belobt« im Vierteljahreszeugnis in Kenntnis gesetzt wurden. Allerdings bedurfte es, soweit es den Gegenstand Zeichnen anbelangte, der Nachsicht des Lehrers. Es war für mich ein Ding der Unmöglichkeit, eine gerade Linie zu ziehen, und auch im Gesang stand es übel. Dagegen übertraf ich im Rechnen bald manche Klassengrößen und hantierte sogar mit Dezimal- und gemeinen Brüchen, deren Existenz uns Alois aus gutem Grund verschwiegen hatte, so munter, als ob ich seit je mit ihnen zu Bett gegangen wäre. An führender Stelle aber stand ich in der deutschen Sprache, unabhängig davon, ob es sich um Lesen oder Diktatschreiben, um das Verfassen kleiner Aufsätze oder um Wort- und Satzanalysen handelte. Zumal ich mir für die Kunst, einen Satz zu zerpflücken, aus eigenem Fleiß die lateinischen Termini technici angeeignet hatte.

Das Hauptverdienst für die Vermittlung solcher Kenntnisse trug ein wackliger Kasten, der, vollgestopft mit Büchern aller Art, in unserer Wohnung in der Kegelgasse stand. Ich hatte keine Ahnung, woher auf einmal alle diese Bücher gekommen waren. Sie wiesen keine Spuren einer sichtenden Hand auf, und so konnte ich mit gleicher Spannung dem »Doktor Faust« auf seinem Weg durch die kleine und die große Welt folgen, wie auch dem »schwarzen Pista« in den »Geheimnissen des Rochusspitals« an das Bett des Primarius, dem er zur Nachtzeit die Kehle durchschnitt, nicht aber ohne dem Opfer zuvor durch Lüften der schwarzen Maske seine Gesichtszüge gezeigt zu haben, so daß der Primarius ins Jenseits wenigstens die Erkenntnis mitnehmen konnte, daß der berüchtigte und viel gesuchte »schwarze Pista« ein sehr feudaler und in höchsten Kreisen sehr respektierter Graf sei. Dabei wurde, trotz der grausigen Mordtat, dem billigen Verlangen des Lesers nach Recht und Moral Rechnung getragen, denn der Primarius war ein noch viel größerer Schurke als der schwarze Pista.

Dieses wahllose Durcheinander an Lektüre hatte für mich aber das Gute, daß ich verhältnismäßig frühzeitig und aus eigener Erkenntnis heraus lernte, die Spreu vom Weizen zu sondern. Und so zog es mich bald zu einem Band mit dem Titel »Die klassischen Sagen des Altertums«. Von den »Metamorphosen des Ovid« wurde ich über Theseus, Herakles, Ödipus und die Argonauten zu den »Sieben gegen Theben« geführt, um schließlich die homerischen Gedichte mit ihrem Ausklang in den kyklischen Epen und in der Äneis erfassen zu können. Alles war in Prosa geschrieben, aber zumeist in ziemlich wortgetreuer Übersetzung. Diese Lektüre legte wahrscheinlich den Grundstein zu meiner späteren Lebens– und Bildungsauffassung, die im humanistischen Gymnasium die beste Schule für die Vermittlung allgemeiner Bildung sieht.

EIN TREUER FREUND

Damals lief uns sprichwörtlich ein Freund zu, der mir bis an sein Lebensende treu blieb. An einem Sonntagabend, auf dem Rückweg aus der Freudenau, schloß sich uns ein Jagdhund an und blieb, trotz aller Versuche, ihn zurückzujagen, hartnäckig auf unserer Spur. Wir nahmen ihn schließlich mit nach Hause, zunächst in der Absicht, ihm die Kümmernisse eines streunenden Hundelebens zu ersparen und ihn womöglich seinem Besitzer wieder zurückzugeben. Trotz der eingeleiteten Nachforschungen ließ sich dieser aber nicht finden, und wir behielten den Hund, der durch seine Liebenswürdigkeit schnell aller

Herzen gewonnen hatte. Wir nannten ihn Lord, obwohl er sich zunächst nicht immer peermäßig benahm. Gleich in den ersten Tagen riß er in einem Lebensmittelgeschäft ein Schinkenbein von der »Budel« und suchte damit durch die offene Tür schnell das Weite. Auch späterhin hatte ich so manche liebe Not mit ihm, besonders in der Sommerfrische in Hinterberg, wo er oft im Wald auf unerlaubte Weise seinem Jagdtrieb fröhnte, und der zuständige Jäger, erbost über die Schädigung seines Wildbestandes, wiederholt teure Eide schwor, daß er Lord erschießen werde, wenn er ihn wieder beim Wildern anträfe. Entweder hatte der Hund aber das Glück, bei der Befriedigung seines unbezähmbaren Naturtriebes einfach nicht erwischt zu werden, oder auf den sachverständigen Jäger hatte die edle, rassige Schönheit unseres Lieblings ihren Eindruck nicht verfehlt.

Denn ohne es zu ahnen, hatten wir in Lord den Abkömmling eines vornehmen Adelsgeschlechtes herangezogen. Zu Weihnachten des Jahres, in dem er uns zugelaufen war, kam Gustav Eisenmenger während seines Feiertagsurlaubes in Wien wie immer auch zu uns auf Besuch. Er fragte erstaunt, woher wir diesen türkischen Schweißhund edelster Rasse hätten, der sich nur im Besitz ganz weniger Jagdliebhaber, darunter auch des Kronprinzen Rudolf befände. Damit war nun auch die Herkunft des Hundes gegeben. Der Prater enthielt damals noch den mit Planken eingezäunten kaiserlichen Tiergarten, und von dort war er offenbar durch eine Lücke ausgebrochen. Unseren Kummer, daß Lord nun seinem rechtmäßigen Besitzer zurückgegeben werden müsse, konnte aber Gustav mit dem Hinweis abwenden, daß der Hund durch den monatelangen unweidmännischen Umgang vollständig korrumpiert, für die Jagd damit wertlos sei und wir die Sache am besten auf sich beruhen lassen sollten. Wir bedankten uns für das Geschenk, das uns unser Freund gönnerhaft aus fremder Jagdtasche gemacht hatte, und freuten uns über den zersetzenden Einfluß, den unsere städtische Verkommenheit auf den biederen Jagdhundcharakter ausgeübt hatte.

Zunächst schloß sich Lord an meinen Bruder Sigi an, der sein Talent als Hunde-Erzieher an ihm betätigte. Als er sich später aus Berufsgründen nur mehr zeitweise in Wien aufhielt, übernahm ich die Verpflichtungen des »Äußerln-Führens«. Da trat der Hund zu mir in das innigste Verhältnis, und ich erschloß ihm mein Herz. So schlang sich ein Band echtester Kameradschaft um uns beide. Er war äußerst sensibel, sehr nervös, und entwickelte später ein Rückenmarksleiden. Unvergeßlich ist mir der Blick seiner prachtvollen Jagdhundaugen in seinen letzten Tagen, aus denen Liebe, Treue, Dankbarkeit und unergründliche Trauer sprach. Noch heute, nach fast 50 Jahren, träume ich von diesem Hund.

Wenige Jahre später erhielt Lord einen Kameraden. Ein junger, kleiner Hund war während unseres sommerlichen Landaufenthaltes in die Familie aufgenommen worden und teilte mit uns Tisch und Bett. Aus den gelegentlichen Äußerungen seines Besitzers ließ sich entnehmen, daß er nach unserer Abreise ersäuft werden sollte. So blieb uns wohl oder übel nichts anderes übrig, als das Tier mitzunehmen. Da der kleine, semmelfarbene Bastard, in dessen Erscheinung von den Ahnen ein Dackel, ein »Rattler« und ein sogenannter Greislerhund am deutlichsten hervortraten, sich von seinem aristokratischen Kameraden sehr unterschied, war es mehr als billig, wenn dies auch im Namen zum Ausdruck kam. So gesellte sich zu dem vornehmen Lord ein ganz ordinäres »Burscherl«.

DIE ERSTEN THEATERBESUCHE
UND ALEXANDER GIRARDI

Meine ersten Theaterbesuche haben mir einen tiefen Eindruck hinterlassen. Der Zufall wollte es, daß der Zu-

Alexander Girardi als »Kalman Czupan«
im »Zigeunerbaron«, um 1885

schauerraum, den ich im Alter von ungefähr acht Jahren
das erste Mal betrat, der des Theaters an der Wien war,
in dem Franz Pokorny einst das Szepter geschwungen
hatte. Ich debütierte als Zuschauer beim »Zigeunerbaron«. Es konnte noch nicht viel Zeit seit der Uraufführung vergangen sein, denn ich sah noch die Original-
besetzung mit Karl Streitmann als Zigeunerbaron, Josef
Josephi als Graf Homonay, Ottilie Collin als Saffi, Gusti
Zimmerman als Arsena, Bertha Stein als Czipra und –
vor allem – den als klassischen Kalman Czupan in die
Wiener Theatergeschichte eingegangenen Alexander Girardi.

71

Ich habe bedeutendere Darsteller und bessere Künstler als Girardi gesehen. Darunter findet sich aber keiner, dessen Persönlichkeit blut- und daseinsvoller in der Erinnerung weiterlebt. Noch heute sehe ich den unerhört ausdrucksvollen Blick vor mir, seine großen, Seelenerregungen in tausendfältiger Art widerspiegelnden Augen, sein Lächeln, das Worte überflüssig machte, weil es alles sagen konnte, von der überlegenen Schalkhaftigkeit und der listigsten List bis zur wehmutsvollsten Einsicht und zu vorwurfsvoller Anklage, erschütternd in die tiefste Seele hinein. Das Wesentliche dieses Schauspielers hatte vielleicht mit Kunst nicht viel zu tun, denn es war seine Präsenz. Er war ein Schlaukopf, wußte die Wirkung auf das Publikum nur durch seine Anwesenheit gut auszunutzen und wies deshalb seine Operettenfabrikanten an, ihn im ersten Akt möglichst spät auf die Bühne zu bringen. Ich habe es oft erlebt, wie, wenn das Orchester zu seinem Auftrittslied einsetzte, ein Aufatmen durch das Publikum ging, als ob sich vor einem Parterre von Kindern endlich das wirkliche Christkind zeigte.

Für ihn hatte die aufgebrauchte Phrase Gültigkeit, daß er seine Bühnengestalten nicht darstellte, sondern lebte, wobei diese Gestalten in den meisten Fällen ohne ihn nicht leben konnten. Er ist wahrscheinlich der letzte große Stegreifkomödiant und zugleich der letzte große Hanswurst gewesen. Es bedurfte wenig mehr als seiner Person und eines seiner berühmten Lieder, und ein paar Tage nach der Premiere sang, pfiff und werkelte ganz Wien: »No amal, sing, o sing, Nachtigall!« oder »Küssen ist keine Sünd«. Sein Auftritt in einer noch so banalen Operette brachte nicht nur den sicheren Erfolg, sondern bedeutete dreistellige Aufführungszahlen sowie eine Inflation von Girardi-Operetten. Diese wurden von Gesellschaften nicht mit beschränkter, sondern ohne jede Haftung hergestellt, und er war der wichtigste, wenn auch stille und erst auf der Bühne laut werdende Gesellschafter.

Es wurde diesen fixen Operettenschneidern vielfach der

Vorwurf gemacht, sie vergeudeten kostbarsten künstlerischen Besitz. Dieser Vorwurf wurde auch, nicht ganz zu Unrecht, gegen Girardi selbst erhoben, obwohl es sicherlich übertrieben war, die Grenzen seines künstlerischen Bereiches bis in die Bezirke der hohen Klassik verschieben zu wollen – wie etwa von Hermann Bahr, der ihn sogar den König Lear spielen lassen wollte. Es ist wahrscheinlich dem gesunden Sinn Girardis zu danken, daß er sich nicht in Experimente drängen ließ, die seiner Geistesverwandten, der genialen Volksschauspielerin Josephine Gallmeyer, übel bekommen sind. Doch seine Eitelkeit brachte ihn sicher dazu, sein geniales Können in diesen für ihn zurechtgeschneiderten Nichtigkeiten zu verzetteln.

Girardi hatte als Operettentenor begonnen und als solcher in der Strauß-Operette »Der lustige Krieg« seinen Ruhm begründet. Seiner Entdeckung durch die Wiener mußte er aber etwas nachhelfen. Er bat Johann Strauß, seine ihn ein wenig mager dünkende Rolle durch einen Walzer aufzufüllen. Strauß soll das Ansinnen des damals noch unbekannten Schauspielers ungnädig abgelehnt haben. Er überließ dem zudringlichen Bittsteller schließlich einen von ihm gering geschätzten Notenabfall. Der Text wurde dem Schauspieler von befreundeter Seite geliefert und der so entstandene Walzer »Nur für Natur...« entpuppte sich als der stärkste Schlager der Premiere. Wien aber hatte einen neuen Theaterliebling, an dem es vier Jahrzehnte in unwandelbarer Treue hing.

Als Girardi eines Abends beim Vortrag des Gondelliedes in der »Nacht in Venedig« seine Stimme fast verlor, erwies sich dieser Verlust als Gewinn. Durch den Zwang, sozusagen ohne Stimme singen zu müssen, erreichte er die Vollendung in der Meisterschaft seines Vortrages. Die Strauß- und Millöcker-Operetten jener Zeit boten ihm ein reiches Feld für seine künstlerische Betätigung. Darüber hinaus aber ist er bis zu den letzten Höhen der Kunst im Volksstück vorgedrungen, in dem er als Fortunatus Wurzel, als Rappelkopf und vor allem als Valentin in den Meisterwerken Raimunds Gestalten von unerreichter Eindringlichkeit und Echtheit schuf. Ich sehe ihn, wie er mit einem einzigen Blick und einem kurzen Zucken seines Mundes den Wehmutsschleier über den feuchtfröhlichen Abschied von seinem »Brüderlein fein« breitet, wie er in der Strophe: »Zeigt sich der Tod einst mit Verlaub und zupft mich, Brüderl kumm, da stell' ich mich im Anfang taub und schau mich gar nicht um« – das Wort »taub« durch ein Lächeln voll ausbündiger List heraushebt, in inniger Freude darüber, wie es ihm gelingen wird, den ungebetenen Gesellen so abgründig übers Ohr zu hauen, und dann abgleitet in die resignierende Verklärung des österreichischen »Da kann ma nix machen«.

Vereinzelt konnten ihn auch zeitgenössische Schriftsteller vor höhere Aufgaben stellen. So rührte er als Schuster Weigl in Adolf L'Arronges Volksstück »Mein Leopold« zwei Generationen zu Tränen oder ließ in Karl Karlweis' »Der kleine Mann« den Wahlagitator in Nestroysche Darstellungssphären rücken. Kam er doch der Art dieses sogenannten Wiener Aristophanes in seiner unnachahmlichen Kunst entgegen, jederlei Pathos oder Sentimentalität durch einen Blick, ein Lächeln und insbesondere durch eine besondere Betonung zu travestieren und in einer Sekunde aufs Erbarmungsloseste zu zersetzen. Er liebte es aber auch, außerhalb der Bühne Orgien falscher Betonung zu veranstalten. Es war überhaupt merkwürdig, wie dieser aus Graz gebürtige wienerischeste aller Wiener nicht richtig Wienerisch sprach, sondern ein von ihm erfundenes Girardi-Wienerisch. Sein Einfluß war so groß, daß die jungen Männer seiner Zeit ihre Muttersprache vergaßen und »Möddchen« sagten, wo sie doch zuvor nur ein »Madl« gekannt hatten.

Ein Theater kann nicht ausschließlich von klassischen Werken leben, und ein vorwiegend der heiteren Muse zugewandtes Theater nicht ausschließlich von solchen der Volksstück- oder Operettenklassik. Es muß Neues

bringen, auch Hausmannskost verabreichen, und wenn
dafür die richtigen Köche fehlen, dann gibt es halt nur
dünne Bettelsuppen, und das Publikum freut sich, wenn
darauf wenigstens ein Fettauge schwimmt. Dieses Fettauge hieß jahrzehntelang Girardi. Die Possen- und Operet-
tenschneider rannten ihm das Haus ein und zeigten ihm
ihre Rollen, wie andere Schneider ihre Stoffmuster. Hatte
er sich für ein Muster entschieden, wurde ihm die Rolle
nach Maß geliefert. Was sich sonst um ihn herum ereig-
nete, hatte nur die Aufgabe, den Abend zu füllen, da
man ja nicht drei Stunden lang ausschließlich Girardi
sprechen und singen lassen konnte.

Aber nicht Girardi, den ich damals belachte, ohne seine
künstlerische Bedeutung ermessen zu können, war es,
dem ich den unauslöschlichsten Eindruck des »Zigeunerbaron« zu verdanken habe. Es war das Werk selbst, das
romantischen, um nicht zu sagen poetischen Reiz auf
mich ausübte und noch immer ausübt. Ich bin mir der
dichterischen Qualitäten des Librettisten Ignaz Schnitzer
vollkommen bewußt und habe selbst mitgelacht, wenn
der boshafte Julius Bauer, neben seiner schriftstellerischen und journalistischen Tätigkeit als Chefredakteur
des »Illustrierten Wiener Extrablatts« jahrzehntelang der
Hauptspaßmacher der Wiener Gesellschaft, Schnitzers
Frau sagen ließ: »Ignaz, geh dichten, s' is ka Geld mehr
im Haus.« Und dieser sich dann hinsetzte und dichtete:
»In Rom fließt der Tiber, geht nur drüber, so kriegt mer's
Fieber – in Wien is mer's lieber.« Wobei die satirische
Ader von Julius Bauer auch ein wenig von der Erkenntnis genährt worden sein mag, daß seine eigenen Libretti
für Johann Strauß im Erfolg nicht im entferntesten an den
Welterfolg des »Zigeunerbaron« heranreichten. Denn
dieser ist eben auch dem Libretto nach eine richtige Operette mit guten Figuren, die dem Komponisten eine
außerordentliche Melodienfülle und den Darstellern die
Entfaltung ihrer Gesangs- und Schauspielkunst ermögli-

chen. Und daß er sein Handwerk zumindest verstand,
hat Schnitzer auch bewiesen, als er für Edmund Eysler
das Buch zum »Bruder Straubinger« schrieb oder die Gedichte von Sàndor Petöfi ins Deutsche übersetzte.

Eine ähnliche Wirkung wie der »Zigeunerbaron« übte
auf mich auch eine heute vergessene Operette aus, »Die
Glocken von Cornville« von Planquette: In Cornville in
der Normandie hat ein großer Segler an der Küste Anker
geworfen und der Kapitän mischt sich unter die Bevölkerung. Er erkundigt sich, wem das einsam auf dem Berg
liegende Schloß gehöre. Er erfährt, daß sich niemand aus
dem Dorf hinaufwage, weil es im Schloß spuke. Dort
oben sei früher ein mächtiges Geschlecht gesessen, doch
dann sei der Graf von Cornville von den damaligen
Machthabern gezwungen worden, außer Landes zu
flüchten, und man habe nie wieder etwas von ihm
gehört. Seitdem seien die Glocken im Schloß verstummt.
Sie würden aber den rechten Erben grüßen, sollte dieser
je wieder zurückkehren. Das alles erzählt in einem ope-
rettenmäßig gesungenen Lied ein Mädchen, das sich im
Dienste des reichen wie geizigen Gaspard, des Verwal-
ters der gräflichen Güter, befindet. Das junge Mädchen
ist von unbekannter Herkunft und wurde von Gaspard
angeblich aus Barmherzigkeit aufgenommen. Der zweite
Akt bringt uns auf das Schloß, in das der Kapitän durch
einen unterirdischen Gang eingedrungen ist, geführt von
der kühnen Sängerin. Der Kapitän ist natürlich der
zurückgekehrte Enkel des alten Grafen. Der alte Gaspard
spielt, um die Bevölkerung zu schrecken, das Gespenst,
da er im Schloß seinen unrechtmäßig erworbenen Geld-
schatz angehäuft hat. Während er sein Loblied auf das
liebe Gold singt, erklingen plötzlich die Glocken von
Cornville und der junge Graf erschreckt den Greis bis
zum Wahnsinn. Der dritte Akt läßt Gaspard aber noch
genug Vernunft, um das Geheimnis der Herkunft Ger-
maines, des aus den Fluten geretteten Mädchens, zu lüf-

ten. Der Graf erhält seine Gräfin, und auch das zur Operette gehörige Buffopaar findet zueinander, wobei den täppischen Bauernjungen natürlich Girardi gab.

Kein Wunder, wenn dieses bunte und abenteuerliche Geschehen, getaucht in eine Fülle von schönen, vom häuslichen Klavier bereits vertrauten Melodien, dem Kind tiefsten Eindruck hinterließ. Und unvergeßlich habe ich auch hier wieder Girardi im Gedächtnis, wie er als Strafe für seine Feigheit in eine auf einem Sockel aufgestellte Ritterrüstung gesteckt wurde, allein im leeren Saale zurückblieb, und wie er dann im maßlosen Entsetzen zuerst über die vermeintliche Geistererscheinung und dann im maßlosen Erstaunen darüber, daß Gaspard das Gespenst ist, diese ganze Szene nur mit den Augen spielte.

Aber nicht nur die niederen, sondern auch die höchsten Weihen der dramatischen Kunst in Wien wurden mir damals zuteil. Nicht lange zuvor hatte die erste deutsche Bühne ihr Heim am Michaelerplatz verlassen und den monumentalen Prachtbau Hasenauers bezogen, waren die letzten Worte des Epiloges zur Abschiedsvorstellung am 12. Oktober 1888, gedichtet von Alfred Berger, gesprochen von Adolf Sonnenthal, ertönt: »Im neuen Haus das alte Burgtheater«. Noch ruhte das Repertoire im wesentlichen auf den Stützpunkten, die Heinrich Laube ihm gewiesen hatte: Klassiker und ihre Epigonen, Weltliteratur im Goetheschen Sinn, französisches und daran geschultes heimisches Schauspiel und Lustspiel. Noch war das Fenster nicht geöffnet, durch das wenig später Max Burckhard die frische Luft modernen Schaffens einströmen lassen sollte, zum nicht geringen Entsetzen und gegen den fortwährenden Widerstand jener feudalen Besucherkreise, die das Erstgeburtsrecht im kaiserlichen Haus für sich in Anspruch nahmen und fideikommissarischen Schutz nicht nur für ihre Logen und Sitze, sondern auch für ihre Parzellen im Reich der Kunst verlangten, deren eine ihrer Ansicht nach die Bühne des Burgtheaters war. Noch betreute fast vollzählig jene Künstlerschar Laubes Erbe, mit der er einst die alte Garde, die er vorgefunden, nach und nach ersetzt hatte. Dabei zählten für mich Nachgeborenen jene aber auch schon wieder zur alten Garde. Denn was für meine Eltern Anschütz und La Roche, Ludwig Löwe und Dawison, Fichtner und Josef Wagner, Julie Rettich oder Amalie Haizinger geheißen hatte, das waren für mich Sonnenthal, Lewinsky, Baumeister, Gabillon, Krastel, Hartmann, Mitterwurzer, die Wolter (die ich leider niemals gesehen habe, weil mir die anderen immer die Sitze zu Wolteraufführungen weggeschnappt hatten), Stella Hohenfels, Helene Hartmann und Zerline Gabillon sowie der Nachwuchs Hugo Thimig, Georg Reimers und Katharina Schratt.

Daß die alte Garde ursprünglich genauso viel an Schikane und Anfeindung zu leiden hatte, wie sie dann die nachdrängende Jugend fühlen ließ, hat etwas Versöhnendes an sich. Es ist ein menschlich verständliches und ergreifendes Ringen, denn für den Schauspieler ist es doppelt so schwer wie in jedem anderen Beruf, sich auf das Altenteil setzen zu lassen. Leben heißt für ihn Theaterspielen, seine Rolle zu spielen, und wer ihm die nimmt, greift ihm an das Leben.

Es erscheint mir bedeutungsvoll, daß Grillparzer mit »Der Traum ein Leben« auf dem Spielplan stand, als ich zum ersten Mal diesen Tempel der dramatischen Kunst betreten durfte. Unvergeßlich haften die Eindrücke in mir, die Lewinksy durch die außerordentliche Darstellung des Zanga hinterließ, und noch immer geistert durch meine Erinnerung die gespenstischste Erscheinung, die ich jemals auf der Bühne gesehen habe, »der Mann vom Felsen« in der Gestalt Gabillons. So hat dieses Gedicht durch die Jahrzehnte hindurch seinen Zauber für mich stets in gleicher Weise ausgeübt, verklärt noch durch die Tiefe poetischer Weisheit, die sich dem Kind damals noch nicht so erschließen konnte.

So erlag auch ich von da an dem Zauber, der damals auf

alle Wiener wirkte, und wenigstens von sieben bis zehn Uhr abends »ein einig Volk von Brüdern« hinterließ. Die schönsten Stunden meines Lebens waren jene, die ich im Theater verbringen durfte, und es waren nicht wenige. Ob man zu den höchsten Schönheiten einer Dichtung emporgetragen wurde, sich von den leichteren Dingen des Lebens vergnüglich vorplaudern ließ oder sich auch an Späßen derberer Art ergötzte – im Wesen war es immer wieder das Abstreifen der Fesseln, mit denen die harte Wirklichkeit drückte, der Aufschwung in ein Reich, in dem die Gesetze einer oft sinnlos erscheinenden Wirklichkeit nicht galten, wo der Dichter dem Leben seine Gesetze vorschrieb und es nach eigener Willkür ablaufen ließ, indem er das Grau der Alltäglichkeit abstreifte und dafür die bunten Farben seiner Phantasie verlieh. So erschien einem das, was sich auf der Bühne abspielte, oftmals wichtiger als das Leben selbst.

GRAF WILCZEK UND GUSTAV PICK

Diese Zeit der ersten Theatereindrücke fiel zusammen mit den Ereignissen, die uns aus dem Abgrund wieder zu den Höhen einer gesicherten Existenz führten und uns wieder in den Genuß der Güter einer bürgerlichen Kultur brachten, auch wenn dieses bürgerliche Menü noch immer den Wildgeschmack der Bohème nicht vermissen ließ, wie er der Hausführung in meiner Familie überhaupt anhaftete. Das zeitliche Zusammentreffen mit meinen ersten Theaterbesuchen ist natürlich ein Zufall. Gleichwohl hat sich hier das Leben, von keinerlei bühnenästhetischen Bedenklichkeiten berührt, einen Happyend-Aktschluß gewaltsamster Art erlaubt, wie es irgendein Wiener Witzbold für die Stücke des Fürsttheaters empfohlen hatte.
Das Fürsttheater im Prater konnte bei seinem Publikum stets auf den Erfolg seiner Kaiser-Josef-Stücke rechnen,

die einander glichen wie ein Ei dem anderen, und es machte von dieser Genügsamkeit seiner Besucher größten Gebrauch. Der wesentliche Inhalt einer solchen Aufführung läßt sich kurz zusammenfassen: »Soweit sam'r jetzt, Alte, das Annerl is fort, wissen net wo, und da Poldl is weit übers Meer und wird wohl nie mehr den Weg ham find'n. Ka Kreuzer Geld im Haus und ka Stäuberl Mehl, und so müaß ma verhungern, wam m'r net vuaher unsan ölenden Lebn a End' machn.« – Es klopft und herein tritt – »Jessas, die Annerl. Ja Annerl, wo kums'd denn her? Setz di nur nieder, Annerl, und wein net. Wanns da a schlecht geht, ma siacht's da ja an. Du bist daham bei de Eltern, und daham is daham. Wia's uns geht? Ja b'sunders guat freile net. Was mi'n Poldi is? Ja da Poldi is weit übers Meer und wird wohl nie wieder den Weg ham find'n. O Gott wan nur da Poldi da war, wär'n ma do wenigstens alle beinanda!« – Es klopft an der Tür und herein tritt – »Jessas da Poldi, wo kums'd denn her? Setz di nur nieder, Podl, und sei net traurig. Wann's da a schlecht geht, ma sicht's da ja an, du bist daham bei de Eltern und bei da Annerl, und daham is daham. Wie's uns geht? Ja b'sunders freile net. Ja wann m'r jetzt nur wüßten, vo was ma leben soll'n, alle mitananda. Wann's nur wen gäb', der uns helfert!« – Es klopft an der Tür und herein tritt ein Herr, knöpft den Rock auf und nimmt die Brieftasche heraus – »Da habt ihr guten Leute zwanzigtausend Gulden.« – »Jessas, jessas, des vüle Geld! Ja des geht ja net, Euer Gnaden, ja wia kamat ma da dazua? Ja des hab'n ma ja gar net verdient. Jo, also wan Euer Gnaden durchaus woll'n, ja da sag'n ma halt vieltausendmal Dank schön und küß' die Hand. Ja wer san denn nacha Euer Gnaden?« – »Wer ich bin, das sollt ihr nie erfahren – ich bin der Kaiser Josef.«

Unser Kaiser Josef war Graf Wilczek. Über die Art der Begebenheiten, die zur Besserung unserer Lage führten, bin ich nicht genau unterrichtet. Ich vermute, daß meine

Hans Graf Wilzcek in der Uniform
der Wiener Freiwilligen Rettungsgesellschaft

Schwester Mitzi der Schratt unsere Notlage geschildert hat, und diese wiederum den Grafen Wilczek für unsere Familie interessierte. Dieser hat von da an über mehr als zwanzig Jahre an unsere Familie allmonatlich eine Unterstützung auszahlen lassen, die mit der Summe von 6000 Gulden im Jahr angesetzt war. (Das entspricht ungefähr 20.000 österreichischen Schilling während der Sanierungszeit des Nachkriegsösterreich.)

»Seiner Exzellenz, dem Hochwohlgeborenen Herrn Hans Graf Wilczek, Herrenhausmitglied«, stand auf dem Kuvert des Briefes, mit dem mich mein Vater zum Palais des Grafen in die Herrengasse 5 schickte. Ich wurde dort stets persönlich vorgelassen und mußte aber als zehnjähriger Knirps hinaufschauen, daß mir das Genick fast steif wurde. Er war einer der größten Männer, die ich gekannt habe, dazu von stattlicher, aber nicht übertriebener Leiblichkeit, mehr den Eindruck von Kraft als den von Fülle erweckend, mit eben erst ergrauendem Haupt und kühnen, ausdrucksvollen Gesichtszügen. So machte er auch zu Pferd eine prachtvolle Figur, als er 1908 im Festzug zur Feier des sechzigjährigen Regierungsjubiläums von Kaiser Franz Josef über die Ringstraße zog.

Aus der überragenden Höhe seiner Figur, seines Standes, seines Reichtums, seiner Macht und seines Einflusses sah er auf mich mit Blicken herab, deren durchwärmende Güte auch einem Kind jederlei Schüchternheit nehmen konnte. »Lieber Freund«, sagte er einmal zu mir – der überbrachte Brief enthielt wahrscheinlich die Bitte um einen Vorschuß auf die monatliche Unterstützung, wie ja mein Vater stets imstande war, zur Befriedigung eines augenblicklichen Geldbedürfnisses alle Chancen für die Zukunft aufs Spiel zu setzen, ja zu opfern –, »dem Vater soll geholfen werden, aber wenn Sie mich jetzt umdrehen und auf den Kopf stellen und ausbeuteln, fallen keine zwei Sechserln heraus.« Der Riese, geneigt, sich zum Beweis der Wahrheit vor dem Däumling auf den Kopf stellen zu lassen, schien sich zu schämen, daß er nicht sofort Hilfe spenden könne, und auch wegen seiner schlechten Wirtschaft, die ihn auf einen solchen Tiefstand an baren Mitteln hatte absinken lassen. Dabei hatte ihn wahrscheinlich schon vor meinem Kommen irgendein anderer Schutzbefohlener vollkommen ausgeplündert.

Er verbrachte auch den einen oder den anderen Abend in unseren engen Räumen in der Kegelgasse, wobei er selbst den Speisezettel für das Nachtmahl erstellte. Er erbat sich regelmäßig Kalbsgulyas mit Nockerln, das er in der Zubereitung durch meine Mutter besonders liebte. Einmal kam er direkt von einem Hofdiner, das ihn offenbar nicht satt gemacht hatte, zum Abendessen zu uns. Er langte dabei in die Taschen und schenkte uns Kindern eine Anzahl von Kieselsteinen, die sich dann als Kunstprodukte der Hofzuckerbäckerei herausstellten. Sie waren nicht gut, aber sie verschafften uns immerhin das Vergnügen, mit Steinen zu spielen, die auf des Kaisers Tafel gelegen waren.

Später stellte er dann die Besuche ein. Wahrscheinlich besteht ein Zusammenhang mit der Trübung des freundschaftlichen Verhältnisses, das zwischen ihm und der Schratt bis dahin bestanden hatte. Seiner Freundschaft gegenüber unserer Familie geschah aber kein Abbruch, denn jeder von uns, den aus irgendeinem Grund sein Weg zu ihm führte, konnte freundlichster Aufnahme sicher sein. Wenn hiebei Dankesschuld, die uns ihm verpflichtete, auch nur irgendwie angedeutet wurde, wies er dies mit der stets in gleichen Worten ausgedrückten Beteuerung zurück, daß er sich nur als »Werkzeug der Vorsehung« erachte.

Ich weiß nicht, ob Graf Wilczek in Wien geboren wurde. Er war jedenfalls die Verkörperung der »Noblesse oblige«, ein kunstliebender Mäzen und als Apostel der Humanität eines der menschlichen Wahrzeichen von Wien, ähnlich wie die Fürstin Metternich, der er an von Temperament bedingter Popularität nahestand, die er aber am kulturellen Gehalt der Persönlichkeit und des Wirkens überragte. Schon in früher Jugend hatte er seine idealistische Sinnesart gezeigt, als er sich freiwillig zum Kriegseinsatz gemeldet hatte, ohne aber von den Vorrechten der feudalen Kreise Gebrauch zu machen. In der Uniform des Gemeinen hatte er in Italien gekämpft. Dabei stand ihm der Sinn nicht nach kriegerischen Lorbeeren, sondern danach, Werke des Friedens zu stiften oder zu fördern, mochte ihr Inhalt nun Kunst, Wissenschaft oder Humanität heißen. So war in erster Linie ihm die Entsendung der Nordpolexpedition unter Payer und Weyprecht zu danken, die das Kaiser-Franz-Josefs-Land entdeckte. Und in die Geschichte Wiens hat er seinen Namen als

Schöpfer der für die ganze Welt als Muster für ähnliche Anstalten dienenden »Wiener Freiwilligen Rettungsgesellschaft« eingeschrieben, die er gemeinsam mit Graf Lamezan-Salins und Baron Jaromir Mundy gleich einem Phönix den schauerlichen Flammen des Ringtheaterbrandes entsteigen ließ. Noch im ersten Weltkrieg hat er einen ganzen Malteserzug ausgerüstet und trotz seines hohen Alters auch selbst geführt.

Gedenke ich des Grafen Wilczek, tritt immer auch eine zweite Gestalt auf, diesem an hohem Wuchs nur wenig nachstehend, von gleicher Vornehmheit der Erscheinung und des Ausdruckes. Der intime Freund und häufige Begleiter des Grafen war Gustav Pick, der Barde der hohen Wiener Fahrkunst und Verfasser des zum Volkslied gewordenen und als solches über die Generationen hinaus dauernden »Fiakerliedes«. Er muß Geschäftsmann oder Bankier gewesen sein, denn einmal hat er scherzend zu mir gesagt: »Ich habe mich immer als Künstler gefühlt, deshalb bin ich Kaufmann geworden«. Sein Beruf dürfte ihn in die aristokratischen Kreise geführt haben, deren äußeres Gehaben er angenommen und ein wenig betont hatte. Neben dem Grafen Wilczek einherschreitend, ähnelte er, mit der hohen, vom weißhaarigen Haupt und der kühnen Adlernase gekrönten Gestalt einem ungarischen Magnaten. Innerlich aber fühlte er sich diesen Kreisen keineswegs verbunden, sein Freundschaftsverhältnis zu Graf Wilczek war eine rein menschliche Bindung und blieb von ihrer verschiedenartigen sozialen Stellung völlig unberührt. Er gehörte wahrscheinlich zum wohlhabenden Mittelstand liberaler Prägung, der dem Wien der fortschreitenden konstitutionellen Bewegung der sechziger Jahre bis zu den beginnenden sozialen Kämpfen der achtziger und neunziger Jahre die gesellschaftliche Prägung verliehen hat.
Es wird oft von der geheimnisvoll befruchtenden und assimilierenden Zauberwirkung der Wiener Landschaft

Gustav Pick

und des Wiener Wesens auf das musikalische Schaffen einer ganzen Reihe von Tonheroen wie Mozart, Beethoven, Brahms und Richard Strauss gesprochen. Aus diesem Zauberborn mag auch Gustav Pick sein Schlücklein getrunken haben. Dabei stammte dieser wienerischste aller Wiener von einem ungarischen Juden ab. Ungarisch allerdings nur der Staatsangehörigkeit nach, denn er wurde in Rohonez geboren, einem Ort, der nach dem ersten Weltkrieg, als vormals ungarische Teile zum Burgenland kamen, zum deutschen Rechnitz wurde. Die Texte zu seinen Kompositionen nach heimischen Klängen waren nicht guttural magyarisch, sondern Schößlinge des bajuwarischen Sprachstammes. Am liebsten entlehnte er sie aber dem Wienerischen, denn der schon früh Eingewanderte war zum Vollblutwiener geworden und hing mit allen Herzensfasern an der Stadt seiner Wahl.

Dies beweist auch die Volkstümlichkeit des Fiakerliedes, eines Volksliedes von ganz besonderer Art, das von den Wienern am Kutschbock und im Wagenfond aus der Taufe gehoben wurde. Die Fiaker und die »Gav'liere« gehörten zueinander, und es bestand trotz der gesellschaftlichen Distanz immer eine gewisse seelische Verbundenheit zwischen beiden, wie beispielsweise zwischen dem Fiaker Bratfisch und seinem Kavalier, der Rudolf von Habsburg hieß und ein Kronprinz war. Diese Intimität verlieh oft Verhältnissen bedenklicher Art, die den Unwillen der Moralisten erregten, einen liebenswürdigen Zug. Wie etwa das stadtbekannte Terzett aus meiner Jugendzeit, bestehend aus dem Fiaker auf dem Kutschbock, dem Kavalier im Wagenfond und neben ihm der Schwester des Fiakers, einer Ballettänzerin von Rang, die ich öfter in der Hofoper habe tanzen sehen. Derartige Gruppierungen trugen zuweilen einen versöhnenden Hauch des Morganatischen an sich und lassen sich nicht ohneweiters in das heutige Wien transponieren, daß etwa der Bruder irgendeines »Pupperls« das Paar im Auto durch die Straßen chauffiert. Im Vollgefühl der Quasilegitimität und des dadurch verbürgten Schutzes bedeutender Mächte hat dieser Fiaker einmal einen Widersacher gewarnt: »Sö, mit mir fangen S' Ihna nix an, mei Schwester hat an Graf'n!«

Als am 24. Mai 1885 die Fürstin Pauline Metternich, anläßlich des Hundertjahrfestes der Fiaker, zu einem ihrer bekannten Wohltätigkeitsrummel geladen hatte, sind die Fiaker und ihre Gönner, nebst allen, die als richtige Wiener überall »dabei« sein mußten, in hellen Scharen gekommen. Und der Schlager aller Schlager, der jemals in der schlagerseligsten Stadt der Welt erklungen, war das Fiakerlied Gustav Picks, gesungen von Alexander Girardi hoch am Kutschbock eines Zeugels mit »zwa harbe Rappen«, die von ihm selbst gelenkt wurden.

Aber auch andere seiner Lieder haben zu ihrer Zeit den Beifall des Publikums und im besonderen der Straße gefunden, wie beispielsweise »Dös waß nur a Weana, a wean'risches Bluat, wos a wean'rischer Walza an Weana all's tuat« oder der Marsch »Rumwidibumwidibumwidibum, in Wean da geht's halt um – trara!« Diesen gab Girardi bei einer Wohltätigkeitsaufführung von Nestroys »Einen Jux will er sich machen« als Christopherl zum Besten, und überraschte mit der mitwirbelnden Einlage den Komponisten, der der Vorstellung gemeinsam mit unse-

Alexander Girardi singt das »Fiakerlied« anläßlich des Wohltätigkeitsfestes der Fürstin Pauline Metternich in der Rotunde, 1885

rer Familie zufällig beiwohnte und keine Ahnung davon hatte, daß ihm dieser Abend einen Triumph seiner Komposition bringen sollte.

Gustav Pick konnte nicht Notenlesen und hatte niemals Klavierspielen gelernt. Umso reizvoller war es aber, ihn am Flügel zu hören, den er meisterhaft spielte, besonders beim Vortrag eigener Kompositionen, zu denen er den selbstverfaßten Text teils sang, teils sprach. Umso reizvoller und ausdrucksvoller vielleicht gerade deshalb, weil er fern jeder Schulung und Form eben spielte wie irgend ein besessener Straßensänger sein Begleitinstrument, und so Schöpfer, Vortragender, Instrument, Wort und Ton zur Einheit des persönlichen Ausdrucks zusammenschmolzen. Ich erinnere mich besonders daran, wie er uns eine soeben gedichtete Strophe des Fiakerliedes am Klavier vorsang, die dann ein paar Tage später Girardi, in der traditionellen Kleidung des »Stößers«, auch »Schmalranftler« genannt, mit der eisgraue Haare vortäuschenden Perücke, bei einer Wohltätigkeitsveranstaltung zum Besten gab. Es war zur Zeit der Einführung des Taxameters, des Gegenstandes grenzenloser Verachtung und tiefer Empörung für den Gegner amtlich festgesetzter Entlohnungstaxen und der zunehmenden Automobilisierung. So wurde diese Strophe nicht nur zum Epilog des Fiakerliedes, sondern einer ganzen Epoche: »Hiazt ham's a Taxameter, elektrisch fahr'n s' a, und nacher dö Trompeten vom Automobil – tüta! I aba bleib a Flotter mit'n stößerischen Huat, und hat aner an Schotter, na so waß i was der tuat! Der laßt de blitz'n und blas'n und steigt schee ein bei mir, die alten Rapperln hab'n a Bluat und gengan, daß all's fama tuat. Es paßt si ja nix anders für unsere Gawalier, do is a Temperament scho drin', a Leb'n a scho wia. Aber a so a Wag'n ohne Ross huscht wia a Geist um in an G'schloß. Mei Stolz is, i bin halt an echt's Weana Kind, a Fiaker wia ma 'n net alle Tag' find't, und feuert so a Sparherd auf Rad'ln ein'n 'naus, na so führt'n halt unserans z'Haus.«

Den Zeugen einer Zeit, während der sich die Technik derartig entwickelte, mochte bisweilen ein Schauer befallen, angesichts des schwindelnden Tempos, in dem diese Technik nunmehr dahinraste, die Zivilisation die Kultur zu Tode zu rädern schien. »Vom Lamm zum Lusthaus führ i' s' in zwölf Minuten hin« – der Schnelligkeitsrekord war zwischen Geburt und Grab zu schwindelnder Höhe emporgeklettert, um das Zehnfache gesteigert führte er nun in zwölf Minuten nicht mehr vom Lamm zum Lusthaus, sondern fast schon von Wien auf den Semmering.

Gustav Pick selbst aber pflegte für seine eigenen Spazierfahrten, dem Rahmen seines temperierten Wohlstandes angepaßt, das billigere einspännige Fuhrwerk zu benützen, bei dessen Benennung der Wiener sich vom »Deutschen Bruder« auch sprachlich gern differenzierte, einem Fremdwort vor dem andernorts gebräuchlichen »Droschke« den Vorzug gab, und es, wenn er den besseren Bezirken entstammte, einen »Comfortable«, in den »enteren

Gründen« einen »Komfortabel« nannte. Auch dieses bescheidenere Gefährt hob den Insassen aus der »magna plebs contribuens« hervor, dem Tramway- und Stellwagenvolk oder von jenen, die gar »hatschen« mußten. In einem solchen »Zeugelersatz« kam Gustav Pick während der schönen Jahreszeit allwöchentlich vorgefahren, um meinen Vater zur Spazierfahrt nach dem Franz-Josefsland abzuholen. So wurden die Landstriche jenseits der Reichsbrücke und der »großen« Donau, um Kagran herum, genannt, die in meiner Kindheit für den Wiener die geheimnisvolle Anziehung hatten, wie der »far west« wohl für den Bewohner von New York. Damals galten jene ausgedehnten Landstriche als verwegenes, nach Ausland riechendes Gebiet, und eine Fahrt ins Fremdland wurde zumindest als »Ausflug« nach einem gewissen Ritual exekutiert, in dem der gebackene Karpfen zum Mittag- oder Abendessen eine Hauptrolle spielte. Dorthin also fuhren die beiden alten Herren, die einander stets genug zu sagen hatten, da es keinem an Geist oder Originalität mangelte. Außerdem verband die beiden das Behagen der Weihrauchspende, die jeder dem anderen darzubringen pflegte.

Aus einem auf solcher Fahrt gesprochenen Schmeichelwort erfloß eine ergötzliche Begebenheit. Der adeligen Erscheinung Picks und der entsprechenden Gestik huldigend, hatte mein Vater aus ihm einen »Junker von Rechnitz« gemacht, wofür sich Pick mit einem »Herzog von Kagran« revanchierte. So titulierten sie sich scherzhalber auch häufig in anderer Umgebung. Ein zur Schriftstellerin Maria Glaser frisch vom Land gekommenes Dienstmädchen hatte die vornehme Betitelung der beiden Herren während eines Gespräches gehört und meldete meinen Vater bei seinem nächsten Besuch allen Ernstes als Herzog von Kagran.

So pflegte jeder der beiden sorgsamen Gärtner das kleine Stück Seelenland des anderen, in dem das Pflänzchen Eitelkeit gedieh, bis es zu einer Trübung des Freundschaftsverhältnisses kam.

Mein Vater hatte in späten Jahren, wegen seines ewigen Geldmangels, dem schriftstellerischen Prestige eine Konzession gemacht und war von den Höhen seiner Salonplauderei zeitweilig in die flachen aber ergiebigen Ackergründe der Operette herabgestiegen. Diese wurden damals, mit reichlichem Erfolg für die musikalischen und literarischen Auftraggeber, nach allen Seiten hin durchpflügt, besonders, wenn der Motor vor solch einem Pflug Alexander Girardi hieß. Pick fand es selbstverständlich, daß er die Musik für diese Operette komponiere. Einer solchen Aufgabe waren aber weder sein Talent, das zur Schaffung einer bescheidenen Anzahl von Liedern am Klavier gelangt hatte, noch sein technisches Können gewachsen. Das erkannte auch sofort der alte Routinier Ignaz Schnitzer, mit dem mein Vater sich, im Bewußtsein seiner eigenen Unmusikalität und mit dem unbekannten Metier unvertraut, zur Herstellung des Librettos verbunden hatte. Schnitzer hatte einige Jahre zuvor einen jungen Musiker kennengelernt, der mit hochfliegenden Plänen in der Seele und einem Berg von frischen Notenblättern im Schrank durch die Erfolglosigkeit seiner Bemühungen um Förderung, bereits den Entschluß gefaßt haben soll, Selbstmord zu begehen.

Schnitzer hatte zunächst dem jungen Mann die Weiterführung seiner Existenz ermöglicht und ihm ein Libretto geschrieben. Die Operette »Bruder Straubinger« wurde ein Bombenerfolg, enthielt eine Glanzrolle für Alexander Girardi und ließ den Namen ihres Komponisten, Edmund Eysler, als Stern am Wiener Operettenhimmel aufleuchten. Nun überredete Schnitzer meinen Vater, daß wiederum Eysler das gemeinsame Libretto für die Operette »Pufferl« vertonen sollte, die, wieder mit Girardi in der Titelrolle, viel Erfolg hatte. Gustav Pick war tief gekränkt und in seiner künstlerischen Eitelkeit verletzt. Er stellte den Verkehr mit meinem Vater ein, seine geräumige Wohnung in der Hegelgasse 7 stand aber für unsere

Familie nach wie vor offen, und jeder wurde mit der alten Liebenswürdigkeit und Herzlichkeit empfangen.

Später übersiedelte er dann in die Frankenberggasse und teilte als Witwer sein Heim mit den beiden Söhnen Rudolf und Alfred. Rudolf war ein begabter Maler mit eigenartiger Note, der gerne in exotischen Farbtönen schwelgte und, wie ich glaube, häufig in Ägypten weilte. Ich erinnere mich eines Bildes, Straußenbalz betitelt, auf dem ein Strauß mit auerhähnischer Gebärde auf dem Haupt einer Sphinx sitzt. Alfred hatte die juristische Laufbahn erwählt und war der erste und für lange Zeit hindurch auch einzige Jude, der in Wien ein Richteramt bekleidete, was seinen Vater mit großem Stolz erfüllte.

Anfang der zwanziger Jahre – Gustav Pick lag auf dem Krankenbett, von dem er sich nicht mehr erholen sollte – besuchte ich ihn zum letzten Mal. Wir führten ein langes Gespräch, in dem auch die »Judenfrage« zur Sprache kam. Er hatte die Art vornehmer Naturen, den Gegner heiter zu nehmen, und belustigte sich an dem bekannten Spruch Georg Schönerers: »Was der Jude glaubt, ist einerlei, in der Rasse liegt die Schweinerei.« Er konnte ja noch nichts ahnen von der wilden Schauerlichkeit des Pandämoniums, das dieser Satz, zum Glaubenssatz einer Kulturhenkerschar erhoben, über Deutschland und ganz Europa entfesseln sollte. Ihm blieb es erspart, bei Dingen dabei zu sein, die seine Menschlichkeit nur zu erleben, nicht aber zu erfassen vermocht hätte. So konnte er noch friedlich sterben, ein Romantiker des alten Wien.

KATHARINA SCHRATT

Eine andere Persönlichkeit, die durch die folgenden Jahrzehnte aufs innigste mit dem Geschick zumal der weiblichen Mitglieder unserer Familie verbunden war, die aber durch die Herstellung der Verbindung zu Graf Wilczek zunächst nachhaltigsten Einfluß auf das gesamte Famili-

Katharina Schratt

enschicksal genommen hatte, war die Hofschauspielerin Katharina Schratt. Um ihre Person haben die Wiener ja schon zu Lebzeiten mancherlei Legenden geflochten. Kathi Schratt war eine hochbegabte Schauspielerin, aber ähnlich wie bei Girardi war das Wesentliche an ihr nicht die Kunst, sondern der einfache Ausdruck der von höchster Anmut und Schönheit umspielten, liebenswerten Persönlichkeit. Dazu kam noch der besondere Reiz, der auch einen Fürsten zu fesseln verstand, einen Fürsten im Reich der Geister – »Katharina Fröhlich, Bürgerskind aus Wien« ist sogar unsterblich geworden, weil der Fürst (Franz Grillparzer) ihren Namen in den dritten Akt der gewaltigsten österreichischen Dichtung hineingestellt hat. Gleiche Rangerhöhung vermochte der andere Fürst nicht zu erteilen, auch wenn er ein Habsburger war und ein großes Reich beherrschte.

Die Schratt war ein Bürgerskind aus Wien, auch wenn sie zufällig in Baden geboren wurde. Dieser Zauber der Wienerin eignete all dem holden Frauentum, das sie auf die Bretter der Burgtheaterbühne hinstellte. Sie konnte mit gleicher Leidenschaft das Anzengruber-Bäuerische der »Horlacherlies« sprechen, den Blankvers der »Lady Percy«, übrigens auch ein Käthchen, von Heißsporn so benannt, eine dritte Kathi in »Der Widerspenstigen Zähmung« spielen, eine vierte »Katharina von Rosen« war sie in »Bürgerlich und Romantisch« von Bauernfeld, der ihr auch noch »Die stolze Menzinger Kathrin« im »Landfrieden« zuschob. Aus Blick, Wort und Geste dieser Kathis und der vielfältigen anderen anmutsvollen Frauengestalten, die sie verkörperte, guckte die Wienerin heraus.

Um sie als Schauspielerin zu charakterisieren, kann ich nichts besseres tun, als ihren Entdecker Heinrich Laube zu zitieren, der sie an das Wiener Stadttheater engagiert hatte. Laube war stets unbestechlich im Urteil, hatte aber in diesem Fall zeitweise den Theaterdirektor beiseite gelegt und sich widerstandslos dem Zauber ergeben, der ihm aus diesem überwältigenden Zusammenblühen von Jugend, Schönheit und Anmut, Laune und Herz entgegengeströmt war: »Schratt, ein bildhübsches Mädchen hatte im ›Käthchen von Heilbronn‹ Glück gemacht, mit anderen sentimentalen Rollen aber nicht sonderlich gewirkt, wie herkömmlich warf man ihr bereits die Schönheit vor, welcher ihr Talent nicht gleichkomme. Da entdeckte ich, daß reale Aufgaben, naiv komische, kurz was die Franzosen une ingénue nennen, eine Fülle von Talent in ihr wirkten. In diesem Fache wurde sie dann binnen kurzer Zeit eine nahezu erste Schauspielerin. (...) Fräulein Schratt ist in diesem Punkt rasch sicher geworden, weil wir rasch das richtige Rollenfach für sie fanden. Das richtige Rollenfach entspricht dem Naturell und das Naturell findet von selbst den verständlichen Redeton. Soll sie sentimental spielen, da muß sie den Ton suchen und findet ihn schwer. Heiter, noch besser lustig ist er von selbst da. Fräulein Schratt kann für lustige und humoristische Rollen ein Paradiesvogel werden.«

Laubes unvergleichlich scharfer Kennerblick sah aber zugleich, daß dieser blendenden Naturwüchsigkeit sich auch, wenn erforderlich, eine »Würde, eine Hoheit« beigesellen könne. Und so rief er ihr zu, als er ihr auf einem Spaziergang im Prater zufällig begegnete – er hatte in seinen letzten Lebensjahren mit dem Theater gar nichts mehr zu tun – »Ich habe soeben das ›Glas Wasser‹ neu szeniert und besetzt. Wollen Sie die Königin spielen?« Sie lachte hell auf über diesen Vorschlag. Aber auch diese letzte dramaturgische Diagnose Laubes sollte richtig sein. Wenige Jahre später spielte sie am Burgtheater die Lady Percy in »Heinrich IV.« Voll launiger Verspieltheit im ersten Teil, von Hoheit und Würde der Witwe wie der Fürstin umflossen im zweiten Teil. Es war aber wohl mehr als ein Zufall, daß ihre letzte Rolle eine Wienerin und zugleich eine Majestät war, die Kaiserin Maria Theresia, die sie in einem für sie geschriebenen Stück als Gast am Deutschen Volkstheater zu spielen hatte. Das Lustspiel von Franz von Schönthan war allerdings nur Fabriksware.

Ihre Gäste empfing sie aber als Wienerin und nicht als Fürstin, zunächst in einer geräumigen Mietwohnung in der Nibelungengasse, später im eigenen Zinspalast am Kärntnerring, und vom Frühling bis zum Frühsommer pflegte sie in ihrem Haus in der Gloriettegasse in Hietzing zu wohnen.

Es war ihre große Leidenschaft, die verschiedenen Heime mit Schätzen der Kunst sowie des Kunsthandwerks erlesenster Art auszustatten. Sie war eine bekannte Sammlerin, und wo immer ihre vielfachen Reisen sie hinführten, unterließ sie es niemals, Kunsthandlungen, Juweliere, Stätten des Kunstgewerbes und Antiquare aufzusuchen. So war jede ihrer Wohnungen allmählich zu einem kleinen Museum geworden, dessen Dotierung sie allerdings von Zeit zu Zeit in Geldverlegenheit stürzte. Die Warnung einzelner Freunde, sich doch nicht durch derartige, ihre Mittel übersteigende Ausgaben zugrunde zu richten, pflegte sie stets damit zurückzuweisen, daß sie mit der Befriedigung ihrer Sammlerleidenschaft zugleich ihre Altersversorgung betreibe. Sie war sich sicher, daß der zuwachsende Wert ihrer Schätze die üblichen Geldzinsen weit übersteige. Diese Voraussicht hat sich als richtig erwiesen und ermöglichte ihr später, die Lebenshaltung einigermaßen im gewohnten Rahmen fortführen zu können.

Die Ferien verbrachte sie stets in der Villa »Felicitas« in Bad Ischl, die sie mit zugehörigem Garten gepachtet hatte. Dort gelangte sie wegen ihrer monarchistischen Überzeugung und ihrer engen Verbindung mit der Kaiservilla allmählich in den Rang einer »per acclamationem« gewählten Präsidentin der sommerlichen »Republik«, die das künstlerische, literarische, musikalische, aber auch zum Großteil das offizielle und aristokratische Wien alljährlich zu exekutieren pflegte. Die Freiheit, die im Umkreis der kaiserlichen Villa begehrt wurde, erwies sich freilich hauptsächlich als Kniefreiheit bei der Lederhose und dem gleichen Dirndlkostüm für alle Damen. Diese »Republik« war jedoch nicht auf den engen Raum von Ischl allein beschränkt. Es gab ein ständig flutendes Hin und Her zwischen diesen Landratten des Salzkammerguts und dessen maritimen Saisonbewohnern, den Schwimmern und Seglern, die an den Ufern des Wolfgang-, Mond-, Altausseer-, Grundlsees, des Traun- und des Attersees saßen. So hatten sich am Grundlsee Burgtheaterkollegen der Schratt wie das Ehepaar Louis und Zerline Gabillon, Hugo Thimig und Hermann Schöne zu einer fröhlichen, über viele Jahre eng verbundenen Sommerkolonie zusammengetan. Louis Gabillon behauptete übrigens, daß er den letzten Bären am Grundlsee geschossen habe – und fand sogar ein Publikum, das sich ihn aufbinden ließ.

Franz Tavele, ein enger Freund der Schratt, hatte seine Villa in Unterach am Attersee. Er war einer der populärsten Komiker Wiens und, im Gegensatz zu seinen oft sauertöpfischen Kollegen, der fidelste Mensch, den ich jemals kennengelernt habe. Als Merkspruch prangte über seiner Eingangstür der Reim: »Wer mein Freund will sein, der trete hier nicht ein!« Gleichwohl stand diese Tür nie still, und der Hausherr tat nichts dazu, dem in dem Spruch ausgedrückten Wunsch Nachdruck zu verleihen. Im Gegenteil, als ein Regen von einer selbst im Salzkammergut nicht gewöhnlichen Dauer und Intensität alle Orte überschwemmt hatte, die Fluten der Traun und der Seen sich kniehoch über die Straßen wälzten und man einander nur mit Hilfe von Booten besuchen konnte, erwartete er seine Gäste schon an der Anlegestelle, nur mit einer Schwimmhose bekleidet und einem aufgespannten Regenschirm über seinem Haupt.

Auch Alexander Girardi war ein getreulicher Sommergast in Bad Ischl, wo er sich sogar mit Katharina Schratt verlobt und wieder entlobt hatte. Zwischen den beiden bestand dann eine sehr abgekühlte Beziehung, und der Kontakt wurde erst nach Jahren wieder aufgenommen, als Girardi als Schutzflehender in der Wohnung der Schratt in der Nibelungengasse erschien. Er hatte entgegen vielen Warnungen Helene Odilon geheiratet, eine blendende Schauspielerin und die wohl markanteste Verkörperung dessen, was in späteren Zeiten als sex appeal bezeichnet jemals über Wiener Bühnenbretter geschritten war. Das gesamte männliche Publikum pflegte, wie meine Cousine Bertha Zuckerkandl einmal sagte, sich sozusagen sein Programm zu machen, wenn die Odilon auf die Bühne trat, und die Hälfte der teuren Logen- und Parkettplatzbesitzer soll dieses Programm auch ausgeführt haben. Girardi versuchte aus der Priesterin aphro-

Katharina Schratt auf der Veranda der Villa »Felicitas« in Bad Ischl

disischer Gluten eine solche des sanften häuslichen Herd-
feuers zu machen. Als dieses Feuer zu flackern begann,
verschloß ihm zunächst wohltätige Blindheit die Augen.
Als mehr oder minder gute Freunde daran gingen, ihm
zu demonstrieren, daß die Katze das Mausen nicht lasse,
tobte er zunächst über die Verleumdung und warf die
Zuträger zur Tür hinaus. Schließlich erhielt er aber untrügliche Beweise dafür, daß seine Frau sich jenem Gold-
regen darbot, den ein Wiener Repräsentant des goldhälti-
gen Hauses Rothschild strömen ließ. Nun ging Girardi
die Sache nicht mit Glacéhandschuhen, sondern mit
bloßen Händen an, die sich deutlich anmerken ließen,
daß sie ehemals einem Schlosser gehört hatten. Die Odilon fühlte vorgeblich ihr Leben bedroht und versuchte
gemeinsam mit dem Nabob, den Schlosser hinter die Tür
einer Irrenanstalt zu bringen. Mit Hilfe eines gefälligen
Theaterarztes, der die durch Kokain zerrütteten Nerven
und die Gemeingefährlichkeit des eifersüchtigen Gatten

attestiert haben soll, wäre das vielleicht auch gelungen, hätte nicht die Schratt ihre mächtige Hand über den zu nächtlicher Stunde zu ihr geflüchteten ehemaligen Bräutigam gehalten. Doch nicht einmal jetzt, nicht einmal aus dem Gefühl der Dankesschuld heraus fand er den richtigen Ton ihr gegenüber.

Es war ganz kurze Zeit danach, als ich den Weihnachtsabend im Hause Schratt verbrachte. Mein Bruder Hans war im Dezember dieses Jahres gestorben, bei uns daheim gab es keine Feier, und die Schratt hatte daher außer meinen Schwestern Rosa, Ella und Jultschi auch mich eingeladen. In ihrer gutherzigen Art fand sie den Gedanken unerträglich, daß in unsere Jugend diesmal nicht der Schimmer des heiligen Abends fallen sollte. Auch Girardi saß an der Weihnachtstafel und wurde in die Bescherung miteinbezogen. Er erhielt eine entzückende kleine Stehuhr für das Nachtkästchen. Aber statt des Dankes, den sie mit Recht erwarten durfte, scheint er wieder seiner Spottlust Raum gegeben zu haben, denn ich entnahm dem Ton ihrer Worte: »Ich hab' halt geglaubt, Ihnen eine Freude zu machen«, daß sie sich verletzt fühlte. Und sicherlich war es seine Schuld, wenn ihre Wege sie bald wieder auseinander führten.

Bald darauf heiratete er in zweiter Ehe Leonie von Latinovics de Borsod. Sie war die Stieftochter des Klaviermachers Ludwig Bösendorfer, des Schöpfers jener Wunderwerke, die als Bösendorfer-Flügel den Ruhm des Wiener Klaviers durch alle Welt trugen, und der in einer Reitschule die wunderbare und kaum jemals wieder erreichte Akustik des Raumes erkannt und mit dem Bösendorfersaal einen glänzenden Mittelpunkt des Wiener Konzertlebens geschaffen hatte. Sie verstand es besser, dem aus kleinbürgerlichen Verhältnissen stammenden Girardi jenes betuliche Heim zu schaffen, das er begehrte. Als sein Eheglück durch die Geburt eines Söhnchens gekrönt wurde, scherzte er in seiner unbedenklichen Art: »I waß net, jetzt hab' i's ganz alani z'sam'bracht, und bei der

Lentscherl hat m'r halb Wien mitg'holfen und es is net gang'n.«

Auch die Schratt hatte nach dem mißglückten Verlöbnis einen anderen geheiratet, in dieser Ehe aber ebensowenig ihr Glück gefunden wie mit ihrem vormaligen Partner. Sie ließ sich aber nicht scheiden, sondern verblieb auch, als sie ihre Rolle am Wiener Hof zu spielen begonnen hatte, weiter in freundschaftlichem Verkehr mit ihrem Gatten. Er blieb ihr Gast in ihrem Salon, und in vorgerückten Jahren, als die über den Höhepunkt ihrer Lebensbahn hinausgerückte Sonne bereits schräge Schatten zu werfen begann, äußerte sie meiner Schwester gegenüber sogar die Absicht, mit ihm im Alter wieder zusammenzuziehen. Die Ursachen für das Scheitern dieser Ehe sind mir nicht bekannt. Herr Nikolaus Kiß von Itebe war Diplomat, aber niemand wußte, wo sich seine diplomatische Tätigkeit abspielte und worin sie bestand. So ernannte ihn die Wiener Gesellschaft, immer eher geneigt, aus einer Sache einen Witz zu machen, als ihr auf den Grund zu gehen, zum »Konsul von Tunix und Tarocko«. Seine Existenz schien er der Fürsorge seiner Gattin zu verdanken. Er wohnte nicht ständig in Wien, war zeitweise vielleicht sogar an den Stätten seiner geheimnisvollen diplomatischen Tätigkeit und überließ die Sorgen den Exekutionsbehörden, die ständig nach ihm fahndeten. Als diese seiner Person einmal im Hotel Wandl wirklich habhaft werden konnten, soll er, außer dem, was er am Leib trug, nur eine alte silberne Taschenuhr und zwanzig Paar Stiefeletten besessen haben.

Der Ehe entstammt ein Sohn, der Legationsrat a.D. Baron Anton Kiß, dem die Baronie von Kaiser Franz Josef verliehen worden war. Diese Verleihung hatte aber nichts zu tun mit der Legende, daß in den Adern dieses Sohnes reichlich Habsburgerblut geflossen sei. In einer Concordia-Ballnacht im Sofiensaal sah ich auf der Nobilitätenestrade den Sohn der Schratt neben Herrn Kiß von Itebe dem Älteren stehen und bestaunte die Ähnlichkeit der beiden in Gesicht, Miene und Haltung.

Die Legende haust ja bekanntlich dort am liebsten, wo Beweise weder erteilt noch verlangt werden, und zieht sich zu diesem Zweck mitunter in ganz ausgefallene Gegenden zurück. So traf ich sie eines Tages »hinterwärts von Temesvar«, wo meine Schwester Ella mit ihrem Gatten eine Theatertournee absolvierte. In allen Städten des »Russinsko«, wie diese nach dem Weltkrieg von Ungarn an die Tschechoslowakei gefallene Gegend bezeichnet wurde, knüpfte man sogar ein Band zwischen meiner und der Familie Habsburg, indem Ella als Tochter der Schratt angesehen wurde. Wie ja auch unsere Schwester Rosa, die von allen am engsten mit der Schratt verbunden war und sich bis zur ihrer Verheiratung ständig in deren nächster Umgebung aufhielt, in Ischl jahrelang als Tochter des Kaisers galt. Daß alle diese drei schon auf der Welt waren, bevor die Audienz stattgefunden hatte, die Kathi Schratt in der Hofburg zum ersten Mal dem Kaiser gegenüberstellte, sei nur nebenbei erwähnt.

Katharina Schratt stand mit Kaiser Franz Josef rund dreißig Jahre lang in engem Kontakt. Dies bot zwei Generationen der für derlei Pikanterien sehr empfänglichen Wiener reichlich Stoff für die Beschäftigung mit dem großen Rätselraten, welcher Art denn die Beziehung eigentlich wäre. Dabei war diese Frage ja ausschließlich Privatsache der drei beteiligten Personen, des Kaisers, der Kaiserin und der Schratt. Das entsprach aber durchaus nicht den Anschauungen der Wiener Gesellschaft, die zu den menschlichen Grundrechten auch die Erörterung der Frage »wer mit wem« zählte. Und jeder, der irgendwie zum Kreise der Schratt zugehörig galt, wurde in den Diskussionsbereich dieses leidenschaftlich erörterten pro und kontra einbezogen. Welcher Art auch immer diese Beziehung war, sie hat die Billigung der einzigen Person gefunden, die berechtigt gewesen wäre, zu dieser

Frage in irgend einer Weise Stellung zu nehmen, der Kaiserin Elisabeth.

Die Kaiserin war der Schratt in Freundschaft verbunden und war ihr dankbar, daß sie dem vereinsamten Kaiser in dessen knappen Erholungsstunden Wärme spendete. Elisabeth vermied ja den Wiener Hof und befand sich, getrieben von ihrer Unrast, einer starken Wanderlust, von Menschenscheu und dem Hang, allein zu sein, den größten Teil des Jahres auf Reisen. Die Verpflanzung aus dem naturfrischen bayrischen Erdreich in den toten Boden des Wiener Hofes, gehärtet noch durch die Starre eines jede Äußerung und jede Gebärde vorschreibenden Zeremoniells, hatte offenbar die dämonischen wittelsbachschen Veranlagungen durchbrechen lassen. Da die Hüterin des jede freie Lebensregung erstickenden Gesetzes, Erzherzogin Sophie, die Mutter des Kaisers, schon an der Schwelle des Brautgemaches stand, mußte Elisabeth bereits in den Honigwochen ein ausgesprochenes Martyrium durchmachen. Sophies Spruch und Wille galt für den Sohn als unverletzliches Gebot, und er sollte weiter ihr ausschließliches Geschöpf bleiben. So wandelte Elisabeth, von vornherein zum Leiden bestimmt, einsam durch ein Leben voller Tragik bis an ihr tragisches Ende.

Das ursprünglich bayrische Naturkind mochte von dem österreichischen Naturkind, der Schratt, verwandte Töne hören. Die Schauspielerin besaß einen sehr originellen Freundschaftsbeweis der Kaiserin. Während eines Ischler Spazierganges zu dritt hatte sich eine Bremse in naiver Unbekümmertheit auf die Wange der hohen Frau gesetzt, und die Schratt schlug im ersten Impuls wacker zu, sich erst im nächsten Augenblick in jähem Entsetzen besinnend, daß sie soeben der Kaiserin eine regelrechte Ohrfeige verabreicht habe. Diese quittierte die Ohrfeige aber mit einem Geschenk, einer Brosche, die eine Stechfliege in Brillanten darstellte.

Einen Freundschaftsbeweis echtester und vorsorglichster Art aber erwies ihr die Kaiserin damit, daß sie den Töchtern Gisela und Marie Valerie den Schwur abnahm, die Stellung der Schratt nicht anzutasten, sollte sie selbst nicht mehr ihre schützende Hand über die von mancherlei Hofintrigen bedrohte Freundin halten können. Der Kaiserin war natürlich bekannt, daß insbesonders Erzherzogin Marie Valerie dieses Verhältnis mit scheelen Augen betrachtete. Die Sittenstrenge dieser Prinzessin hatte die Wiener viele Jahre um den künstlerischen Genuß von Gerhart Hauptmanns »Rose Bernd« im Burgtheater gebracht. Die unverkennbare Eindeutigkeit dessen, was sich hinter der Bühne abgespielt haben mußte, war gegen ihren Moralbegriff, sie verließ schon während des ersten Aktes einer Vorstellung ostentativ die Hofloge, und das Stück durfte nicht weiter gespielt werden.

Solchermaßen gesichert gegen die Unterminierung durch die eigene Familie, blieb der Freundschaftsbund zwischen dem Kaiser und seiner Hofschauspielerin bis zu seinem Tod bestehen. Der Grund lag wohl im natürlichen Wesens der Schratt, die hier nur Freundin sein wollte, nicht eine Spur von Eigenmächtigkeit hineintrug und vor allem niemals das Bestreben hatte, über ihren Schauspielerberuf hinaus eine »Rolle« zu spielen, vor allem nicht in der Hof- oder gar der Weltpolitik. »Hier bin ich Mensch, hier darf ich's sein«, konnte der Kaiser zu Recht sagen, und das hat wohl den Zauber verdoppelt, den diese Frau auf ihn ausübte.

Denn sein Regententum nahm er so ernst, daß der Mensch, der ja wohl auch in ihm steckte, darüber vollständig verschwand. Das vor allem ist der Grund, weshalb die Vorstellung vom guten alten Herrn, die so viele Wiener rührselig anmutete, niemals Gewalt über mich gewinnen konnte. Für mich bleibt Franz Josef der Kaiser, dessen gesamte Regierungszeit vom Schatten der Galgen umdüstert wird, jener Galgen, die für die Vorkämpfer der Achtundvierziger Revolution und für die zahllosen »Hochverräter« im ersten Weltkrieg überall im Reich aufgerichtet wurden. Er tat gewiß nur, was er für seine

Pflicht hielt. Aber auch er unterlag dem verhängnisvollen Gesetz, unter dem fast alle Machthaber seit je standen, die Bedingungen für das allgemeine Beste in dem zu finden, was der eigenen Machtposition frommt: In der Macht nicht das Mittel zu sehen, den Staat zu regieren, sondern Macht und Staat zu einem Begriff zu verschmelzen, auf Leben und Sterben miteinander zu verbinden. Es wäre zu untersuchen, wie weit der falsche Kurs, in dem das österreichische Staatsschiff seinem Untergang zusteuerte, von der Rücksichtnahme auf die Machtstellung und das Prestige des Hauses Habsburg vorgezeichnet wurde. Eine Ahnung von der schicksalsträchtigen Beugung dieses Gesetzes hat vielleicht den alten Kaiser durchschauert, als er im Jahre 1914 jenes berüchtigte »Ich habe es nicht gewollt« sprach und an Serbien den Krieg erklärte.

Ich will nicht bestreiten, daß seine Persönlichkeit in einer anderen Umgebung auch menschliche, bisweilen sogar gemütliche Züge aufwies. Ein Beispiel hierfür zeigte er meiner Schwester Rosa gegenüber. Sie räumte morgens gerade die beiden Zimmer der Sommerwohnung in Bad Ischl auf, die sie unweit der Schratt-Villa gemietet hatte, als der Kaiser auf seinem Spaziergang vorbeikam. Obwohl sie ihr Haar zum Abstauben in ein Kopftüchel gebunden hatte, trat er ein und knüpfte ein Gespräch an, dessen Inhalt hauptsächlich meine Nichten Gretl und Katherl bildeten. Er meinte, daß diese hübsche Mäderln seien und erwiderte auf den Einwurf meiner Schwester, daß es nicht schaden würde, wenn sie ein wenig braver wären: »Ja, was woll'n denn Sie sagen. Ich hab' zehn bei mir zu Hause.« Dabei bezog er sich auf die Kinder seiner Tochter Marie Valerie, die damals in großer Zahl die Villa in Ischl bevölkerten.

Auch Humor konnte er, dem das Leben sonst unter den Fingern trocknete, in günstigen Momenten zeigen. Nach einem Besuch bei der Schratt sollte er die zweite Wiener Hochquellenwasserleitung eröffnen und durch einen

Druck auf einen Knopf zum ersten Mal ihr Wasser sprudeln lassen. »Heute muß ich Moses spielen«, scherzte er zu der Freundin.

Eine muntere Episode aus meinem eigenen Leben erscheint mir stets wie ein Symbol für meine sanfte Duldung prinzipieller Gegensätze. Ich hatte 1907, als frisch gebackener Bahnaspirant, meine erste Freifahrt dazu benützt, meine Schwester in Ischl zu besuchen und war von der Schratt zum Mittagessen eingeladen worden. Als der Champagner kam, verließ sie auf einen Augenblick das Zimmer und kehrte mit einem Kistchen in der Hand zurück. »Für'n Morizl und für'n Toni hab ich heute was B'sonders, Zigarren von seiner Majestät.« Diese waren Pfosten von erfreulicher Länge und entsprechender Dicke, jede Zigarre war mit einem breiten Ringelchen geschmückt, und jedes dieser Ringelchen mit einem Bildnis von »Maria Theresia« geziert. Es blickte aber nicht der Kopf der großen Kaiserin dem schon die Lippen spitzenden Nikotinsachverständigen entgegen, sondern ein Bild der Schratt in der Rolle der Maria Theresia. Obwohl ich als Sozialist und Republikaner schon damals in der Familie eine Außenseiterstelle einnahm, war auch ich alsbald eingehüllt in dicke Rauchwolken aus der Habsburgerzigarre.

Die Schratt führte ein weibliches Gralskönigtum mit zahlreichen Templisten. Sie liebte es, ihre zumeist weiblichen Ritter als Beschützer von Witwen und Waisen in die Welt hinauszuschicken, das Recht zu stützen und das Unrecht zu strafen, wobei sie natürlich selbst entschied, was Recht und was Unrecht sei, und solcherart Segen und Wohlstand zu den Armen zu tragen. Dazu bediente sie sich bisweilen auch männlicher Helfer wie des Grafen Wilczek. Sie konnte nicht hören, daß es jemandem schlecht gehe, ohne von der Regung gepackt zu werden: »Da muß man ja was tun«, und ihre Fürsorge erstreckte sich auch auf Tiere.

Katharina Schratt als »Maria Theresia«
im gleichnamigen Stück von Franz von Schönthan

Nach innen aber trug dieses Gralskönigtum das Gesicht
einer kleinen Duodezstaatenhaltung, mit allen Mensch-
lichkeiten und Eifersüchteleien einer solchen, zumal die
einzelnen Funktionäre und Würdenträger durchwegs
Frauen waren. Bei all ihrer Güte und dem Charme ihrer
liebenswürdigen Persönlichkeit war sie sehr despotisch,
vor allem, wenn ihren Launen nicht Rechnung getragen
wurde. Dies haben einzelne meiner Schwestern erfahren,
besonders wenn Herzensangelegenheiten mit dem Dienst
an der »Gnä' Frau« in Konflikt gerieten. Es war Tradition
bei uns, daß die Mädchen »zur Schratt« kamen.

Den Reigen hatte Mitzi eröffnet, die mit der Schratt schon als Mädchen befreundet gewesen war. Nach ihrer Heimkehr aus Frankfurt wohnte sie als Gesellschafterin bei der Freundin, und scheint sich in ihrer unnachahmlichen Grandezza zu einer Art Majordomus des Hofstaates aufgeschwungen zu haben. In dieser Machtstellung tyrannisierte sie sogar ein wenig die »Gnä' Frau«, die einen heillosen Respekt vor ihr hatte. Für den damals zehnjährigen Sohn Toni mußte ein zweibeiniges Wesen, dem gegenüber zeitweise sogar die »rescheste« aller Mütter versagte, der Inbegriff aller irdischen Autorität sein, und er soll Mitzi weit respektvoller als dem kaiserlichen Gast seiner Mutter gegenübergestanden sein. Er sprach ein unverfälschtes, der Mutter abgelauschtes und nach Bubenart vergröbertes Wienerisch, und meine Schwester, geschult in der strengen Sprachzucht des Burgtheaters und seines Vortragsmeisters Strakosch, erachtete es als eines der notwendigsten Bildungselemente, bereits den Kindern ein gepflegtes Deutsch beizubringen. So zog es der arme Toni vor, in ihrer Gegenwart seine Äußerungen auf das dringend Notwendige zu beschränken, beispielsweise wenn es Schnitzel mit grünem Salat gab und er gerne noch von diesem gehabt hätte. Aber wie verlangt man das, wenn einem als Mengenbezeichnung für Salat nur »a Plätschen« zur Verfügung steht und man das untrügliche Gefühl hat, daß ein Herr Sonnenthal als »Herzog von Aleria« sich eher bei lebendigem Leib hätten rösten lassen als »a Pletschen« zu sagen? Man übersetzt das Wienerische und fragt artig: »Bitte, darf ich noch eine Plötsche haben?«

Als Erstgeborene besaß Mitzi auch in unserer Familie eine ausgesprochene Kronprinzenstellung. Sie war Vertreterin der elterlichen Autorität gegenüber den jüngeren Geschwistern, und wenn die Eltern nicht daheim waren, gebärdete sie sich, als ob die Aufrechterhaltung von Zucht und Ordnung ausschließlich in ihren Händen läge.

Sie hatte zusammen mit ihren Cousinen Sophie und Bertha Szeps privaten Unterricht genossen, denn für Prinzessinnen galt eine allgemeine Schule als unfein. Früh schon ging sie zum Theater, fand zunächst ein Engagement im Carltheater und kam dann für kleine und kleinste Rollen an das alte k.k. Hofburgtheater. Obwohl sie in Frankfurt als Salondame in erster Reihe gestanden war, wurde ihr Leben durch jenen Daseinsabschnitt geprägt, in dem sie sich im Schatten der Großen des Michaelerplatzes befand. Aus dieser Schule trug sie für ihr ganzes Leben ihre, auch in den kläglichsten Umständen niemals versagende, jedes Wort und jede Geste adelnde, jede Banalität scheuende Haltung. Für Feinschmecker war sie ein köstliches Produkt aus angeborenem Phlegma, verstandesmäßiger Überlegenheit, eingesogener persönlicher Kultur und einer Zucht des sprachlichen und körperlichen Ausdrucks, wie man sie, trotz der Verschiedenheit der Träger dieser Kultur und dieses Ausdrucks, auch in der nahe gelegenen Spanischen Hofreitschule bewundern konnte, wo die Lipizzaner einen auf der ganzen Welt einmaligen Pferdeadel zur Schau trugen.

Wir Brüder mußten dem natürlich karikaturistische Lichter aufsetzen, beispielsweise durch eine parodistische Studie ihrer Haltung beim Teetrinken: Es war die Herzogin-Mutter aus einer französischen Komödie; leicht zurückgelehnt, der linke Ellenbogen ein wenig aufgestützt, aus dem zurückfallenden Ärmel des Schlafrocks die Hand herauswachsend und lässig mit dem Brötchen spielend; dieses ebenso lässig von Zeit zu Zeit zum Mund führend; die Rechte leer in der Luft haltend, wie die bewußte Absage an jede Andeutung von Arbeit, mit Ausnahme von Perlenstickerei; in Abständen zur Teeschale greifend, um daran zu nippen. So schlüpfte ich eines Morgens, als ihr Teefrühstück schon hergerichtet war, rasch in einen ihrer Schlafröcke und setzte mich, die beschriebene Haltung einnehmend, an den Frühstückstisch. Als sie aus dem Badezimmer hereinkam und die vorgetäuschte Doppelgängerin bemerkte, schien sie, durch ihre Kurzsichtigkeit zusätzlich beirrt, im ersten Moment wirklich im Zweifel, ob sie nicht bereits beim Frühstück sitze, bis sie mit einem »Gott, schrecklich!« den Spuk sozusagen mit einem Hauch beiseite schob. Dieses »Gott, schrecklich« war überhaupt die einzige Affektäußerung, die ihr eine Situation, welcher Art auch immer, abpressen konnte.

Mit der Rückkehr von Frankfurt war ihre Bühnenlaufbahn, von einer periodischen Reprise in Czernowitz abgesehen, abgeschlossen. Ob sie diesen Entschluß gefaßt hatte, ob er sich aus verschiedenen Hemmungen ihrer Laufbahn allmählich ergeben hatte, welche Motive bestimmend gewesen waren, das alles weiß ich nicht. Wenn sie aber in frühen Jahren – sie hatte damals die dreißig noch lange nicht überschritten – diesen Entschluß faßte, beweist das immerhin, daß nicht himmelstürmender Ehrgeiz sie den höchsten Zielen ihres Berufs hatte zustreben lassen. Es wäre aber rationeller gewesen, sie hätte es bei ihrer kleinen Stellung im Burgtheater und deren weiteren Ausbau bewenden lassen, weil sie darin ihre gesicherte, im späteren Alter durch eine auskömmliche Pension untermauerte Stellung gefunden hätte. Eine ihrem Klima gemäße Existenz überdies, denn Theaterluft zu atmen galt ihr als Lebensnotwendigkeit. Doch vermochte selbst ihre Bedächtigkeit den vorwärtstreibenden Wallungen eines noch nicht zwanzigjährigen Blutes nicht standzuhalten. So war sie nach Frankfurt gegangen und hatte damit in dieser Hinsicht verspielt und sich ein Leben voll Sorgen bereitet. Schließlich wurde ihr ein junger Schauspieleleve aus der Theaterschule Löwe zum Verhängnis. Er hieß Charles Stephenson, hatte sich aber für die Verkörperung der dramaturgischen Schöpfungen dieser Kunstfabrik den Vornamen Kurt beigelegt. Seine Charakterentwicklung läßt es mehr als wahrscheinlich erscheinen, daß ihn nicht wirkliche Neigung zu diesem Ehebund getrieben hat, sondern vielmehr die Hoffnung, durch unseren Vater Vorteile in seiner Schauspielerexistenz und vielleicht ein Engagement am Burgtheater zu erlangen.

Eine Folge dieser Ehe war der Bruch mit der Schratt, deren despotischer Zug sich uns hier zum erstenmal zeigte. Es scheint ein ungeschriebenes Gesetz gewesen zu sein, daß Herzensbündnisse der Templisten der großmeisterlichen Sanktion unterlägen, und denen, die sich solchem Gebot nicht beugten, jede weitere Anteilnahme am Gral versagt bliebe. Ich weiß nicht, wie weit die zweifelhafte Persönlichkeit meines Schwagers hier mitbestimmend war. Auf jeden Fall ließ die Härte, die die Schratt bei solchen Angelegenheiten zeigen konnte, niemals mehr weichere Regungen gegenüber den Betroffenen aufkommen. Sie glaubte es offenbar ihrem Prestige schuldig zu sein, ihrem Urteil Unfehlbarkeit zuzuschreiben. So haben die beiden Frauen einander nie mehr wiedergesehen.

Für meinen Schwager hieß Ehemann zu sein nichts weiter, als eine Wohnung zu haben, in der man seine Mahlzeiten einnehmen und schlafen konnte, bedenkenlos ein Kind nach dem anderen in die Welt zu setzen, ohne sich aber darum zu kümmern, wer das alles bezahlen sollte. Meine Schwester war vielmehr gezwungen, für sich und ihre Kinder selbst zu sorgen und lebte hauptsächlich von Unterstützungen. Als ihr Gatte an Lungentuberkulose erkrankte, wurde ihm durch den hilfreichen Beistand meines Vaters, der in Baden eine Wohltätigkeitsveranstaltung organisiert hatte, an der unter anderen auch Sonnenthal mitwirkte, ein Aufenthalt im Süden ermöglicht. Der Dank von Kurt bestand darin, daß er kurz danach die Familie verließ und in Gesellschaft verschiedener anderer Frauen durchs Leben vagabundierte.

Aus einem verwöhnten Leben in die allerärmlichsten Verhältnisse gestürzt, behielt Mitzi aber auch in den Jahren des Elends ihren Ausdruck und die Geste der großen Dame bei. Als sie nach dem Tod unserer Mutter Vaters Haushalt führte und damit zu einer etwas bürgerlicheren, wenn auch durch die ewigen Geldnöte meines Vaters etwas labilen Existenz zurückgefunden hatte, war sie ebenso Dame in der Konversation mit irgendeinem der notablen Bekannten des Vaters, wie wenn sie in der Küche durch ihr Lorgnette den Kohl beschnupperte oder mit Bewegungen von adeliger Grazie das Geschirr abwusch. Mit dem Coupletrefrain aus ihrer Jugendzeit »Wie Gott will, ich halt' still« auf den von resignierter Überlegenheit gekräuselten Lippen, verließ sie die Wohnung vor der entscheidenden Operation, ertrug deren schmerzhafte Folgen ohne Klage und streckte dem nachdrängenden Tod mit vornehm lässiger Geste die Hand entgegen.

Das Auftreten von Maltschi im Hause Schratt blieb infolge von Differenzen episodisch. Ein wirklicher, bis zum Tod der Schratt wirkender Freundschaftsbund erwuchs aber zwischen ihr und meiner Schwester Rosa. Wobei Freundschaftsbund nur einen Teil der Bindung bezeichnet, die zwischen diesen beiden Frauen bestanden hat. Daneben gab es noch die zwischen Mutter und Tochter, aber auch die zwischen Herrschaft und Dienstboten, zwischen Despoten und bevorzugtem Untertan, vor allem aber die zwischen Schöpfer und Geschöpf. Denn es war nicht schwer, aus Rosa ein Geschöpf zu machen, wenn es gelang, ihr Wesen aus ihrem hervorstechendsten Charakterzug zu formen, als den ich ihre außerordentliche Fähigkeit zur Banalität bezeichnen möchte. Sie hatte meines Erachtens den ihr möglichen Grad von Reife bereits zwischen dem zwölften und dem vierzehnten Lebensjahr erreicht und trug ihr ganzes Leben die Markzeichen der »reiferen Jugend« fröhlich durch eine Welt, die nicht zu verstehen sie nicht beklagte, weil sie sie im Wesen einfach nicht zur Kenntnis nahm. Was zwischen 1914 und 1945 lag, war für sie eine unliebsame, störende und jedenfalls nur vorübergehende Trübung des einzig möglichen Zustandes, den ein Geistesverwandter in einem viel gesungenen Liedrefrain so ausgedrückt hat: »'S gibt nur a Kaiserstadt, 's gibt nur a Wean.«

Sie war im Schaffensplan der Natur zur Kammerfrau einer Erzherzogin bestimmt, deshalb fand bei der »Gnä' Frau« ihr Kammerfrauen-Instinkt das reichste Betätigungsfeld. So wuchsen Geschöpf und Schöpferin alsbald zu einer Art Doppelwesen zusammen, und Rosa wurde, ob daheim in Wien, auf den Kanarischen Inseln, in Ischl, auf einem Gipfel der Alpen oder als Reisebegleiterin in Venedig, sozusagen eine Funktion der Schratt.

Diese Zweieinigkeit erfuhr durch die Heirat meiner Schwester eine gewisse Störung, wenn auch beide Frauen zunächst nicht im entferntesten daran dachten, daß die bisherige Lebensweise durch diese Eheschließung irgendeine Veränderung erfahren müsse. Anderer Ansicht war Gustav Eisenmenger, der zwar nicht daran dachte, seine Frau der Annehmlichkeit der bevorzugten Stellung bei der Schratt zu berauben, aber auch nicht willens war, sich nur dann als Gatte fühlen zu dürfen, wenn die »Gnä' Frau» nicht gerade auf den Kanarischen Inseln oder in einem anderen Randgebiet Europas weilte. Er scheint seine Auffassung auch der Schratt gegenüber durchgesetzt zu haben, was zeigt, daß es möglich war, auch dieser Despotin »an Herrn zu zagen«. Denn ich erinnere mich, daß mir die Schratt einmal erklärte: »Na, na, mit'n Gustav fang' i' mir nix an.«

So ging von den vielen Funktionen meiner Schwester Rosa die der Reisebegleiterin an die jüngere Jultschi über, denn inzwischen waren auch Ella und Jultschi »zum Hofe« gegangen. Besonders die bildhübsche und mit wahrer Herzensgüte ausgestattete Jultschi war bald ein Liebling der Schratt geworden, damit aber leider auch ein Gegenstand der Eifersucht für Ella, die sich fortwährend zurückgesetzt fühlte. Deren Leidenschaftlichkeit führte daheim mehrfach zu heftigen Szenen, in denen sie drohte, sie wolle überhaupt nicht mehr zur

Schratt gehen. Dabei wäre es Ella nicht im Traum eingefallen, eine solche Fülle an Lebensgenuß auf dem Altar
ihres Stolzes zu opfern. Sie ließ sich von der jüngeren
Schwester fortlaufend dafür entschädigen, daß die
Schratt diese lieber hatte. So gab Jultschi, immer in Angst
vor einem Krach, Geschenke, die sie erhalten hatte, an
Ella weiter.

Der große Krach wurde dann von der Schratt selbst aus-
gelöst. Die Kanarischen Inseln lockten, und Jultschi sollte
sie begleiten. Nun war aber unsere Mutter erkrankt, und
obwohl die Ärzte – mein Schwager Otto Zuckerkandl,
der Chirurg, Professor Schnitzler, der Bruder des Dichters, und der Internist Hermann Schlesinger, unser Cousin – nicht sofort düsterste Prognosen stellten, erkannte
doch jeder von uns den Ernst der Situation. Jultschi erklärte deshalb der Schratt, sie müsse die Mutter pflegen
und könne daher nicht mit ihr fahren. Da sich aber zur
selben Zeit auch eine Herzensaffäre abspielte, war die
Schratt der festen Überzeugung, daß meine Schwester
deshalb Wien nicht verlassen wolle. Sie fühlte sich verra-
ten, und das hieß bei ihr nicht nur Bruch der Freund-
schaftspflicht, sondern auch ein wenig »crimen laesae
maiestatis«. Da sie keinerlei Unaufrichtigkeit duldete
und meine Schwester einer solchen bezichtigte, wurde
die Bannbulle geschleudert.

Ein Jahr später erwies der Tod unserer Mutter, welch
schweres Unrecht an Jultschi begangen worden war, die
jene die ganze Zeit mit rührender Sorgfalt gepflegt hatte.
Die Schratt konnte dieses Unrecht aber nicht wieder gut-
machen, denn dazu hätte es – obwohl wahrscheinlich ein
gutes Wort ausgereicht hätte – der Berichtigung eines
von ihr gefällten Urteiles bedurft, und damit wäre das
Dogma der Infallibilität angegriffen worden. So sind
auch diese beiden einander nie mehr Aug' in Aug' gegenübergestanden. Ella aber, die ewig den Abbruch der
Beziehungen angedroht hatte, hatte das Kampffeld be-
hauptet und verblieb bis zum Tod der Schratt in deren

Gunst, die stets mit mancherlei Vorteilen verbunden war.

Wie dem immer sei – mitsamt allen ihren Launen und ihren Willkürakten, denen wirkliche Herzensgüte in vielen anderen Fällen die Waage hielt, ist unsere Familie der »Gnä' Frau« zu Dank verpflichtet. Dieser Dankesschuld kann und will ich mich umso weniger entschlagen, als ihre Unterstützung gerade für mich von noch entscheidenderer Bedeutung war als für die anderen Brüder.

DIE GÄSTE IN DER MARXERGASSE

Durchwandert man vom Stadtbahnhof Hauptzollamt kommend die Marxergasse in Richtung Prater, trifft der Blick auf die Fenster eines stattlichen, an der Ecke Seidlgasse stehenden Hauses. An einem dieser nach der Marxergasse gerichteteten Fenster bin ich oft gestanden, in den Anblick des Stephansturmes verliebt, der zu meiner Linken in einem unwahrscheinlich roten Abendhimmel badete, den Abklatsch einer kolorierten Ansichtskarte geradezu herausfordernd und damit eigentlich eine Ehrenrettung solcher als kitschig verlästerter Kunstprodukte. Oder ich schaute über die Häuser hinaus nach Norden, wo das Riesenrad und die tantenhaften Konturen der Rotunde mir Praterseligkeit der Vergangenheit oder der Zukunft vorgaukelten.

Nachdem wir die Sommerferien 1891 in Neuhaus im Ennstal, am Fuß des Grimming, verbracht hatten, in einer Gegend, die mich für fünzig Jahre nicht mehr loslassen sollte, bezogen wir im Herbst des Jahres 1891 eine Wohnung in der Marxergasse 16 A (jetzt 22). Dort blieben wir bis zum Sommer 1902, dort verbrachte ich meine ganze Gymnasialzeit und auch noch die ersten vier Semester meines Studiums. Und von dort habe ich all den Glanz mitgenommen, den eine sorglose Jugend unter fröhlichen Geschwistern über ein ganzes Leben gießen kann.

Der unserer Familie anhaftenden Neigung zur Geselligkeit kamen die weitläufigen Räume dieser neuen Wohnung entgegen. Die gewohnte Sonntagabendgesellschaft bestand oft aus zwanzig bis dreißig Personen, denn die Familie, ein Dutzend Kinder mit dem Elternpaar allein schon ein stattliches Fähnlein, liebte es, sich unter Zuziehung von Freunden und Verwandten zu größerem geselligen Verbande zu erweitern. So erweiterte sich auch der Kreis derjenigen, die an dieser Geselligkeit Gefallen fanden. Die drei Brüder Eisenmenger, die beiden Wuschke, Leo Klinenberger und Leopold Herzog kamen vorwiegend zu dem männlichen Teil der Geschwisterschar, es fand sich aber alsbald auch ein Terzett ein, für das die Mädchen den Anziehungspunkt darstellten. Dieses bestand aus unserem Cousin Julius Szeps sowie seinen Verwandten und Redaktionskollegen Karl Klinenberger und Max Goldscheider.

Unsere Beziehung zur Familie Szeps war wieder aufgenommen worden, wenn sie auch nicht zu jener Intimität gedieh, wie sie vormals geherrscht hatte. Auch für die Familie Szeps war der Glanz früherer Jahre längst verblichen, wenn auch kein derartiger Abstieg wie in unserer Familie erfolgt war. Sie hatte zwar noch ihre prachtvolle Wohnung in einem Palais in der Liechtensteinstraße, aber ihre glänzende, herrschaftliche Lebensweise hatte bescheidenere bürgerliche Formen annehmen müssen. Moritz Szeps war aus dem Verband des »Neuen Wiener Tagblatts« ausgetreten und hatte das »Wiener Tagblatt« gegründet. Dieses Blatt wurde von den Wienern, in ihrer Neigung zur humoristischen Verballhornung, »das Schöpserne« genannt, und war unter dieser Bezeichnung eine Zeit lang in Wien populär. Nicht so populär allerdings, wie es der Herausgeber gewünscht hätte, nicht populär genug, um den Großteil der Abonnenten des »Neuen Wiener Tagblatts« herüberzuziehen. So war das Schöpserne gezwungen, eine kärgliche Existenz zu fri-

Moritz Szeps, zeitgenössische Karikatur

sten, bis es, nach dem Tod seines Gründers, ein unrühmliches Ende fand.

Nachdem die Familienbande wieder enger geworden waren, wirkte auch mein Vater, ohne dem Redaktionsstab anzugehören, als Feuilletonist beim Schöpsernen. Den Leitartikel schrieb gewöhnlich Moritz Szeps selbst, seinen Sohn Julius und die beiden jungen Männer hatte er als Redakteure angestellt. Das »Wiener Tagblatt« bot zwar den jungen Leuten durch seine immer prekärer werdende Situation keine Zukunft, gab jedoch ein gutes Sprungbrett für bessere Positionen ab.

Karl Klinenberger ging zum »Österreichischen Volksblatt«, das er später durch Jahrzehnte als Chefredateur leitete. Vor dem für Millionen seiner Rassegenossen mörderischen Zugriff des Hitlerregimes rettete er sich und seine Frau nach Ungarn.

Max Goldscheider verbrachte viele Jahre als Korrespondent des »Neuen Wiener Tagblatts« in London. Die Goldscheiders stammten aus Galizien und hatten sich seit je zu dem Ideal eines wiedererstehenden Polen bekannt. Deshalb ging er nach 1918 nach Warschau, wo er nach Besetzung des Landes 1939 dem Zugriff der Nationalsozialisten erlag.

Am erfolgreichsten gestaltete sich die Karriere von Julius. Er hatte allerdings die Eierschalen seiner oppositionellen journalistischen Jugend abstreifen müssen, um für seinen Aufstieg die Flügel entfalten zu können. Er ging zum Elbemühl-Verlag, der die beiden offiziösen Blätter der Regierung, die »Wiener Allgemeine Zeitung« und das »Fremdenblatt« herausbrachte. Der politische und wirtschaftliche Teil dieser Zeitungen wurde in dem der Regierung gewünschten Sinne gestaltet, ohne aber als offizielle Regierungsäußerung zu gelten. Es gab also keine freie journalistische Streife durch die Tages- und Zeitereignisse, sondern eine gebundene Marschroute. Von der Jahrhundertwende bis zum Kriegsende nahm Julius Szeps, zunächst als Chefredakteur, später an der Spitze des »Fremdenblatts«, in aktivster Weise an der österreichischen Innen- und Außenpolitik teil. Das »Fremdenblatt« galt als vornehmste offiziöse österreichische Zeitung und war als solche auch für das Ausland von Bedeutung. Julius gelangte auf diesen bedeutenden Posten aber wahrscheinlich weniger wegen seiner überragenden journalistischen Bedeutung als durch die hilfreiche Hand seines Vaters, der ihm auch die ausgezeichneten Beziehungen zu bedeutenden Persönlichkeiten des Auslandes vermittelt hatte, wie zu Georges Clemenceau, dem Bruder seines Schwagers. Denn ich erinnere mich nicht, einen Leitartikel aus seiner Feder gelesen zu haben, der tiefere Einsichten in das Geschehen enthalten hätte. Die wahrscheinlich nur aus der Tradition seiner Familie entsprungene anfängliche Neigung zu oppositionellerem Denken schmolz raschest unter den Strahlen der offiziösen Gnadensonne, und der zunächst aufgezwungene Konservativismus kam seiner Veranlagung und Einstellung sehr entgegen. Er war wohl liberal gesinnt, aber liberal war in der Zeit seines journalistischen Wirkens schon fast gleichbedeutend mit bourgeois und damit konservativ. Die einzig fortschrittliche Richtung der letzten Jahrzehnte der Monarchie war die Sozialdemokratie, und der stand Julius Szeps – ohne des sozialen Gefühls zu ermangeln – ablehnend gegenüber. Nach dem ersten Weltkrieg, als der Offiziosus der verstorbenen Habsburgermonarchie naturgemäß beiseite geschoben und seiner Bedeutung beraubt wurde, hat er seine Feder und seine noch immer beträchtlichen ausländischen, insbesondere nach Frankreich weisenden Beziehungen dem »Neuen Wiener Journal« zur Verfügung gestellt, das der Sozialdemokratie in heftigster Gegnerschaft gegenüberstand.

Er war persönlich von großer Güte und lauterstem Charakter und bestach durch seine außerordentliche Liebenswürdigkeit. Desgleichen besaß er hohe Intelligenz und einen ihm stets zur Verfügung stehenden Witz, der auch vor Trägern hoher und höchster Politik nicht halt machte, wobei der Satiriker gern den Publizisten die Kosten tragen ließ. So zum Beispiel als Baron Burian in der zweiten Hälfte des Krieges die Leitung der Auswärtigen Politik an den Grafen Czernin abgab. Baron Burian schien an der Spitze des Außenamtes um den Ruhm eines Cunctators bemüht, böse Zungen behaupteten sogar, daß er nicht nur ein Anhänger des Zauderns sei, sondern überhaupt nichts mache, die Außenpolitik durch seine Sektionschefs besorgen lasse, da ja ein gut eingespieltes Orchester auch ohne Dirigenten zu konzertieren im Stande sei. Der Grund hiefür liege aber nicht sosehr in seinem grundsätzlichen Bekenntnis zur Politik des Zauderns, ihm fehle vielmehr, wie dem Doktor Landsteiner, dem ersten Chef meines Vaters, die »Stetigkeit des administrativen Willens zur Arbeit«. Dagegen nicht die Empfänglichkeit für Tafelfreuden und die besondere Wertschätzung edler Früchte. Der die Geschäfte führende Sektionschef fragte also den aus Anlaß des Rücktritts ins Außenamt berufenen Publizisten, wie er den politischen Nachruf für den zurückgetretenen Lenker der österreichischen Außenpolitik in so einer ernsten Zeit halten werde. Julius erklärte prompt, seinem Leitartikel den Titel geben zu wollen: »Pfersach, nebbich, hat er gern gegessen«.

Nachdem Julius die Wiederaufnahme der Beziehung zwischen den beiden Familien gelungen war, ist er bis an sein Lebensende ein anhänglicher und treuer Freund geblieben. Er bevorzugte besonders Jultschi, um die er jahrelang geworben hatte. So sehr sie ihn aber als Freund schätzte, zum Gatten wollte sie ihn nicht haben, und so heiratete er schließlich die Erzieherin seines Neffen Fritz Zuckerkandl, Mathilde Schubauer. Diese war, wie meine Schwester, zwar ein sehr hübsches Mädchen, aber nicht von bedeutenderer geistiger Regsamkeit. Wie bei so vielen Männern von stark ausgeprägter Intellektualität galt seine Neigung sichtlich Frauen, denen schwierige Gedankengänge nicht möglich waren und die so vielleicht einem instinktiven Ruhebedürfnis entgegenkamen. Da es ihm außerdem nicht an einer gewissen Eitelkeit ermangelte, mag es ihm geschmeichelt haben, wenn seinen Aussprüchen und Meinungen der Charakter absoluter Autorität zugemessen wurde. Meine Schwester blieb ihm weiter in herzlicher Freundschaft verbunden, und da seine Frau großherzig und klug genug war, diese Freundschaft nicht anzutasten, bildeten sie durch viele Jahre ein merkwürdiges Dreieck. Der freundschaftliche Verkehr der beiden Frauen hat sogar seinen Tod überdauert.

Ein weiterer Redakteur des »Wiener Tagblatts« war Berthold Frischauer. Die drei Brüder Emil, Berthold und Otto Frischauer trugen alle drei den Doktortitel der juridischen Fakultät. Emil und Otto waren Advokaten,

Berthold war Journalist. Gemeinsam war ihnen der Zug ausgesprochener Intellektualität, die – wie es ja nicht immer der Fall sein muß – bei ihnen jede Gemüts- und Gefühlsregung sofort mit eiskalter Strafe zu ertöten bereit war. Gemeinsam war ihnen vor allem etwas, wofür sich in Wien später die Bezeichnung Chuzpe Heimatrecht erworben hat. Diese zeigte sich bei Emil sogar unter Umständen, die es im allgemeinen rätlich erscheinen lassen, mit dem Ausdruck eigener Selbstgefälligkeit und der Betonung persönlicher Freiheit sparsam umzugehen: Während seines Wehrdienstes, den er als sogenannter Einjährig-Freiwilliger ableistete, fuhr er zum morgendlichen Dienstantritt stets großartig im Fiaker vor. Sein vorgesetzter Leutnant, wahrscheinlich genötigt, von seiner Gage zu leben und daher durch solches Gehaben gereizt, verwies ihm dies Protzertum als unsoldatisch, worauf er eine subordinationswidrige Antwort erhielt. »Was ist das für ein Ton?« brauste der Leutnant auf. »Entschuldigen Sie, Herr Leutnant, ich bin unmusikalisch«, war die Entgegnung.

Durch solche und ähnliche Auftritte brachte er sich um jeden Kredit kriegerischer Zuverlässigkeit, und so klang es auch wenig glaubwürdig, wenn er bei der Schlußprüfung, um die Art der Bezwingung eines vom Feinde besetzten Hügels gefragt, pathetisch erklärte: »Ich werde hinaufstürmen und siegen oder sterben.«

Er wurde später Advokat und brachte es als solcher zu Rang und Wohlstand. Unter anderen Trägern gesellschaftlich bedeutsamer Namen gehörte auch Prinz Philip von Coburg zu seinen Klienten, der Gatte jener Luise von Coburg, Schwester der Kronprinzessin Stephanie, deren Beziehung zum Rittmeister Geza Mattaschitz einen ebenso sensationellen Gesellschaftsskandal wie peinliche Enthüllungen auch über die Anfechtbarkeit gewisser Zustände bei den Gerichts- und Verwaltungsbehörden jener Zeit mit sich brachte.

Auch der jüngste Bruder, Otto, war Advokat. Er hat sich

dann später auf Affären übler Art eingelassen, da ihm die regelrechte Ausübung der Advokatur weniger eintrug, als seine Ansprüche an das Leben erforderten. Er wurde schließlich aus der Advokatenliste gestrichen, verlor seinen Doktortitel und hat sich dann, wie ich gelegentlich hörte, bis an sein Lebensende als Agent dürftig durchgebracht.

Berthold zeigte unter den Brüdern die menschlich ansprechendste Art. Er pflegte mit mir als Knaben von elf bis zwölf Jahren eine Zeit lang einen flüchtigen Verkehr, sei es, daß meine rotwangige Kindlichkeit irgendeine väterliche Ader in seiner junggesellenhaften Vereinsamung anschlug, sei es, daß er irgendwie den Wunsch hatte, meine Eltern von seiner durchaus nicht feindseligen Einstellung zu überzeugen. So lud er mich eine Zeit lang allsonntäglich vormittags in seine Wohnung, wo ich mich um ungefähr halb zehn Uhr einzufinden hatte. Dann gingen wir ins Kaffeehaus, wo mir eine Tasse Schokolade mit Schlagobers und ein Guglhupf vorgesetzt wurden. Mit einem Silbergulden wurde ich schließlich entlassen und war derart in den Stand gesetzt, mir alle Herrlichkeiten der Welt zu kaufen.

Dieses Sonntagsglück nahm ein Ende, als Berthold Frischauer als Korrespondent der »Neuen Freien Presse« nach Paris ging. Nachdem er sich durch eine zu scharfe Stellungnahme für den unschuldig verurteilten Dreyfus bei den damaligen Machthabern unbeliebt gemacht hatte, wurde er als lästiger Ausländer aus Frankreich ausgewiesen, kehrte aber nach dem Wandel der öffentlichen Meinung wieder zurück und blieb dort, mit Ausnahme der Kriegsjahre 1914 bis 1918, bis an sein Lebensende.

Auch Max Schlesinger, der Bruder meines Vaters, der, gerne auf der Sonnenseite des Lebens dahinspazierend, den Schatten, den die vorherigen Jahre werfen mußten, nach Möglichkeit vermieden hatte, war nun wieder häufiger bei uns zu sehen. Bei oder vielleicht wegen seiner

Oberflächlichkeit und Unfähigkeit zur geringsten verwandtschaftlichen Anteilnahme, seiner grenzenlosen Ichsucht und Selbstüberschätzung war er eine originelle Persönlichkeit – nicht zuletzt durch sein naives Eingeständnis dieses Charakterdefizits. Auf ihn trifft die Beschreibung, die Friedrich Schiller vom Hofmarschall von Kalb in »Kabale und Liebe« gibt: »In einem reichen, aber geschmacklosen Hofkleid, mit Kammerherrnschlüssel, zwei Uhren und einem Degen, Chapeaubas und frisiert à la Hérisson. Er fliegt mit großem Gekreisch auf den Präsidenten zu und breitet Bisamgeruch über das ganze Parterre: ›Ah, guten Morgen, mein Bester! Wie geruht? wie geschlafen? – Sie verzeihen doch, daß ich so spät das Vergnügen habe, – dringende Geschäfte – der Küchenzettel – Visitenbillets – das Arrangement der Partien auf die heutige Schlittenfahrt – ah – und denn mußt ich ja bei dem Lever zugegen sein und Seiner Durchlaucht das Wetter verkünden.‹«

Onkel Max mußte es nur mit der prächtigen Aufmachung etwas billiger geben. Denn für ihn hieß leben zugleich immer mehr in Schulden zu geraten, und so schwand im Laufe der Jahrzehnte mit seinem Kredit die äußere Eleganz ebenso wie das letzte Haar auf der Glatze. Er steht für die Hohlheit eines Menschen, für den die Nichtigkeit des gesellschaftlichen Treibens einer bestimmten Schicht allein Sinn und Zweck seines Lebens bedeutet.

Außerdem kommt ihm für mich eine Bedeutung von allgemeiner Symbolhaftigkeit zu. War zu diesem Zeitpunkt der liberale Mittelstandsbourgeois eine tragische Figur geworden und endete als solche im fünften Akt der Tragödie des ersten Weltkrieges, bildete Max Schlesinger den Träger einer Rolle in einer aus demselben Stoff geformten Farce. Das Verschulden des Liberalismus, das auch zu seinem Untergang führte und mit ihm die schöne Welt, die er erschaffen hatte, in den Abgrund riß, bestand darin, daß er nicht einmal ernsthaft versucht hatte, die soziale Frage zu lösen. Viele Anhänger und Vertreter des liberalen Wiener Bürgertums haben einfach die Augen verschlossen vor dem, was sich in Erdberg oder jenseits des Gürtel abspielte, um sich in ihrer behaglichen bürgerlichen Existenz nicht stören zu lassen. Daneben gab es solche, die ihre Augen gar nicht zu verschließen brauchten, weil sie auch mit offenen Augen nichts sahen. Ein Exponent der letzten Gilde war für mich Onkel Max. Er war Journalist wie sein älterer Bruder, hat aber, im Unterschied zu meinem Vater, die bescheidenen Gefilde des lokalen Teiles der Zeitungen niemals verlassen und bewegte sich dort mit Vorliebe auf einem Parkett, auf dem die Zeremonie des Wiener Gesellschaftstreibens in der glänzendsten, zugleich aber gehaltlosesten Form zelebriert wurde – auf dem der Ballsäle. Er war durch Jahrzehnte Wiens bekanntester Ballreporter, und den größten Erfolg seines Lebens, von dem er gern erzählte, hatte er in jener triumphalen Nacht, in der er auf zwölf verschiedenen Bällen je einige Schritte einer Quadrille tanzte. Wenn er je, was zu bezweifeln ist, die Absicht oder auch nur das Verlangen gehabt haben sollte, aus den seichten Niederungen dieses Daseins zu höheren Zielen empor zu streben – sein erwählter Beruf war geeignet, ihn festzuhalten »mit klammernden Organen«. Denn dieser Beruf verlieh seiner Person eine Bedeutung, die ihr nicht zustand, und wurde ihm zum unentbehrlichen Lebenselement. Seine Eitelkeit, eine der Haupttriebfedern seines Wesens, wurde genährt durch die Eitelkeit der anderen, vornehmlich des weiblichen und also maßgebenden Teiles des Wiener Ballpublikums. Damals ließen es sich nämlich besonders die großen Zeitungen eine ganze Anzahl von Seiten kosten, um in den Berichten über die repräsentativen Bälle, wie den Concordiaball, den Industriellenball oder den Ball der Stadt Wien, den Namen der Patronessen die umfangreiche Präsenzliste anderer Damen der Gesellschaft inklusive einer Beschreibung der Balltoilette folgen zu lassen. Wer etwas auf sich hielt, mußte da genannt zu werden, und deshalb pflegte man dem Ballreporter »das Goderl zu kratzen«.

Und das schliff den Zauberspiegel, in dem er sich als bedeutende, faszinierende Persönlichkeit und als Liebling der Frauen sah. Aber auch materiell erwuchsen ihm daraus Bande, die ihn, auch wenn er sich losringen hätte wollen, in die Knechtschaft einer Gesellschaft verstricken mußten, die er zu beherrschen wähnte. Seine Kavaliersgewohnheiten kosteten ihn immer mehr Geld, als er selbst zu Zeiten, da ihn sein Beruf noch reichlich hätte nähren können, ausgeben konnte. Er machte Schulden, geriet – zumal bei der leichtsinnigen Art seiner Geldwirtschaft – immer tiefer hinein und half sich damit, daß er seine Bekannten anpumpte. Da diese zum Großteil zahlungsfähige Väter oder Gatten der Ballschönheiten waren, die genannt sein wollten, klopfte er zumeist nicht auf taubes Erz, auch wenn der Geldgeber sein Kapital oder Zinsen niemals wiedersah – umsonst hatte er sein Geld doch nicht gegeben. So blieb er immer in tausend Verpflichtungen verwickelt, die ihn zum Lohnknecht der Wiener Gesellschaft machten.

Durch den üblen Ruf, in dem er als Schuldenmacher stand, ließ er sich sein munteres Dasein nicht verkümmern, und er hatte auch umso weniger Veranlassung hiezu, als keiner der »Darlehensgeber« auch nur im Entferntesten daran dachte, jemals sein Geld wieder zurück zu bekommen und so eigentlich niemand geschädigt war. Kam einmal die Rede auf seine Gewohnheit, die Rückgabe ausgeliehener Beträge zu »vergessen«, war er der erste, der sich an dem über ihn gehaltenen Hochgericht durch Selbstfrozzelei beteiligte und so die gefährliche Situation entgiftete. So mußte er beispielsweise für folgenden Scherz herhalten: In einer Gesellschaft erbot sich einer der Gäste, ein Kunststück zu zeigen. Ob ihm einer der Herren eine Zehnguldennote geben könne. Mehrere erboten sich hiezu, darunter Max. Der andere nahm von ihm die Note und setzte sich wieder. Nach einiger Zeit von Max an das Kunststück erinnert, das er zeigen habe wollen, erklärte er, er habe es schon gezeigt und fügte erklärend hinzu: »Erlauben Sie mir, ist es kein Kunststück, von Max Schlesinger zehn Gulden zurückzubekommen, die man ihm geborgt hat?«

Als die Frische und Elastizität der Jugend, damit aber auch ein Teil seines gesellschaftlichen Charmes schwand, er, durch zahllose Ballnächte und das sonstige gesellschaftliche Treiben erschlafft, die Ballberichterstattung anderen überlassen mußte, gelang es ihm nicht, einen Strich unter seine bisherige Lebensweise zu setzen, sich aus der »Gesellschaft« zurückzuziehen und einen bescheideneren eigenen Bezirk zu suchen, in dem er sein Leben genügsam weiter fristen konnte. Dazu war er innerlich zu arm, nicht fähig eines auch nur zeitweisen Alleinseins, blieb er weiter der »Gesellschaft« verhaftet. Daß er sie nicht, wie er sich vordem eingebildet hatte, durch Geist und Stellung beherrschte, sondern daß sie ihn seit je nur als ihren Narren hatte gelten lassen, kam ihm nunmehr zum erschreckenden Bewußtsein; auch seine so klägliche Figur, als ihm das Narrenkleid um die alt gewordenen Glieder zu schlottern begann und die Schellenkappe oftmals nicht heiteres Geklingel, sondern trübseliges, ächzendes Getön hören ließ. Hatte er vordem, wie die Geschichte von der Zehnguldennote zeigt, Bekundungen der Mißachtung, die der Takt des Gesprächspartners dem notorischen Parasiten der Gesellschaft nicht allemal ersparte, mit lächelnder Selbstpersiflage hingenommen und ihnen so die Spitze abgebogen, so geriet er jetzt in immer sich steigernder Erkenntnis des Defizits seiner Lebensbilanz, manchmal bei ganz unbedeutenden Anlässen solcher Art, in einen lächerlichen, an Toben grenzenden Zorn, während ihn dann wieder ganz deutliche Beweise solcher Mißachtung vollständig kalt ließen.

Es hing dies, mit fortschreitendem Alter immer unangenehmer hervortretend, mit seiner Veranlagung überhaupt zusammen. Seit je von reizbarem Wesen, war er auch schon in jüngeren Jahren von Wutanfällen gepackt worden, die er gerne übertrieb, wodurch er ihre Wirkung zu erhöhen vermeinte. Mit dem Resultat aber, daß er sich umso lächerlicher machte.

So steht er in meiner Erinnerung als glatzköpfiger älterer Mann mit weniger durch die Natur so gebildeten als durch sein inneres Wesen ausgeprägten Zügen eines Pierrot, vereinzelte klägliche Stümpfchen im fast zahnlosen Mund, die nur noch dazu dienten, die Zigarre festzuhalten. Dieses keineswegs günstige Ensemble wurde betont durch seinen fehlenden Bart – nur Schauspieler pflegten sich damals auch den Schnurrbart rasieren zu lassen – und das ins Auge geklemmte Monokel, das häufig herabfiel und zerbrach und dabei jedesmal einen Wutanfall hervorrief.

Meinem Vater zollte er einen gewissen Respekt, der überlegenen Begabung und der stärkeren journalistischen Bedeutung wegen, wofür er sich durch Übung seiner sarkastischen Laune an seinem älteren Bruder entschädigte. So als der sich einfallen ließ, dem jüngeren vorzuhalten, daß er es bei seinem Einkommen wahrlich nicht nötig hätte, fortwährend in Schulden zu stecken – eine Moralpauke zu einem für ihn selbst so heiklen Thema, die meinem Vater allerdings nicht besonders zu Gesicht stand. »Lieber Sigmund«, wurde er abgefertigt, »du hast leicht reden – du hast zwölf Kinder, ich aber bin unverheiratet.«

Wenn er auch kaum eine Gelegenheit vorübergehen ließ, die Narrenpeitsche seines Spottes munter über den anderen zu schwingen, und Geist und Laune genug besaß, ihr Klatschen zum belustigten Beifallsklatschen seines Publikums anschwellen zu lassen – gleich oft, wenn nicht öfter, mußte er das Objekt für die Betätigung der witzigen Laune der anderen abgeben, die in der Ausnützung seiner Schwächen nicht besonders wählerisch vorgingen.

Seine Verweichlichung und Verzärtelung, die ihm jederlei, auch die geringste Anstrengung als unüberwindliche Strapaze erscheinen ließ, reizten Emil Zuckerkandl und

Julius Szeps, ihm bei einem Ausflug, der die drei zum Stelzer nach Rodaun führte, einen Streich zu spielen. Sie waren im Fiaker hinaus gefahren, und als sie nach üppigem Abendessen zu später Stunde die Restauration verließen, war weit und breit kein Wagen zu sehen. Beunruhigt erkundigte sich Max nach dessen Verbleib, worauf ihm die beiden eröffneten, man habe beschlossen, das herrliche Wetter zu einer Nachtpartie zu nützen und den Heimweg zu Fuß zu machen, und daher den Kutscher vorzeitig entlassen. Ein Wutanfall, der zunächst folgte, wurde von Verzweiflungsausbrüchen abgelöst. Da die beiden sich aber unbekümmert auf den Weg machten, blieb ihm nolens volens doch nichts anderes übrig, als sich anzuschließen, bis er sich, schon nach einer Viertelstunde, vom Toben und der Desperation erschöpft, auf einen Meilenstein am Wege setzte und wie ein verlassenes Kind im Märchen zu weinen anhob. Selbstverständlich erreichte man bald den Wagen, der nach der erhaltenen Weisung nur ein Stück im Schritt vorausgefahren war.

Die geringste körperliche Ungelegenheit konnte ihn also zum Rasen bringen, und so lastete die drückende Hundssterneglut eines besonders heißen August umso stärker auf ihm, als sein stetes Toben über die unerträgliche Hitze sie noch zu erhöhen geeignet war. Um etwas Kühlung zu finden, pflegte er damals alltäglich nach Abschluß der Redaktionsarbeit nach Döbling hinaus zu fahren, wo die Halle in der Villa der Familie Zuckerkandl in der Nußwaldgasse willkommene Erleichterung bot gegenüber der in den Straßen der Inneren Stadt brütenden Gluthitze. Er glaubte seinen Augen nicht trauen zu dürfen, als er eines Abends dort seinen Neffen Julius Szeps und seinen Großneffen Fritz Zuckerkandl in ihren Pelzen antraf, vor dem entflammten Gasofen kauernd. Auf seine Frage, ob sie verrückt seien, gaben die beiden zur Antwort, daß sie frören, weil der Abend so kühl sei. Der Wutanfall, um dessentwillen der ganze Mummenschanz inszeniert worden war, blieb natürlich nicht aus.

Seine liederliche Wirtschaft wie seine chronische Geldnot wieder waren die Musen, die Berthold Frischauer ein kleines humoristisches Epos um ihn herum exekutieren ließen. Diesmal war es eine Landpartie nach Baden, wo gemäß Verabredung Emil Zuckerkandl und Julius Szeps Max, soweit es seine körperlicher Bewegung widerstrebende Faulheit zuließ, kreuz und quer im Helenental herumschleppten. Inzwischen bestach Frischauer mit zehn Gulden Maxens Fiaker, neben dem Helden eine zweite Figur in dieser Geschichte abzugeben. Es war in den noch besseren Zeiten, da Max es seiner gesellschaftlichen Stellung unwürdig fand, sich eines minderen Fuhrwerks, wie beispielsweise Tramway oder Stellwagen zu bedienen. Daß er, wie überall, auch seinem Fiaker einen stattlichen Betrag schuldete, ist selbstverständlich, ebenso selbstverständlich, daß dieser ihn so oft als möglich an seine Zahlungspflicht mahnte; ein ganz einträgliches Geschäft, da Max den lästigen Dränger stets mit dem Opfer einiger Gulden loszuwerden trachtete, die aber niemals auf die Schuld angerechnet wurden. Möglicherweise hat er auf diese Art an Trostgeldern den Gesamtbetrag bezahlt, ohne daß sich die Forderung je ermäßigte.

Jedenfalls zählte der Fiaker zu den lästigsten Gläubigern, dem er, wenn er ihn nicht gerade benötigte, auswich. Den nun führte Frischauer, der bei Max häufig ein- und ausging und daher von der Zimmervermieterin ohne weiteres eingelassen wurde, hinauf. Er mußte sich ausziehen, sich ins Bett legen, und als Max heimkehrte, todmüde von dem ungewohnten Zwangsmarsch, fand er in seinem Bett seinen unausstehlichsten Gläubiger, der diesmal sogar zu nächtlicher Stunde Bezahlung forderte, wie Frischauer es ihm aufgetragen hatte.

Ein eigenartiges Verhältnis bestand zwischen Max und seinem Arzt. Es war durchaus freundschaftlicher Natur und durch Honorarforderungen ungetrübt. Dafür hielt sich der Arzt durch gewisse Verordnungen schadlos, die weniger dem Patienten Linderung als dem ärztlichen

Ratgeber inniges Vergnügen verschafften. Schrie der Kranke, die Bedeutung seiner rheumatischen Schmerzen übertreibend: »Was soll ich tun? Ich kann nicht gehen, ich kann nicht sitzen, ich kann nicht stehen, ich kann nicht liegen!« folgte der ärztliche Rat: »Hängen Sie sich auf.« Als Maxens groteskes Pierrotantlitz einmal infolge eines leichten Schlaganfalles durch heruntergezogene Mundwinkel einen noch typischeren Ausdruck erhielt, und er wieder nicht fragte, sondern tollte: »Was soll ich tun?«, verordnete ihm der Arzt voll warmer Anteilnahme: »Lassen Sie sich fotografieren.« Des Patienten Gebrechen – Max hörte auf einem Ohr schlecht und hatte frühzeitig die Zähne verlore – gaben dem Arzt Gelegenheit zu dem legendären Ausspruch: »Max hat den lieben Gott um Zähne gebeten, aber der liebe Gott hat ihm kein Gehör geschenkt.«

Nach dem Tod seiner Schwester Mali blieb das Heim seines Bruders Sigmund seine letzte Zufluchtsstätte. Wir hatten daher in seinen letzten Jahren die Ehre, ihn drei– bis viermal in der Woche sich bei uns zu Tode langweilen zu sehen. Denn für ihn gab es nur zweierlei Mittel gegen Langweile: die Redaktionsarbeit – ein fleißiger Redakteur blieb er weiterhin – und die »Gesellschaft«. In dieser aber war ein neues Geschlecht herangewachsen, das für den alt gewordenen Spaßmacher wenig übrig hatte. Die alten Gönner lebten nicht mehr oder hatten sich zurückgezogen, und so schloß ihn schon sein »Überfluß an Geldmangel« – wie Nestroy das bezeichnete – von all dem aus, worin er seinen Lebenszweck sah. »Ihr werdet euch wundern, daß ich jetzt so oft zu euch komme«, sagte er in seiner entwaffnenden Offenheit, »weil ich den Dalles habe. Wenn ich wieder Geld habe, werdet ihr mich Monate lang nicht sehen.« So schlug er die Zeit mit Lesen tot, wenn ihn nicht wir Brüder zu einer Tarockpartie einluden, was aber, da er nicht verlieren konnte, bei aller Vorliebe für das Spiel kein rechter Genuß war.

Die Verkalkung der Arterien warf ihn, als er das sechzigste Jahr überschritten hatte, aufs Krankenlager. Sein Neffe Julius Szeps und seine Nichte Bertha Zuckerkandl erfüllten ihre verwandtschaftliche Pflicht, indem sie die Kosten für seinen Lebensunterhalt bestritten. Als die Dame, bei der er ein möbliertes Zimmer bewohnte, der Pflege des Dahinsiechenden nicht mehr gewachsen war, verschafften sie ihm ein Einzelzimmer in der zweiten Klasse des Allgemeinen Krankenhauses. Er dankte es, indem er Besuchern seines Krankenlagers sogleich vorjammerte, wie unerhört es sei, ihn nicht in einem Sanatorium unterzubringen. Die maßlose Überschätzung seiner Person, die er ein ganzes Leben zur Schau getragen und die ihn stets zu übertriebenen Ansprüchen an das Leben gereizt hatte, ließ ihn sein Sterben in einem gewöhnlichen Spital als Bettlertod empfinden. So mußte man denn, wenn man ihn besuchte, seine ununterbrochenen Wut-, Verzweiflungs- und Jammerausbrüche über sich ergehen lassen. Als ich in seinen letzten Tagen wieder einmal kam, streckte er sein abgemagertes Bein unter der Decke hervor und schrie: »Da, schau dir das einmal an – schau dir das einmal an – so läßt man mich zugrunde gehen – so geht ein Max Schlesinger zugrunde!« Wie er ohne Würde gelebt hatte, so starb er. Das Beste, das man ihm nachsagen konnte, hat der Schriftsteller Balduin Groller, damals Präsident des Schriftsteller- und Journalistenverbandes Concordia an seinem Grab gesagt: »Es war sein Glas, aus dem er trank.«

Ein Trifolium, das eine Zeit lang zu den Besuchern in der Marxergasse gehörte, bestand aus dem Schriftsteller Baron Pius Maysenbug, dem Komiker des Carltheaters Julius Wittels und dem Liederkomponisten Alexander Krakauer. Baron Maysenbug trug den Schriftstellernamen Pius Revalier und stammte aus einer prononciert katholischen Familie. Sein Onkel war der Vater der um die Popularisierung des Philosophenfreundes Nietzsche so sehr verdienten Malvida von Maysenbug und Gesandter beim

Vatikan gewesen. Die beiden anderen stammten von Eltern, die dem Alten Testament näher standen als dem Neuen. Gleichwohl ergänzten sie einander vortrefflich: Maysenbug schrieb die Couplets, Krakauer die Melodien, die dann Julius Wittels in den Gesangspossen des Carltheaters sang. Auch dieser zählte nicht zur Gilde der außerhalb der Bühne sauertöpfischen Komiker und hatte durch seine Liebenswürdigkeit die Herzen des Carltheaterpublikums gewonnen. Alle drei stammten aus dem Bekanntenkreis meiner Schwester Mitzi und wurden häufig vom späteren Burgschauspieler Josef Moser begleitet. Sie scheinen sich bei uns sehr wohl gefühlt zu haben, denn besonders Wittels mußte immer zum Aufbrechen gemahnt werden, damit er nicht zu spät zur abendlichen Vorstellung kam. Ich höre noch Mosers Bariton in sonorer Tiefe und vorbildlichem Bühnendeutsch drängen: »Julius, geh'n Sie ins Theater, Sie müssen Komödie spielen.«

Krakauer und Wittels starben beide noch in jungen Jahren an der Morbus Viennensis, der Lungentuberkulose. Baron Maysenbug, ein Liberaler von reinstem Wasser, blieb weiter unserer Familie, besonders aber Schwester Jultschi, in Freundschaft verbunden.

Es scheint der Symbolhaftigkeit nicht zu entbehren, daß unsere Wohnung ganz nahe jener Stätte lag, in der die Wiener Journalisten einmal jährlich das künstlerische, wissenschaftliche, kulturelle, aber auch das offizielle und gesellschaftliche Wien beim Concordiaball versammelten, der in den Sofiensälen stattfand. Die Schriftsteller- und Journalistenvereinigung Concordia war 1859 gegründet worden. In diesem Jahr wurde Schillers hundertster Geburtstag gefeiert, und der Segenswunsch seines Liedes von der Glocke: »Concordia soll dein Name sein« diente als Namensgeber. Im März 1918 sah der Verein den letzten seiner Gründer ins Grab sinken, und dieser Letzte war mein Vater.

Die Sofiensäle in der Marxergasse, Veranstaltungsort des Concordia-Balles, um 1898

Der Concordiaball war das glanzvollste Fest der Wiener Wintersaison, und es war der größte Wunsch aller Besucherinnen, auf die berühmte Estrade zugelassen zu werden, wo ein oder mehrere Erzherzöge, sämtliche Minister und sonstige Notabilitäten mit den Trägern und vor allem Trägerinnen bekanntester Bühnennamen lachten und scherzten. Auf dieser Estrade stand an diesem Abend wirklich »ganz Wien«. Mein Vater besuchte diesen Ball alljährlich in Gesellschaft einer oder mehrerer Töchter, und auch ich bin zweimal auf der berühmten Estrade gestanden.

(THEATER-)AUSBILDUNG DER SCHWESTERN

Der Vertreter einer durchschnittlichen moralpädagogischen Lebensauffassung wird mit Recht gegen meine Eltern den Vorwurf erheben können, daß sie es, selbst als die Mittel bereitstanden, vollständig unterließen, dem Großteil ihrer Kinder auch nur ein Minimum an Bildung angedeihen zu lassen und sie einem Beruf zuzuführen, der sie ernähren hätte können. Einige Zeit nach Wiederherstellung bürgerlicher Verhältnisse in unserem Haushalt sahen aber selbst unsere Eltern die Notwendigkeit ein, wenigstens den noch jüngeren Sprößlingen ein gewisses Maß an Wissen zu vermitteln. Zu diesem Zeitpunkt waren Alois und Sigmund 20 und 19, Ella und Jultschi 14 und 13 Jahre alt. Keiner von ihnen war, wenn überhaupt, über die vierte Volksschulklasse hinausgekommen. Es bestand nun eine gewisse Schwierigkeit, denn man konnte sie schwer mit 13 und 14, geschweige denn mit 19 und 20 Jahren auf die der ersten Klasse entsprechende Schulbank der Mittelschule setzen.

Als Beruf kam für meine Eltern zunächst nur die Kunst in Betracht. Und Kunst hieß für die Töchter – die kamen bei uns immer zuerst – Theater. Dabei wurde die Frage nach der Begabung gar nicht gestellt, denn die galt als selbstverständlich, wobei sie gerade diesen fehlte. Die beiden älteren Schwestern hatten »Theater« in einer Theaterschule gelernt, die beiden jüngeren folgten nun nach, und alsbald erschollen die Zimmer von ihren Sprechübungen – »Ihr – sehet – diesen – Hut – Männervonuri. Auf – richten – wird – man – ihn – aufhoherstangen« verkündete die eine in langsam beginnenden und dann rasch dem Versende sich zuwendenden Jamben. »Siehe, wie schwebenden Schrittes im Wellenschwung sich die Paare drehen! Den Boden berührt kaum der geflügelte Fuß«, schwärmte die andere im elegischen Distichon. »Keine Luft von keiner Seite, Todesstille fürchterlich! In der ungeheuren Weite regt keine Welle sich«, graulte die dritte. Während die vierte, von Schmerzen gepeinigt, »A–we! E–we! I–we! O–we! U–we!« stöhnte und schließlich nur noch ein letztes »A – E – I – O – U, A – E – I – O – U« hervorzustoßen fähig schien.

Die Theaterschule wurde von Frau Czerniawski-Löwe,

einer ehemaligen Schauspielerin, geleitet und verfügte als Hauptanziehungspunkt über einen Theatersaal mit Übungsbühne, wo die Angehörigen die Schüler allwöchentlich in Aufführungen bewundern konnten. Die Abwicklung des Schulbetriebes bestand meines Erachtens hauptsächlich in der Erschließung der Einnahmequelle, die diese Aufführungen vor garantiert ausverkauftem Haus boten.

Den Höhepunkt in der Geschichte dieser Theaterschule bildete unzweifelhaft jener Abend, an dem der Burgtheaterdirektor Dr. Paul Schlenther erschien, von unserem Vater gebeten, sich die Schwester anzusehen. Das Ergebnis dieses Besuches, der natürlich bei der Schulleitung wie bei den Schülern maßlose Aufregung hervorrief, bestand darin, daß Ella ans Burgtheater engagiert wurde. Obwohl unsere Mutter ihre Lieblingstochter Ella bereits als Stern erster Größe am deutschen Theaterhimmel der Zukunft erblickte, war dieses Engagement ein reiner Gefälligkeitsakt gegenüber dem alten Theaterchronisten von immer noch fortwirkendem journalistischem Rang. Schlenther hatte sich zu diesem Entgegenkommen umsomehr veranlaßt gefühlt, als er damals bereits von einem großen Teil der Wiener Theaterkritik stark angefeindet wurde. Aber auch er vermochte aus einer tauben Ader kein Erz zu schlagen, und so blieb Ellas Wirken am Burgtheater auf wenige Dutzend Wörter beschränkt, die sie als Augsburger Patriziertochter in Eduard Bauernfelds »Landfrieden« und als griechische Flötenspielerin in Ludwig Fuldas »Herostrat« zu sprechen hatte.

Der künftige Theaterstern mußte sich also entschließen, an Bühnen geringeren Ranges aufzugehen. Vaters Nachhilfe erschloß ihr den auf Theaterzetteln von Provinzbühnen besonders wirksamen Zusatz »vom k.k. Burgtheater a.G.« – was nicht Aktiengesellschaft, sondern als Gast bedeutete –, und sie führte die vielgerühmte Burgtheatertradition an die Südbahnstrecke, nach Wr. Neustadt und nach Baden. Als Direktor Jantsch den schönen Ehrgeiz hatte, an seiner Praterbühne Klassiker zu spielen, war sie bemüht, die Recha in »Nathan der Weise« möglichst hold zu spielen, jedoch mit Nachsicht der Grazie, die ihr nicht in die Wiege gelegt worden war. Dort hat sie auch die Marie in »Der Müller und sein Kind«, so schwindsüchtig wie ihr schauspielerisches Können, zu Tode gehustet. An Jarnos Josefstädterbühne schlug sie in dessen Lustspiel »Aschermittwoch« ihrem Partner Pfann beinahe die Augen aus, während sich mir ins ästhetische Bewußtsein eingeprägt hat, wie sie als entzückende kleine Naive eine Strafpredigt zu halten gehabt hätte, dabei aber in jene Tonart abirrte, die in Wien als Keifen bezeichnet wird. Die fortwährenden eckigen Bewegungen ihrer Ellbogen hatte sie sich schon in ihrer Kindheit an- und auch in der Theaterschule Czerniawski-Löwe nicht abgewöhnt.

Ein längerer Aufenthalt in Preßburg führte dann zu einem Dauerengagement mit dem ungarischen Schauspieler Karl Polgar – er heiratete sie. Mit dieser Aktion hat sie zwar der deutschen Bühne entsagt, zugleich aber einen doppelten Gewinn in der Lebenslotterie gezogen. Einmal, weil sie dadurch eine nach ihrer Meinung glänzende Zukunft hinter sich hatte und noch in spätem Alter mir gegenüber behaupten konnte: »Ich wäre eine große Schauspielerin geworden.« Des weiteren aber dadurch, daß sie mehr Talent zur Theaterdirektorin als zur Schauspielerin zeigte. Zudem war ihr Gatte ein unendlich gütiger Mensch. Er wurde später – unterstützt durch die guten Beziehungen von Vater und von Julius Szeps zu Baron Doczi, einem sehr einflußreichen liberalen Sektionschef des ungarischen Kultusministeriums – zunächst Direktor an mehreren südungarischen Bühnen und schließlich in Preßburg, und fand als solcher in seiner Gattin werktätige Hilfe. Sie gelangte dabei zu schönem Wohlstand, an dem sie ihre Geschwister gerne teilhaben ließ, wenn diese sie besuchten. Sie war von unserer Mutter schon immer bevorzugt und verhätschelt worden und hatte nun das Glück, einen Gatten zu finden, der dort fortsetzte, wo die mütterliche Sorgfalt enden mußte. Dieses Glück, daß ihre Launen und Empfindlichkeiten sorgfältig berücksichtigt wurden und sie vor jedem rauhen Luftzug behütet wurde, blieb ihr auch treu, als sie 1918, durch den Umsturz um Existenz und Wohlstand gebracht, schließlich als Bettlerin mit ihrem sterbenden Gatten nach Wien zurückkehrte. Jultschi und Heinrich nahmen die Witwe nicht nur auf, sondern ließen sie auch weiter die Rolle spielen, die sie schon als Kind im Familienkreis gespielt hatte: Sie durfte ihre Umgebung nach Laune und Belieben tyrannisieren.

Da für solch eine Zukunftshoffnung der deutschen Bühne die Theaterschule Czerniawski-Löwe denn doch ein zu karger Nährboden war, hatte sich unser Vater zur Zitierung der Beschwörungsformel: »Samuel, hilf!« entschlossen, und willig erschien das alte Burgtheater, diesmal verkörpert durch Friederike Bognar und Alexander Strakosch.
Das Eindringen des Naturalismus in die Schauspielkunst hat auch das Wesen des Schauspielers außerhalb der Bühne beeinflußt. Man trifft heute sehr oft Schauspieler, denen man ihren Beruf kaum oder überhaupt nicht anmerkt. Das war bei den Mimen alter Schule kaum möglich, denn diese standen vierundzwanzig Stunden im Tag auf der Bühne. Durch die engeren Beziehungen unserer Familie zu den Vertretern des Laubeschen Nachlasses kamen auch wir Brüder auf unsere Kosten durch Bereicherung unseres Unterhaltungsprogramms, weniger durch die Bognar, deren ausgeprägte Damenhaftigkeit in der Regel doch den Sieg über die für den Alltag zu heftige und nicht angebrachte Geste des Bühnentemperamentes davon trug. Nur vereinzelt brach die leidenschaftliche Regung durch dieses Bollwerk des guten Geschmacks. Ich war dann nicht wenig stolz, wenn ich, die Schwestern aus dem Carltheater vom Besuch einer Vorstellung von Strindbergs »Der Vater« abholend, im dichtgedrängten

Publikum plötzlich ihr gegenüberstand und sie mit weit geöffneten Armen, beschwörenden Händen und schreckhaft zum Himmel flehenden Blauaugen mit dem Ausruf auf mich zusegelte: »Nein, Herr Schlesinger, nein, soweit sind wir noch nicht, soweit noch nicht?!« Ich war stolz auf die Gewährung des Herrentitels und im Bewußtsein, daß von meiner Entscheidung, ob wir so weit seien oder nicht, die Ruhe der Dame für diese Nacht und vielleicht sogar für weitere Zeiten abhänge. Aber nur bescheiden säuselte der Bognersche »Daimon« verglichen mit Alexander Strakosch, wenn die Urgewalt seines Organes, von unserem Vorzimmer aus, den Empörungsschrei »Wissen Sie, was sie getan hat? Belogen hat sie mich!« durch das Haus hindurch bis auf die andere Seite der Gasse dröhnen ließ.

Strakosch war ein Original, wie es nur die nachweimarische Theaterkultur hatte hervorbringen können. Eine Theaterkultur, als deren stärkstes Element die Darstellung der klassischen Dramen wie der Epigonenstücke anzusehen ist, mit all ihren übertriebenen Gesten und ihrem oft hohlen Pathos, das ihre Träger auch im Leben bis zur Lächerlichkeit dröhnen ließen. Sie war aber zugleich auch die Manifestation einer Theaterbesessenheit, einer leidenschaftlichen Hingabe des ganzen Seins an dieses hohe Ideal, die sich das heutige Geschlecht kaum mehr vorstellen kann. Diese Glut, die vom Direktor bis zum kleinsten Darsteller alle durchdrang, ist auch auf das Publikum übergesprungen und hat es durch Jahrzehnte für das deutsche nachklassische Theater entflammt. Zum lodernden Feuerbrand ist dieser Glutfunke in der Brust von Alexander Strakosch angeschwollen. Obwohl ihm die Natur fast jedes Mittel zur Erreichung der Ziele eines solchen Ehrgeizes versagt hatte – er war ein unansehnlicher Zwerg –, verschrieb er sich der Bühne. Es hat sich aber an Josef Lewinsky, einem der bedeutendsten Darsteller des Burgtheaters, der sogar durch einen hohen Rücken entstellt war, erwiesen, wie leidenschaftlicher Wille und geistige Kraft auch das sprödeste Material zwingen können. Dies wäre sicher auch Strakosch gelungen, zumal er sich im Unterschied zu Lewinsky einer sonoren Stimme rühmen konnte, hätte nicht ein Leiden die dauernde Steifheit seines Armes zur Folge gehabt und damit seine Bühnenkarriere ein für allemal verhindert. Da er trotz dieses Schicksalschlages nicht vom Theater lassen konnte, beschloß er, den weltbedeutenden Brettern, auf denen er nicht herrschen durfte, wenigstens zu dienen. Er wurde dramatischer Lehrer, und als Vortragsmeister hat ihn Laube ans Burgtheater geholt. Die unvergleichliche sprachliche Zucht, die dort durch Jahrzehnte gepflegt wurde, war, insbesonders während der Direktion Laube, dessen oberstes Bühnengebot immer gelautet hat: »Im Anfang war das Wort«, zum guten Teil Strakoschs Verdienst. Sowohl Hedwig Bleibtreu als auch Lotte Medelski waren seine Schülerinnen.

Auch Strakosch gehörte zu jenen Schauspielern, die vierundzwanzig Stunden auf der Bühne standen. Und so konnte der gerade bei ihm weilende Schüler oder Besucher sich kostenlos effektvollster Familienszenen erfreuen. Gab es aus irgendeinem Grund eine Auseinandersetzung zwischen ihm und seiner Tochter, deklamierte er »Geh! Gehe! Du bist meine Tochter nicht mehr!« – »Ich bin dein Kind und werd' es ewig, ewig bleiben!« klang die Antwort der in der Tropenhitze solcher Ausdrucksweise aufgewachsenen Tochter. Las er ein Stück vor, überfiel ihn der »Daimon« bereits beim Personenverzeichnis. Bei »Uriel Acosta« von Karl Gutzkow erklang zunächst in getragenem Burgtheaterdeutsch, aber noch verhältnismäßig leidenschaftslos »Manasse van Straaten, ein reicher Kaufmann«. Bei »Judith, seine Tochter« schimmerte schon der holde Glanz erblühenden Mädchenzaubers auf. Ein bösartiges Grollen, eine dunkle Drohung in der Stimme schien bei »Ben Jocha-i, ihr Verlobter« zu warnen: »Das ist der Erzfeind – nimm dich in Acht, Uriel Acosta!«, während bei »Da Silva, ein Arzt«

milde Güte und abgeklärte Weisheit die auch den Vortrag zerfurchenden Altersfalten glätteten. Dies alles war aber nur wohlberechnete Täuschung, denn auf einmal donnerte es »Uuuuuriel Acosta«, die soeben noch glatte Oberfläche zu Riesenwogen aufwühlend und mit diesem Schrei schon den Höhepunkt des Dramas vorwegnehmend: »Und sie bewegt sich doch.«

Aber so sprach er nicht nur, so telegraphierte er auch. Für ihn war überhaupt, so glaube ich, nicht der Brief, sondern das Telegramm das gebräuchlichste und einzig mögliche Verständigungsmittel. Das mochte seinem Hang zur persönlichen Apostrophierung irgendwie mehr entsprechen als der Brief. Hiebei fiel es ihm aber auch nicht im Traum ein, etwa den sogenannten Telegrammstil anzuwenden. »Teurer Freund!«, das war die Einleitung zu jedem seiner zahlreichen Telegramme an meinen Vater. Einmal saßen wir um halb elf Uhr abends beisammen, als es läutete. Es war der Briefträger mit einem Telegramm von Strakosch, so umfangreich, daß für seine Niederschrift zwei Blankette erforderlich gewesen waren. Inhalt: nichts als Freundschaftsbeteuerungen, da er aus irgendeinem Wort oder Brief einen Zweifel meines Vaters an der Aufrichtigkeit der Freundschaft entnommen zu haben glaubte. Auf diese Weise hat er oft reichlich Stoff gegeben für Unterhaltung und Belustigung.

Aber das waren billige Scherze. Denn was er wirklich konnte und bedeutete, das zeigte er am Vortragspult. Las er etwa den »Reichstag« aus dem »Demetriusfragment«, verschwanden Pult und Zuschauermenge und aus dem grotesk trompetenden Zwerg wurden plötzlich hundert erregte Menschen mit ihren erhitzten Rufen: »Ich stimme wie der Primas.« – »Auch ich!« – »Und ich!« – »Wir alle!« bis zum dröhnenden Ruf: »Krieg, Krieg mit Moskau!«, der alles erfüllte, alles durchdrang, als wollte er an den Wänden hängen bleiben, der wahnsinnige Schrei.

Alexander Strakosch und die Bognar gehörten, als sie für Ella als Lehrer erwählt wurden, schon längst nicht mehr dem Burgtheater an. Sie erteilte in vereinzelten Fällen noch dramaturgischen Unterricht, während Strakosch, sonst auf Vortragstourneen in deutschen Landen umherreisend, zeitweise ein Engagement als Vortragsmeister am Deutschen Volkstheater gefunden hatte. So hatte also Ella, wie eine Regierung verschiedene Minister, sozusagen fürs Innere und fürs Äußere verschiedene Lehrer.

Mit ihrem künstlerischen Harakiri, das sie mit Amors Pfeilen statt mit der japanischen Waffe exekutiert hatte, war das schauspielerische Zwischenspiel in unserer Familie beendigt. Ich weiß nicht, ob meinen übrigen Schwestern selbst die richtige Erkenntnis aufdämmerte. Das Wahrscheinlichste ist, daß auch das Lernen in der Theaterschule sozusagen von selbst aufhörte, wie jedes Lernen bei uns.

Aber es war nicht die Art der Eltern, sich den Kopf über das Schicksal meiner Schwestern zu zerbrechen, sollten diese sich, in der Zukunft des Grafen Wilczek und der »Gnä' Frau« im Hintergrund beraubt, ihren Lebensunterhalt selbst verdienen müssen. »Ich werde meine Töchter doch nicht zu Dienstboten erziehen«, hatte meine Mutter einmal indigniert bemerkt, als einer der Freunde des Hauses es bemängelte, daß diese sich nicht in der Hauswirtschaft betätigten. Dabei hätte meine Mutter bei reiflicher Überlegung zu der Einsicht kommen müssen, daß sie ihre Töchter für keinerlei Beruf erzogen hatte. Aber sie mag wohl gedacht haben, daß für einen Schutzengel, der das Kunststück zuwege gebracht hatte, für eine vierzehnköpfige bürgerliche Familie einen Retter aus dem österreichischen Hochadel zu requirieren, die Beseitigung von Schäden, die aus unrichtiger Erziehung erwachsen konnten, eine Kleinigkeit sei.

Die Mädchen waren durchwegs hübsch und zumeist auch liebenswürdig, und zwei von ihnen, Maltschi und Rosa, machten für unsere Verhältnisse glänzende Partien. Und die Jüngste, Jultschi, gelangte durch eine Bekanntschaft zwar nicht zu einem Ehemann, dafür aber zu einer Lebensstellung. Hugo Knepler, der durch Jahrzehnte im Wiener Musikleben und in der Wiener Gesellschaft eine bedeutende Rolle spielte, war Chef der Konzertdirektion und Musikalienhandlung Guttmann. Obwohl er sich stark für meine Schwester interessierte, war er doch zu sehr Geschäftsmann, als daß er ein Mädchen ohne Mitgift geheiratet hätte. Aber er machte Jultschi zur Leiterin seines Konzertkartenbüros, und auf diesem Posten erfreute sie sich sowohl beim Publikum als auch in der Künstlerwelt großer Beliebtheit. So atmete sie in fortwährendem Verkehr mit den auch im Konzertsaal heimischen Opernsängern und -sängerinnen doch auch weiter jene Theaterluft, die meine Schwester nun einmal nicht entbehren konnte.

Es war ein gefährliches Spiel gewesen, das Schicksal meiner Schwestern nur auf eine Karte, nämlich die gute Partie zu setzen. Aber es muß meiner Mutter zugebilligt werden, daß sie mit dieser Anschauung nicht allein stand. Auch die meisten anderen bürgerlichen Mütter ihrer Zeit dachten, »Ein Mädchen muß heiraten, und ist ihr kein Gatte beschieden, so kann nur Gott helfen.«

Für mich bedeutete dieses Verflochtensein meiner Schwestern in das Gesellschafts- und Theaterleben, wie das Verflochtensein meines Vaters in das Zeitungs- und literarische Leben, eine Buntheit an Jugenderinnerungen, die ich nicht missen möchte. Mangelte unserem Dasein auch die Korrektheit und Stetigkeit der elterlichen Führung, wie sie in klein- und mittelbürgerlichen Familien im allgemeinen als Selbstverständlichkeit galt, war es zugleich frei von den damit sonst verbundenen philiströsen Zügen. Die Mittags- und Abendmahlzeiten gaben Gelegenheit zu geselligen Gesprächen, denen jedoch jegliche Grundsätzlichkeit und die Berührung mit tieferen Fragen politischer, philosophischer, künstlerischer, kultureller oder literarischer Art fehlte. Dazu fehlte es den meisten Teilnehmern an Bildungs- und Wissensstoff.

Aber an der Oberfläche tändelte man gerne herum, und solche Tändeleien fanden reichlich Nahrung durch die feuilletonistische Neigung unseres Vaters, die der Betrachtungs- und Ausdrucksweise der Sprößlinge doch mehr oder weniger ihren Stempel aufdrückte. So zückte der Großmeister dieses Ordens feuilletonistischer Lebensauffassung manchesmal sogar den Bleistift, um den einen oder anderen Geistesblitz seiner Kinder in einem Notizbüchlein zu notieren. Und eine glückliche Auswirkung dieses feuilletonistischen Geistes war es, daß insbesondere unter uns Brüdern alles, was auch nur entfernt an Sentimentalität oder Pathos mahnte, sogleich ätzendem Spott und zerpflückender Ironie anheim fiel, deren fortwährende Übung nicht ohne Einfluß auf die Lebensauffassung jedes einzelnen blieb. Diese lebhaft um den Tisch hüpfenden Gespräche haben zwar niemals tiefgründige Erkenntnisse hervorgebracht, sie haben aber auch die Unbedeutsamkeiten des täglichen Geschehens nicht zugelassen und derart die Abneigung gegen jederlei Banalität gefördert.

VERSORGUNG DER BRÜDER

Unser Leben in der Marxergasse erhielt seinen Stempel vorwiegend vom weiblichen Element der jüngeren Generation, denn meine Mutter trat vollständig hinter ihre Töchter zurück und sonnte sich an den Strahlen, die das Gesellschafts- und Theaterleben der Schwestern reichlich über die ganze Familie ergoß. Den Söhnen waren mehr oder weniger nur solche Rollen zugewiesen worden, deren Inhalt sich in dem Blankvers erschöpfte: »Die Pferde sind gesattelt«, auf welchen dann die Trägerinnen der Hauptrollen täglich oder abendlich in dieses Leben hinein zu reiten pflegten.

Bei ihnen wurde das künstlerische Talent nicht mit jener Selbstverständlichkeit vorausgesetzt wie bei den Töchtern, dennoch teilten unsere Eltern mit der Familie Szeps die maßlose Übertreibung und Überbewertung jeder geringfügigsten Zufälligkeit, die eine Assoziation mit dem Begriffe Künstler aufkommen ließ. Wer etwa als Kind zwei Zeilen reimte, war ein Dichter, wer ein wenig eindrucksvoll etwas erzählen konnte, ein Schauspieler. Zwei Tanzschritte kündeten eine Ballettgröße, »O du lieber Augustin« mit einem Finger gespielt einen Klaviervirtuosen. Und wer einen Gickser von sich gab, mußte »zum Suppé«.

Franz von Suppé, ein Neffe Donizettis, war in jungen Jahren als Kapellmeister und Komponist am Theater an der Wien unter meinem Großvater tätig gewesen und hatte dort auch als Hausgenosse der Familie Pokorny gelebt. Meine Mutter erzählte, daß er ein großer Freund der Tafelfreuden gewesen sei und als Trinkkumpan den Wein stets nur aus einem Fischglas zu trinken pflegte, welches man zur Hegung von Goldfischen verwendet. Da ihm als Schlafgerüst nicht ein Bett, sondern ein Sarg diente, bereitet es eine gewisse Schwierigkeit, sein Seelengeflecht zu verfolgen, das von einem solchen memento mori zur sprühenden Lebensbejahung des Boccaccio- und des Fatinitza-Marsches geführt hat.

Mit meinen Onkeln Alois und Ferdinand Pokorny stand er dann auch weiterhin in freundschaftlicher Verbindung. Ein Zufall wollte es, daß Onkel Ferdinand in unserem Haus in der Marxergasse wohnte. War Suppé bei ihm zu Gast, kamen die beiden das eine oder andere Mal zu uns herauf und plauderten mit meiner Mutter über die längst vergangenen Pokorny-Zeiten. Wir Kinder durften dem berühmten Gast dann unsere Reverenz erweisen, und meine Erinnerung zeigt mir noch sehr lebhaft den mächtigen Mann, dessen gewaltige Figur mit bedeutendem Haupt, kräftiger Nase und Spitzbart ganz gut einem der großen Condottieri aus der Zeit der Renaissance hätte eignen können. Daß auch ihm menschliche Empfindlichkeit gerade dort anhaftete, wo es der Begrün-

*Franz von Suppé am Dirigentenpult im Musikpavillon der
Weltausstellung, 1873*

der der Wiener Operette nicht notwendig gehabt hätte,
erwies sich, als meine Schwester Rosa einmal unvorsichtig genug war, in seiner Gegenwart von Johann Strauß zu
schwärmen. »No ja, den Dreivierteltakt kann er ja«,
meinte er verstimmt.

»Zum Suppé« waren also zunächst Rosa und Jultschi geführt worden. Aber mit geringem Erfolg, da von der Gewinnung irgendeiner Gesangsgröße für ihren Unterricht
niemals die Rede war. Etwas günstiger scheint Suppés
Urteil über die Anlagen meines Bruders Rudolf ausgefallen zu sein. Und so wurde die Pflege seines Baritons einer Gesangsmeisterin, einer Frau Bruckner, anvertraut.

Sein Organ war nicht ohne Klang, aber meines Erachtens
viel zu schwach, um auch nur ein kleines Theater zu füllen. Er gehörte nicht zu jenen Sängern, denen mit der
Stimme zugleich auch die Seele des Gesanges mühelos
aus dem Inneren zu strömen scheint. Wenn ich bei sei-

143

nem Gesang irgendwie auf meine Rechnung kam, war dies nicht der Muse Polyhymnia, sondern dem Gott Komos zuzuschreiben. Die unter uns Brüdern im allgemeinen vorherrschende Abneigung gegen jederlei Sentimentalität oder Pathos wurde am wenigsten von Rudolf geteilt. Unfähig, Stimme und Gefühl in einem ausströmen zu lassen, aber vom Willen getragen, Gefühl zu zeigen, übertrieb er es und klebte den Text derart auf die Noten, wie der Commedia-dell'-arte-Schauspieler die falsche Nase aufs Gesicht. Dabei ließ ihn die Intensität der Kunstleistung jedesmal die gestärkte Hemdbrust aus der Umrandung des Gilets herausspringen.

So wurde mit dem Honorar für die Bruckner nicht nur der Gesangsunterricht bezahlt, sondern auch die Lustbarkeitssteuer für das Amusement banausischer Brüder, deren besonderer Sport es war, den zukünftigen Hofopernsänger zu parodieren, am liebsten in der Todesklage des »Kaisersoldaten«: »Ade, mein teueres Land Tirol« oder im schelmischen: »Als ich vor die Türe kam, miaute mich das Kätzchen an, Kätzchen, laß das Miauen sein, ich will zu meinem Schätzchen 'nein«, wobei ihm das Pathos noch immer besser lag als der Schelm. Auch er fand die Krönung seiner musischen Bestrebungen in der Theaterschule Czerniawski-Löwe, wo er in Schaftstiefeln, einen ungeheueren Raufdegen an der Seite, das Antlitz mit knallrot geschminkter Nase interessant von einem Schlapphut mit riesiger Feder beschattet, unter fortwährend pathetisch-edler Geste des rechten Armes als »Henri, Marquis de Corneville« die unbewehrten Herzen der Besucherinnen reihenweise knickte.

Er besaß aber genug Vernunft, sich schließlich um einen bürgerlichen Beruf umzusehen. Und auch für die anderen Brüder war es schon höchste Zeit. Damals war für einen Staatsbeamtenposten noch die Matura an einer Mittelschule Voraussetzung, und hatte man es verabsäumt, die Söhne eine Mittelschule absolvieren zu lassen, mußte der Himmel helfen. Oder eigentlich die Hölle, denn auch in diesem Fall bediente sich mein Vater des Rufes: »Samiel hilf!« Hatte sich Samiel einmal in Gestalt des alten Burgtheaters gezeigt, erschien er nun als Minister, Sektionschef oder Bahndirektor. So begannen also Rudolf und Hans, mit Nachsicht der Voraussetzung, als Praktikanten im Handelsministerium, wo sie bald zu Rechnungsassistenten befördert wurden. Hans ist als solcher in den ersten Anfängen seiner Beamtenkarriere gestorben, aber Rudolf, Absolvent von zwei und einer halben Klasse der Landwirtschaftsschule in Opoczno, brachte es bis zum Rechnungsdirektor und ist mit dem Regierungsrattitel in Pension gegangen.

Beide waren nicht von sehr kräftiger Konstitution, Rudolf war überdies auch sehr kurzsichtig, und so hatte sie die Assentierungskommmission der Last des Wehrdienstes enthoben. Sie hätten ansonsten drei Jahre dienen müssen, da das Recht des Einjährig-Freiwilligen-Dienst mit dem anschließenden Leutnantsrang an die Absolvierung einer Mittelschule geknüpft war.

Die konnte auch Bruder Sigi, der militärdiensttauglich befunden worden war, nicht nachweisen. Aber – wir lebten ja in Österreich, dem Lande, das es wie kein anderes verstanden hat, jenes grammatikalische Prinzip, wonach es keine Regel ohne Ausnahme gibt, ins Leben zu übertragen. In diesem Fall konnte der Nachweis durch eine »Intelligenzprüfung« vor einer Militärkommission ersetzt werden. Offenbar wurde davon ausgegangen, daß die Struktur der Intelligenz eines Leutnanthirns von dem eines bürgerlichen verschieden sei. Solche militärische Intelligenz wurde innerhalb eines halben Jahres in einem der sogenannten Schnellsiedekurse erzeugt, mit denen vorzeitig pensionierte Offiziere ihre schmal bemessenen Pensionen verbesserten. In einem solchen Kurs wurde auch Sigi gargekocht, mit dem Resultat, daß er, als er einrücken mußte, seinem Waffenrock die vielbegehrten gelben Streifen, die »Intelligenzbörtel«, aufnähen lassen konnte. Und der Reserveleutnantsrang hat es Samiel – in diesem Fall dem Verkehrsdirektor Porias, der damals noch privaten Nordwestbahn – ermöglicht, ihm einen Bahnbeamtenposten zu verschaffen.

Einer aber mußte die Nachlässigkeit, die man bei der Heranbildung der Söhne für einen Beruf hatte walten lassen, mit einer kläglichen Existenz bezahlen. Dieser Pechvogel war Alois, dem nach seiner Scharlacherkrankung für Jahre eine Lähmung der Beine zurückgeblieben war. In dieser Zeit hatte er sich ein wenig Übung im Klavierspielen erworben, und somit war, nach den Kunstusancen unserer Familie, auch seine berufliche Zukunft als Klaviervirtuose vorgezeichnet. Während der Marxergassenzeit nahm er Klavier- und Orgelunterricht und legte schließlich die Staatsprüfung als Klavierlehrer ab. Sein Spiel vermochte mich aber ebenso wenig zu beeindrucken wie der Gesang meines Bruders Rudolf. Es ist, nach meiner Meinung, bis an sein Lebensende schulmäßig geblieben. Sein bärbeißiges Wesen, hinter dem sich große persönliche Güte verbarg, war naturgemäß auch nicht dazu angetan, seinen Schülern das Lernen zu einem Genuß zu machen, auch weil er sie bei jedem Fehler anschrie. So hat er sich als Klavierlehrer mit stets wenigen, meist schlecht bezahlten Stunden durchgehungert, wenn ihn auch einzelne seiner Geschwister unterstützten. Hatte er doch, außer für sich und seine Frau auch noch für vier Kinder zu sorgen. Mitte der dreißiger Jahre erhielt er, dank der Bemühungen unseres Bruders Heinrich, einen kleinen Beamtenposten bei einer Versicherungsgesellschaft, von dem aus er zu einer Bank und schließlich in ein Nebeninstitut der Staatsbahnen überwechselte. Dieser Posten bot ihm ein knappes, doch wenigstens sicheres Einkommen und ermöglichte es ihm daneben, auch noch Klavierunterricht zu erteilen. So verblieb ihm, als er schließlich abgebaut wurde, eine geringfügige Pension, die ihn und seine Familie vor dem Verhungern bewahrte. Erst als seine Kinder, für deren Heranbildung er sich die letzte Brotrinde vom Mund abgespart hatte, ei-

nen Beruf ergreifen und verdienen konnten, ist es ihm ein
wenig besser gegangen.

FAMILIEN- UND STAATSHIERARCHIEN

So hatte denn unser Schutzengel im ganzen gute Arbeit
geleistet und vollen Anspruch auf ein wenig Feierabend.
Denn der einzige, auf dessen Zukunft er noch ein wenig
Bedacht zu nehmen hatte, war ich. Die Verhältnisse hatten sich aber so weit konsolidiert, daß meinem Gymnasi-
al- und Universitätsstudium nichts im Wege zu stehen
schien. Gleichwohl wäre die Sache um ein Haar schief gegangen.
Wenn es mir im Unterschied zu meinen Brüdern gelang,
das Gymnasialstudium erfolgreich zu beenden und damit auch den Weg auf die Universität zu finden, lag der
Grund hiefür in der zufällig günstigeren Gestaltung der
äußeren Verhältnisse, bestimmt aber nicht darin, daß
man gerade meiner Ausbildung besondere Sorgfalt zuge-
wendet hätte. Ich war weit davon entfernt, eine Vorzugs-
stellung gegenüber anderen Geschwistern einzunehmen,
– im Gegenteil, unter den Kasten, die durch die unterschiedliche Bewertung und Behandlung der einzelnen
von seiten der Eltern entstanden sind, fiel mein Platz in
die letzte, und diese Stellung in der Familie hat auch in
späteren Jahrzehnten mein Verhältnis zu meinen Geschwistern bis zu einem gewissen Grad bestimmt.
Die oberste Kaste war durch Mitzi, Heinrich und Ella
vertreten. Zur zweiten Kaste zählte nur Alois, während
das Gros der Geschwister, Hans, Maltschi, Sigi, Rosa und
Jultschi, in der dritten Klasse rangierte. Die letzte Klasse
bildeten Rudolf, Karl und ich. Diese Rangordnung blieb
mit zwei Ausnahmen bestehen, solange meine Mutter
lebte. Alois verlor seine bevorzugte Stellung, als er ein
Ehebündnis schloß, das von ihr mißbilligt wurde. Ich
konnte mich hingegen in ihren letzten Lebensjahren

durch meine Studienerfolge um ein gutes Stück hinauf-
dienen. Dazu mag auch die materielle Seite beigetragen
haben, da ich durch Nachhilfeunterricht schon frühzeitig
Geld verdient hatte.

Im Unterschied zu den Geschwistern weigerte ich mich
aber, in dieser Bevorzugung einzelner Kinder ein hinrei-
chendes Motiv für die Bewertung der Stellung der einzelnen Familienmitglieder zu sehen. Während die meisten
meiner Geschwister, besonders die Nutznießer dieser
Einrichtung, in dieser Hierarchie eine Art gottgegebener
Ordnung sahen, an der zu rütteln sie keineswegs gewillt
waren, auch als dieses Band durch Zeit und Umstände
längst gesprengt war, wies ich schon früh eine solche Ka-
tegorisierung ganz entschieden zurück, was mich aber
wiederum zu einer Außenseiterstellung gegenüber meinen Geschwistern führte.

Ich weiß nicht mehr genau, wann ich begonnen habe,
mich für die Angelegenheiten der Allgemeinheit, also für
Politik zu interessieren. Ich erinnere mich, daß die gegen-
einander brandenden Wogen der Parteikämpfe in unserer Familie verspritzten; die Kämpfe nämlich, die in Wien
zwischen der Liberalen und der in die Höhe strebenden
Christlichsozialen Partei ausgetragen wurden. Es ist bezeichnend, daß bei uns zu Hause nie von den Kämpfen
zwischen Liberalen und Christlichsozialen, sondern stets
von solchen zwischen Liberalen und Antisemiten gesprochen wurde. Für meinen Vater hatte der Übertritt vom jüdischen zum christlichen Glauben immer nur als äußerli-
che, von der Zweckmäßigkeit gebotene Handlung gegolten, und er fühlte sich sein ganzes Leben lang der Volks-
und Glaubensschicht, der er entsprungen war, verbunden. Für ihn waren die Christlichsozialen in erster Linie
die Antisemiten, in zweiter Linie die klerikalen Gegner
des Liberalismus, dem er sich seit seiner Jugend zugewandt und sein ganzes Leben als Journalist gedient hatte.
So bedeutete Politik für ihn die Gestaltung des öffentli-

chen Lebens, wie sie sich aus dem Gegensatz von Toleranz und Freisinnigkeit gegenüber dem Antisemitismus und Klerikalismus ergab. Für die wirtschaftlichen und sozialen Hintergründe der christlichsozialen und der damals noch unbedeutenden sozialdemokratischen Bewegung wie auch für die nationalen Gegensätze zeigte er wenig Interesse. In meinem Gedächtnis ist der Name des damaligen liberalen Bürgermeisters Dr. Raimund Grübl verblieben, der heute vergessen ist, während der seines überragenden Gegners Dr. Karl Lueger nichts an Klangstärke eingebüßt hat. Nach allem, was ich damals hörte, mußte ich zunächst glauben, das Problem Österreichs liege im Gegensatz zwischen Antisemiten und Juden. Denn für die meisten jüdischen Kreise erschöpfte sich die Beurteilung politischer, sozialer und geschichtlicher Bewegungen und Strömungen in der Beantwortung der Frage nach deren Einstellung gegenüber dem Judentum, eine Anschauung, die die Episode an die Stelle der Haupthandlung rückte.

Bei der geringen Neigung meines Vaters, sich mit der Ausbildung der Söhne zu beschäftigen, und wenig gefördert von den älteren Brüdern, war ich darauf angewiesen, mir politische Kenntnisse auf eigene Faust zu verschaffen. Eine günstige Vorraussetzung bildete der Umstand, daß es besonders an Sonntagen für meinen Lesehunger eine große Anzahl von Zeitungen der verschiedensten politischen Richtungen bei uns gab. So waren neben der »Neuen Freien Presse«, dem »Neuen Wiener Tagblatt«, dem »Wiener Tagblatt«, dem »Neuen Wiener Journal« und dem »Extrablatt«, die alle das sogenannte freisinnige Wiener Bürgertum vertraten, auch das christlichsoziale »Deutsche Volksblatt«, die sozialdemokratische »Arbeiter-Zeitung« und schließlich die »Reichswehr«, die Nachfolgerin der alten »Presse« vertreten, bei der Richard Eisenmenger seinen Berufsweg als Setzerlehrling angetreten hatte.

Auf diese Weise lernte ich im Verlauf des Marxergassen-

Dezenniums die staatlichen, politischen, wirtschaftlichen, sozialen und nationalen Verhältnisse des alten Österreich-Ungarn etwas genauer kennen. Die juristische Konstruktion dieses staatlichen Gebäudes ist mir aber erst später, auf der Hochschule, deutlicher ersichtlich geworden. Zwar wurde in der letzten Klasse des Obergymnasiums Staats- und Bürgerkunde vorgetragen, dies geschah aber zumeist von Geschichtslehrern, die mehr Interesse für die staats- und verwaltungsrechtlichen Einrichtungen des alten Hellas und Rom zeigten und zu erwecken trachteten als für die Gegenwart.

So war es kein Wunder, wenn über die Begriffe »Österreich« und »Ungarn«, besonders aber »Österreich-Ungarn« die verschiedensten und unklarsten Vorstellungen herrschten. Für den Durchschnittswiener war der Kaiser eben der Kaiser. Hätte man ihn gefragt, was für ein Kaiser, dann hätte er entweder gesagt: »No, der Kaiser von Österreich-Ungarn«, ohne zu bedenken, daß solch eine Antwort, wäre der Frager zufällig ein Ungar gewesen, diesen bis zur Paprikaröte des Zornes hätte reizen müssen. Er hätte aber auch antworten können: »No, der Kaiser von Österreich«, um bei der Erklärung, daß es diesen derzeit nicht gäbe, sondern nur »die im Reichsrat vertretenen Königreiche und Länder«, der Rettungsgesellschaft zu telephonieren, daß hier ein Verrückter sei, der abgeholt werden müsse.
Die Östereichisch-Ungarische Monarchie war eine Realunion, das heißt ein Bund von Gliederstaaten, die durch gemeinsame Einrichtungen miteinander verbunden waren. Das Geburtsjahr der Österreich-Ungarischen Monarchie in Form der Realunion war das Jahr 1867. Seit diesem Zeitpunkt bildeten die im Reichsrat vertretenen Königreiche und Länder eine konstitutionelle Monarchie. Die Gesetzgebung, geknüpft an die Sanktionen durch den Herrscher, wurde vom Parlament ausgeübt, das aus dem Reichsrat und dem Herrenhaus bestand. Daneben

gab es auch ein Gesetzgebungsrecht der einzelnen Königreiche und Länder, deren Landtage Landesgesetze erließen. Dem österreichischen entsprach in der anderen Reichshälfte das ungarische Parlament, wobei Ungarn selbst kein Einzelstaat war, sondern gleichfalls aus den Gliedstaaten Ungarn und Kroatien eine Realunion bildete.

Gemeinsame Angelegenheiten waren auswärtige Politik, das gemeinsame Heer und die Bestreitung der dafür erforderlichen Geldmittel. Demnach existierten ein gemeinsames Ministerium des Äußeren, ein gemeinsames Reichskriegsministerium und ein gemeinsames Finanzministerium, dem auch die Verwaltung der okkupierten, später annektierten Provinzen Bosnien und Herzegowina zustand. Die für die Führung der gemeinsamen Angelegenheiten und für die Bewilligung der hiefür notwendigen Mittel erforderlichen Gesetze wurden von den »Delegationen« erlassen.

Hieraus kann der viel bewitzelte Unterschied zwischen k.k. und k. u. k. ersehen werden. K. u. k., also kaiserlich und königlich, da es für Ungarn nur einen König, aber keinen Kaiser gab, waren die gemeinsamen Minister, Ministerien und Behörden. K.k. waren die Institutionen der österreichischen, königlich ungarisch die der ungarischen Reichshälfte. Dies war das vorläufige Endresultat eines mehrhundertjährigen Entwicklungsprozesses, mit allen historischen Erinnerungen, Ansprüchen und Gereiztheiten eines solchen, belastet von nationalen, wirtschaftlichen und sozialen Schwierigkeiten, die jede Reichshälfte für sich und beide untereinander hatten. Besonders die militärische Führung und die Kosten für die gemeinsamen Angelegenheiten bildeten den Gegenstand fortwährender und schwerster Differenzen zwischen den Ministern, den österreichischen und ungarischen Delegationen untereinander und wohl auch mit deren oberstem Kriegsherrn, dem Kaiser und König Franz Josef. Diesen traf besonders empfindlich alles, was seine Stellung als einzig entscheidendes Organ über Führung des gemeinsamen Heeres und über die Verwendung seiner Offiziere anzutasten sich erdreistete.

Eine Quelle ewiger Reizungen bildete die Dienst- und Kommandosprache. Denn neben dem gemeinsamen Heer existierten auch eine k.k. österreichische und eine königlich ungarische Landwehr, die Honved. Mein Bruder Sigi war Reserveleutnant der Artillerie, hatte die üblichen drei Waffenübungen während der vorgeschriebenen zehnjährigen Reservedienstzeit im gemeinsamen Heer geleistet und wurde dann zwei Jahre zur Landwehr überstellt. Da er damals noch ungarischer Staatsbürger war, erfolgte die Versetzung zu den Honved-Husaren. Für die neue Leutnantsuniform erhielt er von Vater Staat ein wackeres Stück Geld, und die ganze Familie freute sich über den wunderschönen, goldschimmernden Husarenleutnant, der da in ihrer Mitte gleich einem Märchentraum aufgeblüht war. Schließlich wurde er aber zu einer vierten Waffenübung nach Ujvidek (Neuhäusel) einberufen. Dort meldete er sich bei seinem Kommandanten, einem Oberstleutnant, der ihn erstaunt fragte: »Hát, warom meld'tst du dich nicht in Ungarisch?« Nachdem ihm Sigi erklärt hatte, daß er kein Wort Ungarisch könne, überlegte dieser: »Also, wos fong ich dann mir dir on? Ungarisch kannst du nicht und reiten kannst du auch nicht.« Eine Widerrede gegen den zweiten Vorwurf wäre zwecklos gewesen, denn mein Bruder war »bloß« bei der Artillerie gewesen, und konnte daher nach kavalleristischer Anschauung nicht im entferntesten einen Anspruch auf Reitenkönnen erheben. Als ihn der Oberstleutnant aber nach Hause schicken wollte, wandte mein Bruder ein, daß er dann wahrscheinlich im nächsten Jahr, neuerlich einberufen, sich zu seinem Leidwesen wieder in deutscher Sprache werde melden müssen. »Also wort bis morgen. Wird mir schon wos einfollen.« Am nächsten Tag empfing er ihn in strahlender Laune. »Weiß ich schon, hob ich mit Regimentsarzt gesprochen. Host du hochgradige Magenverstimmung mit fieberische Erschajnungen.« So blieb Sigi vier Wochen in Neuhäusel, ritt vormittags einige Stunden spazieren, ging nachmittags ins Kaffeehaus und meldete hernach seinem Oberstleutnant die Vollendung der Ableistung seiner vierten Waffenübung – abermals in deutscher Sprache. Und diese ganze Erhöhung seiner Wehrfähigkeit kostete den Staat nicht mehr als die paar hundert Kronen für die Uniform und achtundzwanzigmal fünf Kronen, das war ungefähr jener Tagesbetrag, den ein Reserveoffizier als Kostenvergütung für die Ableistung einer Waffenübung erhielt.

Die Schwierigkeiten, mit denen dieses Staats- und Verwaltungsgebilde zu kämpfen hatte, bestanden auch in den nationalen, wirtschaftlichen, sozialen Problemen der diesseitigen Reichshälfte, Cisleithanien genannt, verbunden mit den verfassungsrechtlichen, die die brüderlichen Umarmungen unserer transleithanischen Nachbarn in sich bargen und die vor jedem »Ausgleich« erst zu durchreiten waren. So wurden die von den Delegationen immer von neuem zu treffenden Vereinbarungen über die Art der Durchführung der gemeinsamen Angelegenheiten genannt. Besonders der österreichische Finanzminister mußte immer wieder die schmerzliche Erfahrung machen, daß »ungarisch sehr schwer ist.« Denn beim Zahlen hörte auch die magyarische Gemütlichkeit auf, und so lieferten sich österreichische und ungarische Delegationen manchmal homerische Kämpfe bei der Bestimmung, wieviel Zehntel über dreiunddreißig Prozent der gemeinsamen Kosten die Länder der Stephanskrone zu zahlen hätten. Aber auch auf andern Gebieten zeigte es sich, daß die Brüder noch immer geneigt waren, weniger auf das zu hören, was ihnen ihr König Franz Josef, als was Kossuth Lajos ihnen sagen ließ.

Die Grundfesten der diesseitigen Reichshälfte wiederum erschütterte vor allem der nationale Hader zwischen Deutschen und Tschechen. Während andere nationale Minoritäten wie die Ukrainer zum Beispiel ohne weiteres an Polen ausgeliefert wurden, legte der Streit zwischen Deutschen und Tschechen schließlich den Parlamentsbetrieb lahm. Die Deutschen revanchierten sich im böhmischen Landtag, indem sie Notverordnungen erließen und so mit Duldung der Volksvertreter den Absolutismus, dem der Haupteingang in die Gesetzgebung verfassungsmäßig verschlossen war, durch eine geräumige Hintertür wieder einließen.

Mir und meinen Gesinnungsgenossen schien die Lösung der nationalen, wirtschaftlichen und sozialen Probleme ganz einfach. Wir waren fortschrittlich, und das hieß damals Sozialist und Republikaner sein, und wir dachten, zur Verwirklichung des Heiles der Zukunft bedürfe es nur mehr der Abschaffung der Kaiser und Könige mit ihrem Klüngel. Die nationale Frage bereitete uns kein Kopfzerbrechen. Man sollte einfach den im Reichsrat vertretenen Königreichen und Ländern ihren historischen Charakter nehmen und möglichst national abgegrenzte Bezirke mit weitestgehender Autonomie schaffen. Einen Bundesstaat also, wie er später ja im kleinen Österreich entstanden ist.

Die einzelnen Mitglieder unserer Familie fühlten sich nicht als konservativ oder gar reaktionär. Im Gegenteil, man tat sich was zugute auf seine fortschrittliche Gesinnung, die alle vom Familienhaupt übernommen hatten, und die sich in Protesten gegen den Antisemitismus oder, wenn es hoch kam, gegen den Klerikalismus erschöpfte. Es gab überhaupt keine regere Teilnahme an der Politik, und über die Zukunft Österreichs oder gar das Schicksal der breiten Massen zerbrach sich keiner den Kopf. Einer Veränderung der bürgerlichen Welt stand man durchaus abweisend gegenüber. Man wollte festhalten an einer wirtschaftlichen und gesellschaftlichen Ordnung, die einen selbst über die breite Masse herauszuheben schien. Denn für die Tatsache, daß man bereits wirtschaftlich als Lohnempfänger zum Proletariat gehörte, war der Blick getrübt durch den Schein, den die Zufallsgenerosität eines gesellschaftlich hochstehenden Gönners zwischen uns und das Proletariat gesenkt hatte. Man fühlte sich der Kapitalistenschicht zugehörig, ohne Kapital zu besitzen, und als Träger einer sozialen Bevorzugung, die die bürgerliche Gesellschaft im Wesen ja doch nur den Inhabern von Kapital zubilligte, ihren Trabanten aber nur bedingt, im Interesse der Werbung einer Schutztruppe für den Kapitalismus. So ließen sich beispielsweise auch die kleinen Beamten ohne weiters als Trabanten mißbrauchen, in völliger Verkennung ihrer wirklichen Stellung.

So beugte man sich dieser Autorität eines noch absolutistischen Staates, die im Wesen die Autorität des Herrschers mit seinem Kreise von militärischen, kirchlichen und bürokratischen Würdenträgern war, verpflanzte diese Autorität in die Familie und empfand instinktiv jeden als Empörer, der an die hergebrachte Ordnung den Maßstab eigener Kritik anzulegen wagte. Deshalb nahm ich auch die Außenseiterstellung in der Familie ein, die sich verdeutlichte, je klarer die Erkenntnis dieses Verhältnisses und seiner Ursachen wurde und je mehr ich keinen Zweifel daran ließ, daß ich diese Einschachtelung in überkommene Formen, mit ihrer unterschiedlichen Rangbewertung von der Kindheit bis zum Grabe, anzuerkennen keineswegs bereit sei.

Dennoch lebte auch ich wie alle anderen im Gefühl der absoluten Sicherheit, daß das Morgen dem Heute gleichen müsse. Ich wuchs ja in den Friedensjahren auf, die Europa nach 1859, 1866, 1870/71, beschieden waren. Die kriegerischen Ereignisse, die das Jahr 1878 mit der Okkupation Bosniens und der Herzegowina gebracht hatte, galten mehr als militärische Episode denn als Krieg. Sie waren bald vergessen, und die Nachgeborenen erinnerten sich höchstens an den taktmäßigen Tritt einer in den Straßen marschierenden Kompanie von Bosniaken, wie die aus jenen Ländern ausgehobenen Infantrieregimenter in Wien hießen, gekennzeichnet durch den roten Fez, den sie an Stelle der Militärkappe trugen, oder beim Genuß eines knusprigen »Hadschi Loja«, mit dem die Wiener den Namen der Freiheitshelden jener Kämpfe kulinarisch verewigt hatten. Wohl brachten die folgenden Jahre das Bündnis Frankreichs mit Rußland, wurden die Gegensätze zwischen England und Deutschland gegen Ende des Jahrhunderts immer stärker. Der spanisch-amerikanische Krieg zog vorbei, der Burenkrieg, der Boxeraufstand in China, der russisch-japanische Krieg, die Russische Revolution. Für Österreich gab es gewisse Gefahren im Verhältnis zu Italien wegen Albanien und vor allem Gegensätze zu Rußland in den fortwährend verwirrten Balkanangelegenheiten, die besonders auch die Verschlechterung der Beziehungen zu Serbien brachten. Aber die Hauptgefahr, die eines Krieges mit Rußland, schien gebannt, als dem österreichischen Außenminister Graf Goluchowski und seinem russischen Kollegen Graf Murawiew die Gründung einer Entente zwischen den beiden Staaten gelang, die durch die viel besprochene Zusammenkunft Kaiser Franz Josefs mit dem Zaren Nikolaus II. im Jagdschloß Mürzsteg besiegelt wurde.

Graf Goluchowski, der von 1895 bis 1906 Außenminister war, erfreute sich während der ganzen Dauer seiner Amtsführung des unbeschränkten Vertrauens des Kaisers, wohl deshalb, weil seine im Wesen auf die Rolle des interessierten Zuschauers beschränkte Politik so ganz der Neigung des Habsburgers entsprach. In dem Bestreben, sein Haus nicht in den Strudel wilder Gärungen hineinziehen zu lassen, konnte Kaiser Franz Josef es doch nicht vor dem Versinken retten, und verspielte vielleicht gerade deshalb die Möglichkeit, durch entschiedenes und richtiges Handeln mit Österreich eben zugleich auch sein Haus vor dem Untergang zu bewahren. Ich will dem Kaiser Franz Josef seine vielgerühmte Friedensliebe nicht absprechen, aber das erste Motiv seiner Friedenspolitik war die Erhaltung des Hauses Habsburg und nicht der Frieden um jeden Preis.

ALLTAG IN DER MARXERGASSE

Lasse ich in der Erinnerung den einen oder anderen Tag in der Marxergasse abrollen, so haben diese damit begonnen, daß mir des morgens der schweifwedelnde Lord die Schnauze ins Gesicht stupste, um den Spielkameraden zum gewohnten Morgenspaziergang zu wecken. Gleich darauf ertönten auch die Stimmen der Eltern, mit denen ich anfänglich noch den Schlafraum teilte. Nachdem ein Teil der Brüder ausgezogen war, hatte auch ich eine Schlafstelle im Megaron, im Männersaale, der von den Schwestern allerdings minder großartig als »den Buben ihr Zimmer« bezeichnet wurde.

Das Rufen der Eltern also mahnte mich ans frühzeitige Aufstehen, denn es gehörte zu meinen Obliegenheiten, vor dem Schulgang noch die Hunde äußerln zu führen. Die rechtzeitige Kaffeebereitung wurde mit ungleich geringerem Energieaufwand betrieben als die Auslüftung der Hunde. Meine schüchterne Bitte um Beschleunigung erfuhr die mütterliche Abweisung: »Zuerst stehst du nicht auf und dann hetzt du uns.« Ich bangte immer, zu spät zur Schule zu kommen, da ich der Pendeluhr im Salon nie recht traute. Doch war ich immer dann beruhigt, wenn mir nacheinander täglich die gleichen Gestalten in der Marxergasse entgegenkamen. Beim Überqueren der Rasumofskygasse vermeinte ich jedesmal einen frischen Luftzug von Donauwasser und Praterozon zu atmen, wenn mein Blick zur Sofienbrücke hinunterschweifte, aus der die Habsburgdämmerung eine Rotundenbrücke machen würde. Dann strebte ich durch die Geologengasse, mit dem Donaugelände aufwärts, an der geologischen Reichsanstalt vorbei der Sofienbrückengasse, der späteren Kundmanngasse, zu, wo mich mein Gymnasium aufnahm.

*Rasumofskygasse, Blick von der Marxergasse Richtung Donaukanal,
um 1898*

Die Heimkehr erfolgte gewöhnlich auf dem gleichen
Weg, außer es wurde in der Zehnerpause der große Heer-
bann aufgeboten. Dann zog ich nach dem Unterricht mit
den Schulkollegen nach der Löwengasse, wo sich die zur
Heimkehr auf- und abziehenden Völker der »Gimpel« unseres Gymnasiums mit den »Rattlern« aus der Realschule
in der Radetzkystraße zu täglichen kleineren Scharmüt-
zeln trafen. Waren größere Völkerschlachten angesagt,
mußten die in anderen Gauen Wohnenden die Reihen der
bedrohten Kameraden verstärken, und da durfte auch ich,
trotz meiner ausgeprägten Abneigung gegen Raufereien
auf der Straße, nicht fehlen. Waren dann die Wasser zu
beiden Seiten der Völkerscheide abgeronnen, begab ich
mich durch die Seidlgasse heimwärts.

Doch führte mich mein Weg zunächst noch nicht trepp-
auf, sondern zum Haustelegraphen, der einen Klingel-
knopf für jede Partei enthielt. Ein Druck auf unseren
Knopf um diese Tageszeit hatte zur Folge, daß durchs
ganze Haus lärmendes Bellen und Freudengeheul aus
zwei Hundekehlen hallte, deren Besitzer die Treppen der

vier Stockwerke hinabstürmten und alles bedrohten, was sich gerade der Benützung dieser Treppen anmaß. Es ist zum Staunen, daß sich niemals auch nur eine der Parteien über diesen Unfug beschwerte. Es war wohl dem guten Einvernehmen zu danken, das unter den Parteien dieses Hauses herrschte, deren verhältnismäßig geringe Anzahl – zwei Wohnungen nur in jedem Geschoß – mit der infolgedessen auch geringfügigen Berührung kaum irgendwelche Reibungsflächen bot.

Kam ich dann mit den Hunden zurück, konnte man sich gewöhnlich schon an den langen Mittagstisch setzen, mit zwei Reihen von vier bis sechs Personen zu jeder Seite der obenan präsidierenden Mutter. Das Mittagessen bot unter der Woche im allgemeinen nicht viel Abwechslung. Es bestand aus einer kräftigen Rindsuppe, gekocht aus den zwei oder drei Kilo Sudfleisch, die Tag für Tag in den Topf wanderten, um dann mit gerösteten Erdäpfeln und irgendeinem Gemüse serviert zu werden. Nur ein- oder zweimal unter der Woche gab es auch eine einfache Mehlspeise, und da ich ein Feind der meisten Arten von Gemüse bin, verließ ich oft ohne hinreichende Sättigung die Mittagstafel. Denn auf Sonderwünsche wurde, in Anbetracht der Anzahl der zu stopfenden Mäuler, keine Rücksicht genommen.

Bei Aufhebung der Tafel ertönte der Chor: »Küß' die Hand, wohl gespeist zu haben!«, wie es uns als Kinder gelehrt worden ist. Dieses »Wohl gespeist zu haben!« sollte mir mein ganzes Leben vertrauter klingen, als das eben zögernd aufkommende »Mahlzeit!«, das in seiner geschäftsmäßigen abschließenden Art deutlich die Herkunft aus dem preußischen Norden zeigt.

Nun ging jeder an seine Beschäftigung oder was er dafür ausgab. Die meine führte mich in das Kabinett des Vaters, das von diesem nachmittags und abends selten benützt wurde und mir dann zur Verfertigung meiner Schulaufgaben zur Verfügung stand. Zu diesem Zweck mußte ich vom Salon aus das Megaron und anschließend das Schlafzimmer der Eltern durchqueren. Hier lauerte jedoch die Gefahr, die die tägliche Durcharbeitung meines Pensums immer wieder von neuem bedrohte.

Mein Vater hatte in der Zwischenzeit auch den jüngsten Sohn in die stattliche Anzahl seiner Boten eingegliedert. So ließ er mich, wenn er für das eine oder andere seiner Feuilletons oder für die Abfassung eines seiner historischen Einakter ein Buch benötigte, dieses aus der Hof- oder aus der Stadtbibliothek holen. Denn er besaß nicht nur keine Bibliothek, sondern persönlich überhaupt kein einziges Buch und auch bemerkenswerter Weise keine Aufzeichnungen, und schrieb daher fast alles aus dem die Ereignisse von acht Jahrzehnten festhaltenden Gedächtnis nieder. Geschah dies daheim, dann sandte er sein Manuskript in zwei, mitunter auch in drei Teilen in die Druckerei, ließ sich von dort den Bürstenabzug bringen und schickte sodann diesen mit den Korrekturen wieder zurück. Da er immer in einem halben Dutzend weiterer Angelegenheiten steckte, zu deren Durchführung er gleichfalls Boten benötigte, war es ihm ein stetes Bedürfnis, alles, was Beine hatte und seiner Botmäßigkeit unterstand, in fortwährender Bewegung zu halten. Überdies war ihm die Erhaltung und stete Übung einer Läufertruppe geradezu zur Leidenschaft geworden, zu einem Sport, wie etwa ein anderer Rennpferde hielt und trainierte.

So stand in seinen Stallungen auch ein gewisser Julius, dessen Familiennamen niemand kannte – aber schließlich haben ja auch Rennpferde bloß eine Abstammung, aber keinen Familiennamen. Zur Zeit, da wir in der Wollzeile wohnten, also in der Mitte der achtziger Jahre, ließ man die Schuhe beim Schuhmacher Groß machen – man trug damals noch Schuhe nach Maß – und dort arbeitete dieser Julius als Schuster und zugleich als Geschäftsdiener, wie überhaupt als Faktotum. Weiß der Himmel, wie und warum er dann wieder später bei uns auftauchte; jedenfalls war er jahrelang eine der tüchtigsten und verläßlichsten Stützen des Rennstalles.

Dann gehörten dazu zwei Vertreter der Familie Pokorny. Mein Onkel Rudolf, der bei uns jahrelang Mittagstisch und Jausenkaffee erhielt und seinem Schwager dafür seine schwachen Beine und sein noch schwächeres Hirn – er war Paralytiker – zur Verfügung stellte. Mein Cousin Anton Pokorny, der das Pech gehabt hatte, »zwischen dem Rindfleisch und dem Meerrettig«, wie Franz Moor zu Hermann sagt, von seinem Vater in die Welt gesetzt worden zu sein für ein weit kläglicheres Dasein, als es seinen mit dem Glück ehelicher Geburt gesegneten Stiefbrüdern zugefallen war, dem Oberst Franz und dem Feldmarschalleutnant Pokorny. Er hatte, mit geringer Schulbildung ausgestattet, irgendeinen Beruf ergriffen, der Hantierung mit Reißschiene und Zirkel erforderte. Wo und wie er den ausübte, weiß ich nicht, jedenfalls schien er ihn nicht daran gehindert zu haben, den Großteil seiner Zeit, wenn nicht die ganze, durch viele Jahre bei uns zu verbringen, wo er sich außer durch Botengänge auch noch durch Verwendung zum »Preferanzeln«, wie es die Wiener nennen, bei seinem Onkel beliebt zu machen. Denn Preferance spielte er genauso gern und genauso schlecht wie sein Onkel und tröstete sich, wenn er eine Partie verhaut hatte, mit Sätzen wie: »Manchmal fällt eine Karte, die keine Kombination zuläßt.«

Ich mußte also das elterliche Schlafzimmer auf dem Weg in das Megaron durchqueren. Mein Vater stand mitten im Schlafzimmer und starrte gedankenverloren in den Vogelkäfig, oder besser in die Käfige. Denn einer genügte nicht, um die Fülle des Federviehs zu fassen. Die mütterliche Freude an allem Lebendigem hatte es bei den zwölf Kindern und dem Hundepaar nicht bewenden lassen. Es mußten drei Kanarienvögel her. Die legten Eier, und alsbald waren es sechs. Da sich aber die Bekennerin zu einem ihr von Gott und Natur gesetzten Paragraphen hundertvierundvierzig niemals zu einer Vernichtung weiterer Eier entschließen konnte, gesellten sich dem Elternpaar, den zwölf Kindern, den beiden Dienstmädchen und den zwei Hunden im Laufe der Zeit zweiundzwanzig Kanarienvögel hinzu.

Ich trachtete mich hinter dem Rücken des Vaters sachte vorbeizudrücken, aber, wie es schien durch seinen Instinkt mehr als durch ein Geräusch getrieben, er drehte sich um und mich traf ein erstaunter Blick. Obwohl ich Unbefangenheit vorgab, wußte ich, daß mein Anblick automatisch die Frage auslöste: »Wo soll ich ihn hinschicken?« Und so erwartete ich, in mein Schicksal ergeben, das nun unvermeidliche Geheiß, für das er eine feststehende Formel geprägt hatte: »Mach mir an Sprung...« Bei ihm war alles ein Sprung, ob's jetzt zehn Minuten dauerte oder zwei Stunden.

Besonders berüchtigt war in den Kreisen seiner Opfer der »Sprung ins Lackierergassel«. Das Lackierergassel liegt hinter der Votivkirche, eine Gehstunde von der Marxergasse entfernt. Da das Fahren mit der Tramway Geld kostete, die Zeit seiner Söhne aber nicht, zeigte er als guter Hausvater gerne, daß ihm auch die Tugend des Sparens eignete. In der Lackierergasse wohnte der Doktor Beer, einer der Bibliothekare des Doktor Alexander von Weilen, der in der k.k. Hofbibliothek ein Amt bekleidete und als außerordentlicher Professor an der Universität deutsche Literaturgeschichte lehrte. Mein Vater wurde von diesem mit seinen Bücherentlehnungswünschen stets an den Dr. Beer verwiesen, dem er die Entlehnungswünsche schriftlich mitzuteilen pflegte. Dr. Beer erwies ihm die Gefälligkeit, die gewünschten Bücher aus der Bibliothek mit nach Hause zu nehmen, von wo sie dann abgeholt werden konnten. Für diese Gefälligkeit mußte sich aber revanchieren, und zwar mit Theaterkarten, die dem Dr. Beer in seine Wohnung überbracht wurden. Dorthin waren ihm auch die entlehnten Bücher zurückzustellen. Wie man sieht, bot das Lackierergassel ein ausreichendes Sprungbrett für zahllose Sprünge.

Manchmal aber hatte ich Glück. Trotz angestrengtem

Nachdenken fiel ihm keine umfangreichere Expedition ein, und so sagte er bloß: »Mach mir an Sprung hinunter zum Vogel Ferdinand.« Den Vogel Ferdinand in einem ornithologischen Werk zu finden, möge sich niemand bemühen. Das Ei, dem dieser Vogel entschlüpfte, lag nämlich auf irgendeiner Stufe jener Treppe, die mein Vater benötigte, um aus seiner Gedankenwelt in die Realität zu treten oder, besser gesagt, zu stolpern. Und dieses Stolpern äußerte sich in den merkwürdigsten Wort- und Begriffsverrenkungen.

Stets in die Welt der Phantasie und der Gedanken verbannt, versagte seine Denkkraft vor den einfachsten Problemen, die die körperliche Welt ihm stellte. Und so ließ das gedankenverlorene Hineinstarren in die Käfige auch den im ersten Stock wohnenden Onkel Ferdinand zum Vogel werden. Ich aber machte erleichtert den Sprung zum Vogel Ferdinand und konnte mich alsdann meinen Studien hingeben.

Die Jause versammelte dann, was daheim war, wieder am Eßtisch, wo für jeden ein großes »Häferl« Milchkaffee nebst einem großen mürben Wecken oder einem mürben Laiberl bereitstand. Dann zerstreuten sich alle zur abendlichen Beschäftigung, die besonders für die Töchter Theater oder Besuch hieß. Ich aber, als der Lesefreudigste der ganzen bunten Schar, nahm zumeist ein Buch zur Hand, oft gegen das mahnende Gewissen, das von nur mangelhafter Vorbereitung für den nächsten Schultag lästig raunzte.

Um neun Uhr war die Zeit der Abendfütterung. Allabendlich, jahrein jahraus, gab es in beliebiger Menge Butterbrot mit einem Stück feiner Extrawurst, und dazu für jeden ein Krügel »Fensterschwitz«, wie der richtige Wiener Biertrinker das Abzugbier geringschätzig nannte, das aber durch den niedrigen Preis von sieben Kreuzern für das Krügel allen schmeckte.

Sodann begaben sich die Eltern ins Schlafzimmer. Sie wollten, daß auch ich mich niederlege, aber die Brüder hatten mich, trotz des in diesen Jahren doppelt gewichtigen Altersunterschiedes, bereits in ihren kameradschaftlichen Kreis aufgenommen und erbaten für mich sehr oft die Erlaubnis zum Aufbleiben. Die Szene wandelte sich zum Spielsaal, wo alsbald, bei Domino um fünf Kreuzer die Partie, Vermögen gewonnen und verloren wurden. Wenn dann die Schwestern aus dem Theater heimkamen, wurde die Partie durch manches Spottwort unterbrochen, das durch die offene Tür seinen Weg in den nunmehr zu ihrem Schlafraum umgeklappten Salon fand. Die Erwiderung klang zumeist schwächlich, denn auf diesem Feld waren die Brüder entschieden überlegen. Besonderes Vergnügen fanden sie daran, sich als Chor eines griechischen Dramas zu versuchen, wenn im Salon das Scheusal Eris einen Apfel etwa zwischen zwischen Maltschi und Rosa geworfen hatte. Denn während Maltschi die Gabe der temperamentvoll flutenden Rede gegeben war, wußte die nicht nur leiblich minderbewegliche Rosa selten eine nachhaltigere Parade entgegenzusetzen, als ein gekränktes: »Du bist a recht a g'schraufte Fräul'n, kann i' dir scho sag'n.«

Nachdem sich auch die Schwestern niedergelegt hatten, störte kein weiteres Intermezzo unser angestrengtes Buhlen um die Gunst der Metze Fortuna. Bis schließlich die hereingebrochene Mitternacht es rätlich erscheinen ließ, dem Spiel ein Ende zu machen.

Die Sonntage aber waren stets wirkliche Festtage. Meine Schulaufgaben pflegte ich schlecht und recht am Samstag zu erledigen, um mich am Sonntag dem ungestörten Genuß hingeben zu können. Schon während des Frühstücks begann ich mit dem Lesen der Zeitungen, und dann kam irgendein Buch dran. Der Lesegenuß wurde dadurch erhöht, daß ich mich ihm, in einen der geräumigen Fauteuils oder in die Sofaecke geschmiegt, hingeben konnte. Mein ganzes Leben lang bin ich stets gern weich gesessen beim Lesen. Denn die gänzliche Abkehr von der Realität des Daseins wird gar kräftig unterstützt, wenn man nicht immer wieder durch den lästigen Druck harten Holzes daran gemahnt wird, daß man von Fleisch und Bein – hier kommt hauptsächlich das zum Sitzen dienende Fleisch in Betracht – ist und dermaßen der körperlichen Welt angehört. Am wundervollsten aber erschlossen sich alle Herrlichkeiten des Lebens und der Dichtung aus den Büchern, wenn sie noch den frischen Duft von neuen Büchern ausströmend, zumal solche mit Farbdruck, unter dem Weihnachtsbaum gelesen wurden, von dem man sich nach Gefallen die herrlichsten süßen Gaben herunterpflücken konnte, ohne sich von der Stelle zu rühren. Auch heute noch, wenn ich durch irgendeinen Zufall wieder eine Nase voll jenes Geruches einatme, der sich aus Tannennadeln, brennendem Wachs, Bäckerei, frischem Papier, Druckerschwärze und Farbbildern mischt, bin ich augenblicks wieder der Bub, der unter dem Weihnachtsbaum Wägners nordische Götter- und Heldensagen liest.

Die allmähliche Zunahme der Bevölkerungsdichte des Salons wies dann darauf hin, daß sich das Mittagsmahl näherte. Auch in späteren Jahren, als die älteren Geschwister bereits ausgezogen waren, vereinte das sonntägliche Mittagsmahl alle wieder zum geschlossenen Familienverband, der nunmehr auch einen Teil Schwäger und Schwägerinnen umschloß – nicht aber Otto Zuckerkandl, der sich unserer Familie geflissentlich fernhielt –, und bald auch deren Kinder, die aber zumeist im Nebenzimmer abgefüttert wurden. So war eine Tafel von zwanzig Personen durchaus keine Seltenheit, und man kann sich denken, welche Mengen von Schweins- und Kalbsbraten samt dem dazu gehörigen Erdapfelsalat und Reis da verschlungen wurden, und in welch kurzem Zeitraum die auf Platten aufgetragenen Kirschen-, Marillen- oder Zwetschkenkuchenstöße verschwanden.
Zur schönen Jahreszeit zog die männliche Jugend an-

schließend in die Freudenau. Am Abend ergaben sich mit den nachmittags oder abends zugewachsenen Freunden manchmal drei bis vier Tarockpartien zu je vier Mann, und es herrschte eine Betriebsamkeit wie in einem kleinen Kaffeehaus. Von meinem siebzehnten Jahr an durfte auch ich daran teilnehmen, was mir wie eine Art Ritterschlag erschien.

Dann und wann verzichteten wir jedoch auf das geliebte Tarock, dem dieses Spiels nicht kundigen Vater zuliebe, der an Sonntagen durch den Mangel an auswärtiger Beschäftigung ans Haus gebunden war und gelangweilt herumschlich. Die Mutter bat uns dann, wir sollten doch eine Zeit lang wenigstens auch mit ihm spielen, und da ihr Gebot verpflichtend war, opferten sich zwei für eine Preferance. Manchmal wurden dann auch die Tarockkarten in den zeitweiligen Ruhestand versetzt, und die Gesellschaft entschied sich etwa für das anrüchige »Gottes Segen im Hause Kohn«, eine Art Kartentombola, oder gar für das frevelhafte, »Makao«, das Jockeyklub-Atmosphäre auslöste und in dem Beträge bis zu einer Krone oder gar einem Gulden gewonnen werden konnten. Bei dem Geschick, das der Vater diesem Spiel entgegenbrachte, war es kein Wunder, daß die Zahlen auf seinem Lastenzettel im Laufe der Jahre zu astronomischer Höhe anwuchsen und diese Inflationserscheinung ihn zu der immer gleichen Beteuerung erhitzte, daß so ein Pech wie das seine in der Geschichte des Spieles noch nicht dagewesen sei.

Dann ging es zum Nachtmahl. Es möge der Phantasie überlassen bleiben, sich auszumalen, wie viele Steigen Brot, wie viele Kübel Butter, welche Riesenschlangen von Extrawurst und wie viele Krüge Bier zur Verköstigung dieser Heerscharen herangeschleppt werden mußten. Bis dann die Vision der »letzten Blauen«, die die Einstellung des Tramwayverkehrs bezeichnete, die Gäste das Haus verlassen hieß.

LITERATUR UND FEUILLETON

Ich habe erwähnt, daß es niemandem je in den Sinn gekommen ist, meine Lektüre zu beaufsichtigen, und ich
halte mir ein wenig darauf zugute, schon früh selbst ent-
scheiden gelernt zu haben, was ein gutes Buch sei. Dennoch habe ich auch billige Genüsse nicht verschmäht und
ließ mich, wie andere Knaben meines Alters, willig von
den rothäutigen Sensationen eines »Indianerbüchels« ge-
fangen nehmen.

Dazu zähle ich sämtliche Werke von Karl May mit ihrem
Kultur, Natur sowie Land und Leute schilderenderen Ge-
tue, ihrer dick aufgetragenen Ethik mit dem ranzigen Geschmack nach süßlicher katholischer Romantik. Diese
mögen – es ist oft und oft mit Recht auf die Gefahr solcher Lektüre hingewiesen worden – das ihre dazu beigetragen haben, die Seele der deutschen Jugend und aller
jener, die ihr ganzes Leben lang sozusagen aus dem geistigen Pubertätsstadium nicht herausgekommen sind, zu
vergiften. Es wird erzählt, daß auch der Hauptregisseur
des schauerlichen Kulturdebakels dieses Jahrhunderts
ein begeisterter Leser der Bücher von Karl May war.

Obwohl ich nun den inneren Wert seiner Bücher als nied-
rig einschätze, hindert es mich nicht daran anzuerkennen, daß Karl May, im Gegensatz zu vielen seiner literarischen Gegner, erzählen konnte. Erzählen in einer Art, die
Spannung zu erregen vermag. Es passiert mir noch heute, daß ich einen Band Karl Mays auf irgendeiner beliebigen Seite aufschlage und dort zu lesen anfange. Denn es
ist einer der Vorzüge dieses Schriftstellers, daß er einem
nicht die oft langweilige Prozedur aufnötigt, mit Seite
eins zu beginnen und das ganze Buch bis zur letzten Seite durchzulesen. Man kann ihn an einer beliebigen Stelle
aufschlagen und gleich weiterlesen. Man kann ihn auch
von hinten nach vorne oder diagonal von der linken oberen Ecke nach der rechten unteren Ecke der nächsten Seite lesen. Man könnte sich entschließen, einen Band von

der ersten bis zur letzten Seite zu lesen, es genügt aber auch, von jeder Seite nur zwei Zeilen zu lesen, um sodann zum nächsten Band überzugehen. Wie der wahre Don Juan sich in den Armen einer Frau bereits nach der nächsten sehnt, hat der Karl-May-Leser beim Lesen des einen Bandes schon den nächsten in der Hand.

Die Einwände, die von literarischer Seite gegen Karl May vorgebracht werden, wurden auch gegen die Marlitt und die Courts-Mahler, bei den Bühnenautoren nacheinander gegen Kotzebue, Benedix, Raupach und Hermann Sudermann erhoben. Berechtigte Kritik in allen Ehren, dennoch scheint mir, daß die Kunstkoriphäen, aus Entrüstung über die aufreizend hohen Auflage- oder Aufführungsziffern, in manchen Fällen die literarische Elle an diese Leute nicht nur anlegten, sondern sie ihnen oftmals geradezu um die Ohren schlugen. Denn häufig gelesene und aufgeführte Vertreter wahrer Kunst ließen sich da weniger hören als manche Träger sogenannter Achtungserfolge, die nicht einsehen wollten, daß Literatur allein vor Langweile nicht schützt. Schon Voltaire hat gesagt, daß jede Gattung erlaubt ist, nur die langweilige nicht. Und von dieser Seite ist einem Karl May nicht beizukommen. Da ich mich jedem Können beuge, bin ich ohne weiteres bereit, dem Können dieses wie auch der anderen in diesem Zusammenhang genannten Schriftsteller meine Anerkennung zu zollen. Sie haben vielen Millionen zu Dank geschrieben, die wie im Fall Marlitt durchaus nicht der Meinung des boshaften Oskar Blumenthal waren, der für die unvermählt gebliebene Schriftstellerin die Grabinschrift vorschlug: »O, wäre doch alles, was sie geschrieben, der alten Mamsell Geheimnis geblieben.« (»Das Geheimnis der alten Mamsell« war der Titel des erfolgreichsten Romans der Marlitt).

Sehr bald aber wandte ich mich solchen Büchern zu, in denen mir hinter dem Dargestellten noch ein besonderer Sinn zu stecken schien, wenn ich diesen auch meist noch

nicht zu erfassen vermochte. Frühzeitig schon hinterließen die Verse der Klassiker den gewaltigsten Eindruck
bei mir. Der innigen Vertrautheit des Kindes mit der homerischen Welt gesellte sich bald die Bekanntschaft mit
der germanischen Mythologie und Heldensaga hinzu,
die mir durch die Wiedergabe der Edda und der deutschen Heldensagen, besonders des Nibelungenliedes,
vermittelt wurde. Auch die dramatischen Werke Schillers, Goethes, Lessings und Shakespeares sowie die Gedichte von Schiller und Goethe hatte ich bis zu meinem
fünfzehnten Lebensjahr schon ziemlich vollständig gelesen. Dabei stellte sich meinem Lesehunger ein Handikap
entgegen, denn die Büchermenge, die mir zur Verfügung
stand, war sehr beschränkt. Und der Umfang meiner literarischen Bildung war zum großen Teil davon abhän-
gig, ob die Bücher in den billigen Ausgaben von Reclams
Universalbibliothek, deren Einzelbändchen nur 12 Kreuzer kosteten, erhältlich waren. Dies hing aber davon ab,
ob die betreffenden Werke »frei« waren, das heißt, ob
dem Urhebergesetz entsprechend seit dem Tod des Autors mindestens dreißig Jahre verflossen waren. Denn
nur von freien Werken ließen sich solch billige Ausgaben
herstellen. Bei Grillparzer war das damals noch nicht der
Fall, und so kannte ich von einem meiner Lieblingsdichter nur zwei Werke, »Der Traum ein Leben« und »König
Ottokars Glück und Ende«, deren Aufführung im Burgtheater in mir bereits als Kind den sehnlichsten Wunsch
nach Kenntnis der anderen Dramen erregt hatte.
Meinen Bücherwünschen war aber alsbald des Schicksals
Gunst beschieden, wenn diese Gunst auch mit einem
sehr traurigen Ereignis bezahlt werden mußte. Im Zusammenhang mit dem Tod meines Bruders Hans trat in
meinem siebzehnten Lebensjahr Dr. Heinrich Birnbaum
in den Freundeskreis der Familie. Er war von Beruf
Hautarzt und zeigte starkes Interesse für Literatur und
Theater. In keiner literarischen Umgebung aufgewachsen
– sein Vater war ein wohlhabender Viehkommissionär

gewesen – und auch des Wortes in Ausdruck und Schrift nicht so mächtig wie einzelne Mitglieder unserer Familie, hatte er Resonanz und Deutung dessen, was ihn aus Schrifttum und Theater ansprach, bei meinem Bruder Hans gefunden. Nach dessen Tod schloß er sich trotz des erheblichen Altersunterschiedes an mich an, und ich wurde für ihn bald eine Art literarischer Berater.

So standen mir nun vor allem die Gesamtausgaben der Werke Shakespeares, Goethes, Schillers, Lessings, schließlich Heines, Grillparzers und Hebbels zur Verfügung. Aber auch aus der neueren Literatur wurde manches fortlaufend beschafft, wobei zumeist mein Rat maßgebend war. So lernte ich die Schöpfungen Gerhart Hauptmanns und Arthur Schnitzlers meist unmittelbar nach ihrem Erscheinen kennen. Auch jedes neue Werk von Sudermann wurde sofort erworben, den ich damals noch für einen Dichter hielt, späterhin aber lediglich als einen der begabtesten dramatischen Techniker und geistvollen Romancier und Novellisten einschätzte.

Den tiefsten Eindruck hinterließen aber die Werke Henrik Ibsens, deren Einfluß auf meine ganze geistige Entwicklung ich heute noch nicht ganz abzuschätzen vermag. Der Fall Ibsen wurde Jahrzehnte unter heftigstem Pro und Contra erörtert und scheint auch heute noch nicht ganz entschieden.

Nun, ich billige jedem das Recht zu, sich seine Meinung über die Werke eines Dichters zu bilden und ihr Ausdruck zu geben. Ich billige sie dem »blutigen Oskar« Blumenthal zu, der über die Dunkelheit Ibsens, als Tiefsinn überschätzt, klagte und mit einem Seitenhieb auf die Propheten Ibsens meinte: »Eine Null bleibt eine Null, auch wenn sie sich an eine große Eins anhängt.« Der Seitenhieb scheint in erster Linie Paul Schlenther gegolten zu haben, seinem damaligen Kritikerkollegen in Berlin. Dieser hatte sich als Bannerträger des Naturalismus und seiner vornehmsten Vertreter Hauptmann und Ibsen einen weit über Berlin hinausreichenden Ruf erworben, der letztlich zu seiner Berufung als Burgtheaterdirektor nach Wien führte. Und so ripostierte er dem »blutigen Oskar« im Vorwort der großen Ibsenausgabe ungefähr folgendermaßen: »Ibsen ist dunkel – also sprach der lichtvolle Verfasser des ›Probepfeil‹ und des ›Tropfengift‹, also schnob und schnupperte das ›Weiße Rössel‹ an den ›Weißen Rossen von Rosmersholm‹.«

Wogegen ich mich aber wende, das ist der Snobismus jener Kritiker und Theatergänger, die Ibsen »verstaubt« finden und Aufführungen seiner Stücke für überflüssig halten, weil wir und vor allem sie über alles, was er zu sagen hat, schon längst hinweg sind. Dieselben Herren wären vielleicht auch imstande zu beweisen, daß der »Ödipus« des Sophokles verstaubt sei, weil er einem Geschlecht, das bei Freud in die Schule gegangen ist, nichts zu sagen habe. Sehe ich von der mir als unbedingt gültig erscheinenden These, daß es in der dramatischen Kunst in erster Linie auf das »Wie« ankommt und dann erst auf das »Was«, ab, und mache ich mir die Forderung zu eigen, daß Kunst, die uns etwas zu sagen habe, »zeitnah« sein müsse, besteht für mich diese Zeitnähe nicht darin, daß man ein paar Menschen aus der Menge oder ein paar Leitartikel aus den Zeitungen beim Schopfe packt und sie, nach Straßenstaub oder nach Druckerschwärze riechend, auf die Bühne stellt. Zeitnähe besteht aber darin, daß ein Dichter uns etwas sagt, was wir im Innersten fühlen. Und so ist alle große Kunst zeitnah. Dabei ist Ibsen sogar »aktuell«, wenn ich etwa an den »Julian« in »Kaiser und Galiläer« denke und ihn den Machtansprüchen Adolf Hitlers gegenüberstelle, oder im Norwegen des 13. Jahrhunderts der »Kronprätendenten« eine Vorwegnahme der »United States«, vereinigter Staaten verschiedener Völker, die friedlich zusammenleben, vorweggenommen sehe.

Ibsen ist mir aber vor allem ein Dichter, was gewiß nicht mit Dramatiker oder gar Theatraliker gleichbedeutend ist. Wenn aber im Dichter auch ein solcher steckt und beide kongeniale Darstellung finden, dann führt das zu Ereignissen einmaliger Art, die durch Jahrzehnte zu kostbarsten Bestandteilen inneren Erlebens werden, vor allem wenn eine solche Personalunion den Namen Shakespeare, Schiller, Grillparzer und besonders Goethe trägt. Mit Ibsen ist die Reihe der großen Dichter geschlossen. Zu ihnen zähle ich noch Lessing und, von der formalen Seite gesehen, noch Heine und vielleicht auch noch Wilhelm Busch und Andersen.

Ich muß allerdings eingestehen, daß bei meiner konservativen Veranlagung in Fragen der Kunst das Organ zur Erfassung der Gegenwartskunst vielleicht in geringerem Maß entwickelt ist als bei anderen Menschen. Denn die Dichter und Schriftsteller meiner Jugend, und selbst der bedeutendste unter ihnen, Gerhart Hauptmann, haben mich niemals in gleichem Maß bewegt wie viele der gleichaltrigen Zeitgenossen. Hofmannsthal etwa stand ich, bei aller Wertschätzung der hohen künstlerischen Form und Anerkennung der weiten Gedankenwelt, vollkommen kalt gegenüber. An Schnitzler schätzte ich die absolute Natürlichkeit des Dialoges und die Gepflegtheit des sprachlichen Ausdrucks. Undenkliches Vergnügen fand ich dagegen noch an Bernhard Shaw und Anatole France, deren Wesen mir sehr zusagt, da ich mich ein wenig als Fleisch von ihrem Fleisch fühle. Schon als junger Mann ging ich mit den Kündern der jungen Kunst keineswegs durch dick und dünn, wie es im allgemeinen Gepflogenheit der Jugend ist. Es mag aber nicht nur der konservative Zug sein, der mir die Begeisterungsfähigkeit für das Neue nahm, sondern auch die Tatsache, daß ich nicht ins Unendliche aufnahmefähig bin. Ich komme mir wie ein Schwamm vor, der, gesättigt, keine weitere Flüssigkeit aufnehmen kann.

Durch die Überfütterung mit Zeitungen, die mir in diesen Jahren zuteil wurde, lernte ich auch das berühmte Feuilleton jener Zeit zur Genüge kennen. Zu einem klei-

nen Teil habe ich es sogar selbst geschrieben, als Privatse-
kretär meines Vaters, der seine Feuilletons zumeist einem
der Söhne diktierte. Denn die Seiten der mit seiner eigenen Hand bekritzelten Blättchen konnte man den Zei-
tungssetzern nicht mehr zumuten – die schönen Zeiten
waren vorbei, da das »Neue Wiener Tagblatt« den Set-
zern für das Setzen der Burgtheaterkritiken und Feuilletons seines ersten Feuilletonredakteurs den doppelten
Stundenlohn zahlte. So konnte ich die Erzeugnisse dieses
Mannes »frisch vom Zapfen« genießen, wobei ich mich
auch zeitweise des Vergnügens naseweiser Zwischenrufe
nicht enthielt. Hie und da waren sie sogar berechtigt und
wurden vom Meister berücksichtigt. Ihr vornehmlicher
Zweck war aber, mir durch die Verwirrung, in die sie
den vom Feuilleton Besessenen stürzten, ein wenig Unterhaltung im öden Sklavenwerke zu verschaffen, bei
dem oft fünf bis zehn Minuten überhaupt kein Wort fiel.
Hie und da steuerte mein Vater aber auch aus Eigenem
etwas zur Erheiterung bei, wenn er nach dem Diktieren
der Überschrift längere Zeit in die Luft starrte und dann
plötzlich »Beistrich« sagte, in der Meinung, er habe die
eine Hälfte der Blöcke seines Gedankenbaues bereits ab-
gewälzt.
Daß die Denkmäler, die dem Wiener Feuilleton und den
Wiener Feuilletonisten in Buchsammlungen von Muster-
stücken aus jener Zeit gesetzt werden, nicht auch das
eine oder andere Erzeugnis seiner Feder enthalten, dürfte
in der Eigenart seines Stiles begründet sein, dessen Ma-
niertheit man heute keinen Geschmack mehr abgewin-
nen kann und dessen Satzgewinde auch für Leser guten
Willens eine schwer zu bewältigende Barriere aufrichten.
Die Mehrzahl dieser Brillantenschleifer, deren Namen die
Feuilletonsammlungen aufweisen, waren teilweise noch
zu meiner Zeit am Werk, den blitzenden Auslagen-
schmuck der Wiener Zeitungen zu bosseln. Sie lassen
sich mit einem Wort als Sonntagsfeuilletonisten zusammenfassen. Denn zumeist blieb dieser Schmuck für die

Sonntagsnummer aufgespart, und durch ihn wurde schon dem Frühstück, bei dem man die Zeitung in der Hand hielt, eine feierliche Weihe zuteil, die dann den ganzen Tag anhielt. Die Ältesten dieser alten Garde wie Ferdinand Kürnberger, Friedrich Schlögl und Daniel Spitzer waren bereits tot. Aber der Großmeister Ludwig Speidel und der Wagnerfeind Eduard Hanslick schrieben noch in der »Neuen Freien Presse«, deren Sonntagsfeuilleton auch die Unterschriften Hugo Wittmann, Theodor Herzl und später Raoul Auernheimer zierten. Im »Neuen Wiener Tagblatt« schrieben Max Kalbeck und Eduard Pötzl, im »Illustrierten Wiener Extrablatt« Julius Bauer, der seinen Ruhm als »Witzkrösus« von Wien mit dem Bankier Bela Haas teilen mußte, der nur im Nebenberuf Witze machte. Beide hatten allerdings solchen Erfolg, daß alle anderen Witzemacher in Wien um ihr Autorenrecht kamen, denn jeder gute Witz, der die Runde durch die Stadt machte, wurde sofort Julius Bauer oder Bela Haas zugeschrieben. Julius Bauer war übrigens nicht den eigentlichen Feuilletonisten zuzuzählen, denn er formulierte alles in humoristischen Gedichten, mit merkbarer Beflissenheit auf den Spuren Heines wandelnd, und sogar seine Burgtheaterkritiken erschienen bisweilen in Versform.

Für die »Österreichische Volkszeitung« schrieb Vinzenz Chiavacci, dessen urwüchsige Diskurse seiner »Frau Sopherl vom Naschmarkt« später allwöchentlich in den illustrierten »Wiener Bildern« erschienen, während der junge Alfred Polgar zweiter Musikkritiker der »Wiener Allgemeinen Zeitung« war und in seinen kurzen Glossen, komprimierte Feuilletons sozusagen, schon früh eine sehr reizvolle schriftstellerische Eigenart erkennen ließ. Bei der »Wiener Allgemeinen Zeitung«, wegen ihres Erscheinens am Spätnachmittag allgemein »Sechsuhrabendblatt« genannt, veröffentlichte auch Peter Altenberg seine hingetupften Skizzen, bei deren Lektüre man oft im Zweifel sein konnte, ob sie tiefsinnig seien oder ob

man sie bloß nicht verstehe, »man« wahrscheinlich mit
Einschluß des Autors.

Hatte es am Abend zuvor eine Burgtheater- oder Opern-
premiere gegeben – die Wiener Premieren fanden fast
ausschließlich an Samstagen statt –, war das Sonntagsfeuilleton der großen Blätter diesem für Wien immer be-
deutsamen Ereignis vorbehalten. Für die Theaterkritiker
wie für ihre Leser war es ein Vorteil, wenn der Kritiker
mit dem Sonntagsfeuilletonisten in Personalunion stand,
da die Amtsausübung des einen durch die fesselnde und
gepflegte Plauderkunst des anderen nur gewinnen konnte. Und so verdanke ich dem Nachfolger Eduard Hanslicks bei der »Neuen Freien Presse«, Julius Korngold,
dem Vater des Opernkomponisten Erich Wolfgang Korngold, meine, wenn auch geringen, Kenntnisse des Opern-
wesens der neunziger Jahre bis zum ersten Weltkrieg,
denn ich habe von den neueren Opern außer »Cavalleria
rusticana«, »Bajazzo«, »Bohème«, »Madame Butterfly«,
»Salome« und schließlich dem »Rosenkavalier« nichts gesehen. Daß ich aber als absoluter musikalischer Laie ohne
mich zu langweilen alle Musikfeuilletons Korngolds auf-
merksam zu lesen vermochte, beweist, daß dieser Kritiker, dem auch seine Gegner profunde Sachkenntnisse
kaum absprachen, nicht bloß Fachleuten, sondern jedem,
der der Sache auch nur das geringste Interesse entgegenbrachte, etwas zu sagen hatte.

Ähnlich wie bei Eduard Hanslick war ich wahrscheinlich
auch bei Ludwig Speidel zu jung, um seine Bedeutung
als Theaterkritiker und Feuilletonist erfassen zu können,
und ich erinnere mich nur an eines seiner Feuilletons, das
mich mit ihm in den Reizen des Wienerwaldes schwelgen ließ. Dagegen tritt in meiner Erinnerung sehr kräftig
die Gestalt seines Nachfolgers Hugo Wittmann hervor,
der auch schon zu dessen Lebzeiten für die »Neue Freie
Presse« gewirkt hatte. Zumal seine Besprechungen von
Büchern historischen, kulturgeschichtlichen oder künstlerischen Inhaltes, seine Nekrologe auf bedeutende Perso-

nen des kulturellen und politischen Lebens und die Feuilletons zur Feier bemerkenswerter Gedenktage stets in der anmutigsten und genußbringendsten Form eine Fülle von wissenswerten Dingen boten, und so verdanke ich einen nicht unbeträchtlichen Teil meiner bescheidenen Kenntnisse der vieljährigen Lektüre der Beiträge dieses Mannes, der als Feuilletonist ebenso bedeutsam war wie als Kritiker.

Durch die innige Verflechtung meiner Familie mit dem Zeitungswesen, inbesondere der Rubriken Theater und Feuilleton, bestand Gefahr, daß auch ich, wie mein Vater und Onkel Max, alsbald das ganze Leben nur noch unter dem Aspekt seines Niederschlages in der Zeitung sehen und damit der Suggestion und der feuilletonistischen Phrase verfallen würde. Davor bewahrte mich aber doch mein gesunder Instinkt, der mich andere Geisteswege einschlagen ließ als meine Familie, zumal ich mich ja auch der Buchlektüre hingab und vielfach Belehrungslektüre las, wie etwa alle achtzehn Bände von Schlossers Weltgeschichte, die einmal in einem Anfall von Bildungskoller beschafft worden war.

So lernte ich das öffentliche Leben nicht nur durch die Zeitungslektüre kennen. Und da in mir schon frühzeitig der Rationalist erwacht war, mochte ich bereits selbst so manche Beobachtung darüber gemacht haben, welchen Schaden die Allgewalt der Presse, neben ihren unbestrittenen Verdiensten für das öffentliche Leben, mit sich brachte. Zumal diese Presse in ihrem Wesen kapitalistisch war und die einzelnen Zeitungsunternehmen, zur Wahrung ihrer allgemeinen Interessen und Vormachtstellung, durch tausend Fäden unlösbar miteinander verknüpft hatte, auch dann, wenn die politische Einstellung diese zur schärfsten Polemik gegeneinandertrieb. Deshalb brauchten mir nicht erst die Augen geöffnet zu werden durch ein Ereignis, das ich am liebsten mit dem Titel »Als der Wolf in die Hürde brach« überschreiben möchte. Dieser Wolf hieß Karl Kraus. Er ist von den einen in den Himmel erhoben, von den anderen in den Abgrund verdammt worden, und wie immer haben beide Parteien übertrieben.

Seine Anfänge als Journalist und Schriftsteller unterschieden sich nicht viel von denen seiner Berufskollegen. Er pflegte lange Jahre freundschaftlichsten Verkehr im Hause des Chefredakteurs der »Neuen Freien Presse«, Moritz Benedikt, gegen den er dann in der »Fackel« seine schärfsten, oftmals an der Spitze vergifteten Pfeile richtete. Was über die Motive seiner feindseligen Einstellung gegen Moritz Benedikt und die ganze österreichische Journalisten- und Schriftstellerwelt erzählt wurde, ist von der Parteien Gunst und Haß verwirrt. Von sehr wenig Gunst und sehr viel Haß, wenn man bedenkt, wie sehr die damals noch durchwegs bürgerliche Gesellschaft mit ihrer Presse verflochten war. Dieser Gesellschaft galt als einziges Motiv der Fehde, die Karl Kraus der Presse und allen ihren Entartungserscheinungen angesagt hatte, seine persönliche Wut darüber, daß man ihn nicht nach Gebühr anerkannte. Und es entsprach ihrem innersten Wesen, daß sie die Annahme, Kraus sei von seinem sittlichen Bewußtsein zu dieser Polemik getrieben worden, glattwegs leugnete. Daß so etwas möglich sei, negierte sie nicht nur im Fall Karl Kraus, sie hätte es auch in jedem anderen Fall negieren müssen.

Der Anfang dieser Polemik war verhältnismäßig harmlos. Kraus machte sich in der Broschüre »Die demolierte Literatur« über die Literatengesellschaft des Café Griensteidl lustig. Als aber dann das erste Heft der Fackel erschien, hörte die Gemütlichkeit auf. Es wäre ein erheiterndes psychologisches Spiel gewesen, hätte man die Gehirndächer der hauptsächlich interessierten Fackelleser öffnen und die sich darunter kreuzenden Gedankengänge belauschen können, vom solidarisch angstvollen »Heute ganz bestimmt!« und erleichterten »Gott sei Dank, diesmal noch nicht!« zum noch mitgängerisch neugierigen »Wer denn?« und schließlich dem schadenfrohen »Das gönn' ich ihm!«

Die Reaktion der Zeitungswelt und der mit ihr eng liierten bürgerlichen Gesellschaft, deren Schoß dieses ungewollte enfant terrible entsprungen war, bestand darin, daß es keine Reaktion gab. Wie auf Verabredung hatte man sich stillschweigend darauf geeinigt, Karl Kraus einfach nicht zur Kenntnis zu nehmen. Das neue Gesellschaftsspiel in den Redaktionen und bei den »Five o' clock teas« hieß »Die Fackel habe ich nie gelesen!« Höchstens in verschwiegenen Ecken tuschelten zwei der Gäste leise miteinander, um aber sofort mit provokatorisch unbeteiligten Mienen ein lautes Gespräch über die letzte Premiere zu beginnen, wenn ein Dritter aus einer anderen Ecke nahte, in der er soeben mit einem Vierten getuschelt hatte. Denn gelesen hat die Fackel in Wirklichkeit natürlich jeder, aber »unter der Bank«, wie in der Schule seinerzeit den Karl May.

Diese Zone des Schweigens wurde nur ein einziges Mal durchbrochen. Ein Schriftsteller namens Friedmann, den Karl Kraus als geistig zurückgeblieben verspottet hatte, ließ sich von einigen schäbigen Widersachern des Satirikers, die selbst im Hintergrund blieben, verhetzen und bestätigte dessen Urteil über ihn, als er den körperlich schwächlichen, durch ein Gebrechen doppelt wehrlosen Gegner in einem Kaffeehaus in brutaler Weise verprügelte.

THEATEREINDRÜCKE

Die Fülle der Freikarten, die es bei uns gab, und der Umstand, daß mich Freund Birnbaum fast zu jedem Theaterbesuch, für den er sich einen Sitz kaufte, mit einlud, haben mir eine Wunderwelt erschlossen, deren Glanz noch bis in meine spätesten Tage strahlen wird.

Das Burgtheater bewahrte damals noch immer jenen ho-

Das »neue« Burgtheater, Stich um 1888

hen Rang als erste deutsche Bühne, den Laube und Dingelstedt errungen hatten und an der zu wirken noch immer die letzte Krönung einer deutschen Schauspielerlaufbahn war. So fanden auch die bedeutendsten Begabungen Deutschlands den Weg hieher. Registriert man den Personenstand der Künstlerschar, die vom Michaelerplatz auf den Franzensring übersiedelte, finden sich darunter erstaunlich wenige Österreicher und kaum ein Wiener. Und selbst diese hatten, wie Josef Kainz, oft den Umweg über Deutschland gemacht.

Es ist über die »Burg« soviel geschrieben worden, daß ich es mir versagen kann, hier die Konkurrenz mit Berufeneren aufzunehmen. Aber von allen Herrlichkeiten, in denen ich dort schwelgte, ragen zwei künstlerische Erlebnisse von so unerhörter Intensität heraus, daß sie in meiner Erinnerung bis heute nichts davon verloren haben. Es waren die Aufführungen des zweiten Teiles des »Faust« und der Shakespeareschen Königsdramen. Theaterstücke also, die auf das Theater in strengem Sinn keine Rücksicht nehmen und dramaturgischen Regeln, von Aristoteles angefangen, zu spotten scheinen. Die Leuchtkraft, die von jenen unvergeßlichen Bühnenbildern auch noch ins Heute herüberwirkt, ist nicht nur die Kraft des Gesamteindruckes, sondern vielfach auch die des Bildes mit unverblaßten Farben. So etwa Helena – Bleibtreu – in den Armen des räuberischen Paris – Devrient –, der alte Faust – Sonnenthal auf dem Balkon oder die drei Brüder Eduard, Clarence, Richard – Krastel, Hartmann, Lewinsky – im Anblick der drei Sonnen in »Heinrich VI.«.

Der Einzug von Josef Kainz ins Burgtheater bedeutete die Legitimierung des neuen Stiles auch an dieser Stätte konservativer Tradition und wurde von einem ihrer prominentesten Vertreter, Ernst Hartmann, mit dem komödiantisch-elegischen und zugleich ironisch-überlegenen Wort quittiert: »Kinder, wir haben aufgehört, Könige zu sein.«

Das Spiel von Kainz neben den Alten bot dem Interessierten beste Gelegenheit, deren intuitiv-synthetische Art seiner nervös-analytischen gegenüberzustellen. Dabei stand ich, ohne deren Übertreibungen oder oft falschem Pathos das Wort zu reden, mehr auf der Seite der Alten, deren Darstellung mir, hat man sich mit dem Stil angefreundet, illusionsfördernder erschien als die der extremen Vertreter der neuen Richtung. Denn diese hat in ihrem Bestreben nach absoluter Natürlichkeit und Lebensechtem – ein Bestreben, das vielfach wieder zu einer Manieriertheit führt –, den wichtigsten Bestandteil der Darstellung, die Sprache, ganz ungebührlich vernachlässigt, und die beste Darstellung muß notwendig versagen, wenn man nicht versteht, was der Darsteller spricht.

Was die Natürlichkeit der Darstellung betrifft, so litt die neue Schule vielfach an einem Grundirrtum, und zwar an der Verwechslung von Natürlichsein und Natürlichscheinen. Das Theater ist nicht das Leben, sondern eine Darstellung des Lebens. Wenn nun die Personen auf der Bühne genauso reden wie zu Hause und auf der Straße, werden sie im Parterre und auf der Galerie ganz farb-

Josef Kainz als »Mephisto« im »Faust«

und wirkungslos und zumeist unnatürlich erscheinen. Es
ist ein Unterschied, ob zwei Menschen miteinander sprechen oder einem idealen Dritten, dem Zuschauer, den
Eindruck vermitteln wollen, daß sie miteinander sprechen.

Daß aber der damals neue Stil nicht notwendig zur Ver-
nachlässigung des Wortes führen mußte, bewies sein bedeutendster Vertreter, Josef Kainz, vielleicht der beste
Sprecher, den die deutsche Bühne jemals gehabt hat. Man
muß gehört haben, wie er seine Wortkaskaden in atembe-
raubendem Tempo niederprasseln ließ, ohne daß dem
Publikum auch nur eine Silbe entging.

Ich konnte nun die besten praktischen Studien über die
verschiedenen Darstellungsweisen der Vertreter beider

Richtungen nebeneinander betreiben, da sie am selben Abend auf derselben Bühne standen. Ich erinnere mich an eine Vorstellung von »Dr. Galeato« des Spaniers Eche-garay, eine der ersten Vorstellungen, in denen Kainz als neu engagiertes Mitglied vor das Wiener Publikum trat, in einer seiner berühmtesten Rollen. Sonnenthals »Don Manuel« war von erschütternder Schlichtheit und er überspielte durch das echte Gold seines Gemütes den Partner Kainz, der derlei in der Retorte durch die Amalgamierung von Hirn und Kehle erzeugte. Mein Urteil wurde vom ganzen Haus bestätigt, auch von der Galerie, wo die Jungen saßen und standen, die sicherlich vorwiegend Anhänger des neuen Kunstideals waren.

Noch besser gelang mir ein Vergleich allerdings dann, wenn ich an verschiedenen Abenden etwa den »Mephisto« von Kainz und dann den von Lewinsky im zweiten Teil des »Faust« sah. Kainz war teilweise von einer dämonischen Intensität, an die Lewinsky niemals heranreichte, so in der Mütterszene, wo er, der Schmächtigkeit seiner Statur zum Trotz, durch die Suggestion dieser Dämonie über die höhere Gestalt seines Partners ins Riesenhafte hinauszuwachsen schien. Dennoch schien mir die Gesamtleistung Lewinskys doch höher, der in jedem Wort und jeder Geste der gleiche Teufel war in der gespenstischen Darstellung des Geistes, der stets verneint, unterstützt durch die meisterhafte Beherrschung seines stumpfen Organes, eine Eigentümlichkeit, die bei einem anderen ein Mangel gewesen wäre.

Beim »Cyrano de Bergerac« wiederum zeigte sich der Unterschied zwischen Hartmann und Kainz besonders beim Schlußwort. Wenn der tödlich verletzte Cyrano vor der geliebten Roxane, schon im Delirium, seine Lebensbilanz zieht, beginnt er in etwa mit den Worten: »Doch eines bleibt mir ...« Roxane erwartet, daß es die Liebe zu ihr sei, doch er schließt mit »mein Wappenschild!« Hartmann nun schleuderte dies wie einen Triumphschrei hinaus, der die ganze Glorie der Franzosen enthielt. Damit

traf er den Ton wahrscheinlich besser als Kainz, der, Roxanes Erwartung mit einer ironischen Handbewegung
abtuend, ebenso ironisierend mit halber Tonstärke »mein
Wappenschild« vorbrachte, als wollte er sagen, das eine
wie das andere ist nicht der Mühe eines kämpferischen
Menschenlebens wert. Damit widersprach er wenigstens
zum Teil seiner eigenen Darstellung, die die Gestalt des
Gascogners zuvor zeitweise im Brillantenschein eines
rhetorischen Feuerwerkes ausstrahlen ließ.

Das alte Burgtheater war aber nicht nur pathetisch, wie
ihm die Neuerer vorwarfen. Es war sicherlich längst abgewichen von den starren Regeln des sogenannten Weimarer Stiles, deren orthodoxen Vertretern sich die Haare
sträubten, als ein Darsteller es zum ersten Mal wagte,
dem Publikum den Rücken zu zeigen. Wie sehr es natürlich sein konnte, bewies die vielgerühmte Lebensechtheit
seines Konversationsstückes, wenn dies auch nur die Lebensechtheit einer bestimmten Gesellschaftsschicht war.
Dabei brauchte sich das Burgtheater gar nicht zu
bemühen, lebensecht zu sein, vielmehr bemühten sich
umgekehrt die Angehörigen dieser Klasse, burgtheaterecht gekleidet zu sein, zu gehen, zu stehen und zu sprechen.

Noch mehr aber als das Burgtheater bewies das 1889 von
Wiener Bürgern gegründete »Deutsche Volkstheater«,
daß man »natürlich« spielen konnte, ohne ausgesprochen
naturalistisch zu sein. Seit Laubes Stadttheater abgebrannt war, hatte es in Wien an einem Theater gefehlt,
das dem Burgtheater künstlerisch einigermaßen ebenbürtig gewesen wäre. Wien besaß nun ein solches Haus, das
nicht mit der Hypothek eines »Comtessentheaters« behaftet war. Die Zeit Ibsens, Hauptmanns, Sudermanns
war angebrochen, eine Strömung, gegen die die für das
Burgtheater maßgebenden Kreise Dämme errichten zu
müssen glaubten. Die Existenz des Deutschen Volksthea-

ters konnte für das Burgtheater selbst nur von Vorteil sein, denn nun war es mehr als sonst gezwungen, neuen Wein in die alten Schläuche zu füllen. Der Mann, der dieses Geschäft besorgen sollte, war schon zur Stelle. Herangezaubert wahrscheinlich vom Genius der alten Bühne selbst, wurde, als die Direktion des Burgtheaters wieder einmal vakant war, Dr. Max Burckhard, ein Verwaltungsjurist jüngeren Alters, auf diesen Posten berufen. Diese Berufung war eine Überraschung für ganz Wien, nicht zuletzt vermutlich für Dr. Burckhard selbst. Hatten aber die Drahtzieher dieser Berufung damit gerechnet, in diesem bis dahin ziemlich unbekannten Beamten das gebührende Werkzeug zur Stützung ihres Systems »es bleibt alles beim alten« zu finden, so hatten sie sich grimmig getäuscht. Denn gerade Burckhard verstand es, dem modernen Schaffen ein wenig das Tor zu eröffnen, in stetem Kampf gegen diese Kräfte, die ihn an seinen Platz gestellt hatten. Und so hielten nicht nur Ibsen, Hauptmann und Sudermann ihren Einzug –, von Ibsen waren dort schon die adelsstubenreinen Stücke »Nordische Heerfahrt« und »Die Kronprätendenten« gespielt worden –, sondern auch andere Vertreter der Moderne wie die Österreicher Schnitzler und Schönherr. Burckhard war es auch, der Josef Kainz, den prominentesten Vertreter der schauspielerischen Moderne, an das Burgtheater geholt hatte.

Sein Bild gehört in die Galerie jener Hofräte von echt österreichischem Typus, die gerne die Dürre ihres Amtes, dessen Wichtigkeit sie mit einem sarkastischen Lächeln gegenüberstanden, aus literarischen Quellen berieseln ließen. Der Hofrat in Schnitzlers »Professor Bernhardi« trägt unverkennbar seine Züge. Er war, im Gegensatz zu Franz Grillparzer, dem erhabenen Großmeister dieser Gilde, eine vollsaftige, lebensbejahende Erscheinung und den Genüssen dieser Erde zugewandt, von denen ihm als eine der vorzüglichsten galt, in der Sommerfrische an irgendeinem Kärntner- oder Salzkammergutsee ganze

Tage nackt in einem Boot liegend zwischen Büchern zu verbringen, mit einem ausreichenden Vorrat von alkohol- und nikotinhaltigen Dingen an Bord. Er war unverheiratet und hat sich sein Naturburschentum sein ganzes Leben lang bewahrt. Als ihm eine Schauspielerin des Burgtheaters, die eine langjährige Beziehung zu einem Kollegen unterhalten hatte, klagte, daß dieser nicht mehr gewillt sei, die zarte Fessel weiter zu tragen, seinen Tröstungsversuchen entgegenhielt: »Aber dreizehn Jahre sind wir doch schon miteinander!«, da meinte er: »S' is eh scho viel z' lang.«

Ich lernte ihn persönlich als Empfänger mündlicher oder brieflicher Bestellungen, die mich mein Vater überbringen ließ, kennen. Er hatte eine etwas gedrungene Figur, ein Gesicht in frischer Farbe und war in brünetter Spielart, dem Aussehen nach von wienerischer Prägung. Man konnte sich ihn ganz gut als Lenker eines jener Gefährte vorstellen, zu deren Preis das Lied von den »harben Rappen« erklungen ist. Dieser Eindruck wurde noch dadurch verstärkt, daß er gerne den »Schmalranftler« trug, jenen Zylinder mit der schmalen Krempe, der die traditionelle Kopfbedeckung der Herren vom »Standplatz am Graben« war.

Burckhard war hauptsächlich deshalb gefallen, weil er allzu stark die Blasbälge getreten hatte, denen frischer Wind entströmte. Die Auswahl seines Nachfolgers bedeutete aber wieder eine Sensation für Wien. Denn dieser war ausgerechnet Dr. Paul Schlenther, der extreme Vorkämpfer der Moderne, der als Kritiker der »Vossischen Zeitung« in Berlin dem Naturalismus und seinen vornehmsten Aposteln, Hauptmann und Bahr, den Weg zum Sieg gebahnt hatte. Ich weiß nichts über die Motive der Berufung Schlenthers, es werden wohl höfische und Schauspielerintrigen eine sehr maßgebliche Rolle gespielt haben. Mit seiner Wahl kamen jedoch jene Kräfte, die Burckhard so grimmig enttäuscht hatte, auf ihre Rechnung. Schlenther schien die Bestellung zum Burgtheaterdirektor nicht wie Laube als Krönung seines Wirkens, sondern als Altersversorgung aufgefaßt zu haben. Als man bald ein deutliches Nachlassen der künstlerischen Bedeutung des Burgtheaters feststellte, erwuchs ihm mit der Zeit die Gegnerschaft so ziemlich der gesamten Wiener Theaterkritik. Einer seiner heftigsten Gegner war Felix Salten, der Burgtheaterkritiker der »Wiener Allgemeinen Zeitung«, bei der mein Cousin Julius Szeps zur selben Zeit Chefredakteur war. Wobei jener Teil des Publikums, der jede öffentliche Stellungnahme gerne auch auf ihre persönliche Seite hin untersucht, geneigt war, die ganz besondere Schärfe im Ton Saltens auf den Umstand zurückzuführen, daß die Schauspielerin Ottilie Metzl, später Saltens Gattin, von Schlenther ziemlich kaltgestellt worden war.

Das Deutsche Volkstheater nun hat besser als Laubes Stadttheater bewiesen, daß in Wien eine weitere erstklassige Sprechbühne nicht nur möglich, sondern auch für das Burgtheater selbst geradezu eine Notwendigkeit war. Zumindest die zweieinhalb Jahrzehnte bis zum ersten Weltkrieg behauptete es diesen schönen Platz in der Wiener Theatergeschichte, den es durch die weise Beschränkung in der Wahl seines Programmes errungen hatte. Dem klassischen Stück erwies es, wie jede Bühne von literarischem Range, hie und da seine Reverenz und brachte auch auf diesem Gebiet ganz anständige Vorstellungen zustande. Da aber ein Versuch, in der klassischen Tragödie die Qualität des Burgtheaters zu erreichen, von vornherein gescheitert wäre, da für jedes bedeutende tragische Talent der deutschen Bühne Wien gleichbedeutend mit dem Burgtheater war, hatte die Leitung des Deutschen Volkstheaters jeden solchen Versuch wohlweislich unterlassen. Wohl aber ist es gelungen, im Gesellschaftsstück, im Lust- und Schau-, ja auch im Trauerspiel gleichwertige Aufführungen zu bieten. Besonders im Lustspiel wäre es jemandem, der noch keine der beiden Bühnen

Das Deutsche Volkstheater

kannte, schwer gefallen, einen entscheidenden Unterschied der künstlerischen Leistung festzustellen. Vielleicht hätte er bisweilen sogar der Volkstheateraufführung den Preis zugesprochen, die den Reiz größerer Frische bot, da es hier kein Erstgeburtsrecht für bestimmte Rollen gab, die am Burgtheater oft in den durch Jahrzehnte bewährten Händen lagen.

Es war bezeichnend für den Rang der Schauspieler, daß von allen Privatbühnen Wiens das Volkstheater nicht nur räumlich in nächster Nähe des Burgtheaters lag. Der Wechsel von den Brettern eines »k.k. privilegierten Theaters« – wie sich die Privattheater bezeichneten – auf die der k.k. Bühne, sonst ein äußerst seltenes und in der Stadt alsdann vielfach kommentiertes Ereignis, war hier gar nicht so selten. Mit Adele Sandrock holte sich das Burgtheater sogar seine Tragödin vom Volkstheater. Und auch Rosa Albach-Retty hat ihr Weg hinüber auf den Franzensring geführt. Den umgekehrten Weg schlug Rudolf Tyrolt ein, der dann zu den allerstärksten Stützen des Volkstheaters gehörte und dem es zum Teil zu verdanken war, daß dieses Theater der mit seinem Namen

187

ausgedrückten Verpflichtung, nämlich der Pflege des Volksstückes, in vorbildlicher Weise gerecht geworden ist.

Im Volksstück war das Volkstheater dem Burgtheater wirklich überlegen. Denn wurde dort einmal ausnahmsweise ein Volksstück gespielt, hatte man immer den Eindruck, als ob der Herr Generalintendant dem Dichter – mochte er Raimund oder Anzengruber heißen – dabei wohlwollend auf die Schulter klopfte. Andere Volksstückdichter ließ man gar nicht erst ein, und es galt als große Konzession an die neue Zeit, wenn der »Meineidbauer«, der »G'wissenswurm« oder später auch der »Verschwender« aufgeführt wurden, womit es auch sein Bewenden hatte. Ich bin mir nicht sicher, ob dieser Liberalismus nicht auch dem Umstand zu danken war, daß man zufällig eine prachtvolle »Vroni«, »Horlacherlies« und »Rosl« im Hause hatte, die zufällig auch die Freundin des Kaisers Franz Josef war – Kathi Schratt, die als einziges Burgtheatermitglied neben der gepflegten Salonsprache und neben dem fünffüßigen Jambus auch den Dialekt meisterte. Denn wurde im Burgtheater ein Dialektstück gespielt, konnte man, gleichgültig, ob es sich um einen österreichischen oder einen schlesischen Autor wie Gerhart Hauptmann handelte, eine Musterkarte aller möglichen Dialekte hören, die in allen möglichen deutschen Gauen nicht gesprochen wurden.

Um die Pflege des Volksstückes im Volkstheater erwarb sich auch Ludwig Martinelli unvergängliche Verdienste. Besonders Anzengruber verdankte seinem begeisterten Apostel außerordentlich viel. Einen »Schalanter« Tyrolts, einen »Wurzelsepp« Martinellis wird die deutsche Bühne kaum jemals wieder hervorbringen, denn mit dem Volksstück sterben naturgemäß auch dessen Darsteller aus. Tyrolts Rang erreichten dann später noch Willi Thaller und Alexander Girardi. Ihre Kunst kam auch einem Epigonen Raimunds und Anzengrubers zugute – Karl Karlweis, der Girardi mit »Der kleine Mann« und Tyrolt mit »Das

Helene Odilon

grobe Hemd« Gelegenheit zur Gestaltung wahrer Pracht-
figuren gab. Eine solche vermochte Willi Thaller sogar
aus dem »Franzl« Hermann Bahrs zu machen, als dieser
vermeinte, dem Namen seines Landsmannes Franz Stelzhammer und seiner eigenen Reputation als Oberösterrei-
cher ein Volksstück schuldig zu sein. Das Unternehmen
mißriet kläglich und wurde nur durch die überlegene
Künstlerschaft Thallers über Wasser gehalten.

Das Deutsche Volkstheater bot mir aber nicht nur Vergnügen und gepflegte Erheiterung, sondern auch echte
Erschütterung, wie etwa mit der unvergleichlichen Aufführung von Anzengrubers »Das vierte Gebot«.

Neben den schon genannten männlichen Darstellern be-
eindruckten mich auch noch Leopold Kramer, Joseph
Giampietro und Adolf Weisse. Die Weiblichkeit dieser
Bühne aber wurde, abgesehen vom höheren künstlerischen Rang der Sandrock, insgesamt von Helene Odilon
überstrahlt. Ihre Wirkung läßt sich heute mit derjenigen
Marlene Dietrichs vergleichen, wie diese war sie die In-
karnation des weiblichen Sexus. Sogar die Frauen konn-

ten sich dieser Wirkung nicht entziehen, wovon man sich durch Augenschein überzeugen konnte, der allerorts Damenköpfe mit Odilonfrisuren zeigte. Ich erinnere mich noch der sichtlichen Genugtuung, die meine Cousine Bertha Zuckerkandl empfand, als ich im Alter von vierzehn Jahren einmal zu ihr sagte: »Du schaust ganz aus wie die Odilon.« Dabei mag die Ähnlichkeit der Hauptsache nach in der Frisur bestanden haben.

Dabei war die Odilon auch eine bedeutende Schauspielerin, und ich erinnere mich gerne des nicht aus diesen Untiefen gespeisten, mädchen- und frauenhaften Reizes, mit dem sie ihre überaus charmante »Franziska« in der »Minna von Barnhelm« oder später die »Adelheid« in den »Journalisten« von Gustav Freytag gestaltete.

Die beste Darstellerin im Volksstück – und auch im bürgerlichen Lustspiel bestens zuhause – war Pepi Glöckner-Kramer, die erste »Rösselwirtin«. Ihrer liebenswürdigen Weiblichkeit gesellte sich ein starkes komisches Talent hinzu, das sie von ihrem Vater, Karl Matras, geerbt haben mochte. So hatte je ein Mitglied der beiden berühmten Komikerterzette der Wiener Vorstadtbühnen, Nestroy – Scholz – Grois und Matras – Knaack – Blasl, für lebendige Fortsetzung ihrer Kunst gesorgt. Denn es hieß, daß Willi Thaller ein Sohn Nestroys gewesen sei, und in Thallers Darstellung des Sans–Guarlier in »13 Mädchen in Uniform« glaubte mein Vater, den leibhaftigen Nestroy, den er in dieser Rolle noch gesehen hatte, vor sich zu haben, besonders in dessen unvergleichlichem Augenspiel.

Es war Emmerich von Bukovics gewesen, der dem Deutschen Volkstheater diesen hohen künstlerischen Rang geschaffen und durch viele Jahre bewahrt hatte. Und auch sein Nachfolger Adolf Weisse vermochte das Theater weiterhin auf ähnlicher künstlerischer Höhe zu halten. Der Übergang der einen Direktion auf die andere gab damals Anlaß für eine große Veranstaltung, der auch ich mit einer Journalistenkarte beiwohnte. Die Direktion hat-

Das Raimundtheater

te zur Generalprobe von Björnsons »Über unsere Kraft« geladen, mit dessen Uraufführung Weisse sein Direktionsregime eröffnete. Von zehn Uhr vormittags bis fünf Uhr nachmittags wurden beide Teile hintereinander gegeben, mit einer Pause dazwischen, in der – ein kluger Regieeinfall – mit der Aufstellung eines Büffets von bemerkenswerten Dimensionen die Direktion einen dem künstlerischen fast ebenbürtigen Erfolg verzeichnen konnte.

In der ersten Hälfte der neunziger Jahre war dem Volkstheater mit dem Raimundtheater ein Rivale entstanden. Das Programm dieses neugegründeten Theaters sollte in erster Linie der Pflege des Volksstückes dienen, und es war auch, unter der Direktion Müller-Gutenbrunn, mit Raimunds »Gefesselter Phantasie« eröffnet worden. Dennoch spielte das Raimundtheater unter den Wiener Sprechbühnen im allgemeinen eine geringere Rolle. Nach meiner Erinnerung war ihm nur ein einziger durchschlagender Volksstück-Erfolg beschieden, und zwar mit dem »Bruder Martin« von Karl Costa, wobei Adolf Frödens eindrucksvolle Gestaltung der Titelrolle viel zu diesem

Erfolg beigetragen haben soll. Ansonsten fristete das Raimundtheater eine kümmerliche Existenz und verfiel schließlich, um diese überhaupt zu erhalten, der Operette. Es ist eine Ironie der Geschichte der Wiener Volkskunst, daß auf dieser zur Pflege des Volksstückes erbauten Bühne Wiens größter Volksschauspieler Alexander Girardi erst unter Operettenklängen seinen Einzug hielt. Er sollte in »Kellermeister« und in »Reife Mädchen« die Zuschauermassen zur Auffrischung der stets notleidenden Finanzen dieses Hauses herbeilocken. Aber auch durch ihn konnte das so heiß ersehnte Ergebnis nicht in zulänglichem Ausmaß erzielt werden, und das Raimundtheater mußte sich bis zur Zeit des ersten Weltkrieges gedulden, bis es wieder einmal einen durchschlagenden Erfolg aufzuweisen hatte, der den von »Bruder Martin« aber sogar weit übertreffen würde. Von allen guten Geistern Raimunds verlassen, stellte es dessen Zeitgenossen Schubert auf die Bühne, vor die Fassade des »Dreimäderlhaus«. Seine Schöpfer waren gezwungen, sich mit schnöden Tantiemen darüber zu trösten, daß sie von einem Teil der Kritik als Leichenschänder und Grabplünderer hingestellt wurden, wogegen das breite Publikum gegen diese ihm zusagende Plünderung und Schändung nicht nur nichts einzuwenden hatte, sondern immer wieder neu zuströmende Massen daran teilnahmen.

Obwohl sich das Raimundtheater nur geringen Verdienst um die Pflege des Volksstückes erworben hat, schenkte es der Wiener Bühne die größte Volksschauspielerin des letzten halben Jahrhunderts. Hansi Niese, eine Künstlerin nicht nur von stärkster komischer und parodistischer, sondern auch von erschütternder tragischer Kraft, spielte sich hier als blutjunges Mädchen zum erstenmal in die Herzen der Wiener. Ich war dreizehn oder vierzehn Jahre alt, als ich sie in dem Schauspiel »Die Abendzeitungen« von Richard Nordmann – einem Pseudonym, unter dem die Gattin des Schauspielers Langkammer schrieb – das erste Mal auf der Bühne sah. Ich habe von dem Stück nur

die Szene behalten, in der die Niese in einer Jungmäd-
chenrolle einem älteren Freund ihre Sehnsucht nach einem eigenen Heim an der Seite eines Mannes, dem ihr
Herz gehöre, klagte. Dieser Sehnsucht gab sie schließlich
Ausdruck in dem Kernsatz: »I' nehmat a' an Rauchfang-
kehrer!« Und zwar schon in jenem echten Niese-Ton, wie
er mir heute noch, durch Jahrzehnte immer und immer
wieder aufgefrischt, im Ohr klingt.

An dieses erste Wiener Engagement der Niese ist auch
ein wenig Familiengeschichte geknüpft. Sie war wie meine Schwester Mitzi und deren Gatte zuvor in Czernowitz
engagiert gewesen. Schon dort entstand zwischen dem
jungen Ehepaar und der Niese eine freundschaftliche Beziehung, und die drei kamen auch gleichzeitig nach
Wien. Auch mein Schwager hatte ein Engagement am
Raimundtheater gefunden, allerdings für bescheidenere
Rollen, und stand in »Die Abendzeitungen« neben der
Niese auf der Bühne. Einer seiner Söhne, Hans Stephenson, erhielt ihren Vornamen und kann sich ihrer als Tauf-
patin rühmen. Es zeigen übrigens auch die Taufscheine
anderer Familienmitglieder solemne Patennamen: der
meiner Nichte Kathi Frimmel, einer geborenen Eisenmenger, den Namen Kathi Schratts, und der meines
ältesten Bruders Heinrich den Namen Heinrich Laubes.

Von noch geringerer Bedeutung als Sprechbühne erwiesen sich das Kaiserjubiläums Stadttheater – die spätere
Volksoper – und das Bürgertheater. Aber während das
eine, wie das Raimundtheater unter der Leitung Müller-
Gutenbrunns eröffnete, mit dem groß aufgemachten
Schauspiel »Im Zeichen des Kreuzes« nach »Quo vadis«
von Synkiewicz, wenigstens einen Anfangserfolg erzielte,
bewies das andere seine Unzulänglichkeit schon durch
die Wahl des matten Durchschnittswerkes »Der alte
Herr« von einem so unbekannten Autor, daß kaum einer
der Teilnehmer an der Eröffnungsvorstellung sich noch
an dessen Namen erinnern wird.

Hatten diese unter literarischen Ambitionen gegründeten Theater ihre Vorsätze bald fallengelassen und sich in die Arme der Trösterin Musik geworfen, fand das Josefstädter Theater den Weg von der Volksposse zur Literatur. Es ist ein interessantes und reizvolles Stück Wiener Theatergeschichte, wie Josef Jarno, einer der fähigsten Wiener Theaterdirektoren, es verstanden hat, einer Bühne, die soeben erst unter dem Direktor Wild den Übergang von der Wiener Posse glattester Art zum Pariser Schwank stärkst gepfefferter Art gefunden hatte, nunmehr literarisches Gepräge zu verleihen, und vornehmlich für seinen Lieblingsdichter Strindberg ein Publikum heranzuziehen und heran zu erziehen. Daß daneben dem Volksstück, oder was man in der späteren Zeit darunter verstand, Konzessionen gemacht werden mußten, darf ihm nicht zum Vorwurf gereichen, weil bekanntlich kein Theater von der Literatur allein leben kann – insbesonders ein nicht subventioniertes Privattheater. Hatte doch sogar Laube als Direktor des aus der kaiserlichen Schatulle dotierten Burgtheaters die Kassenerfolge nicht verschmäht, die er mit französischer Durchschnittsware erzielte, von der heute kein Mensch mehr spricht. Jedenfalls konnte sich Jarno auch mit diesem »sacrificium intellectus«, das seinem künstlerischen Empfinden widerstrebte, ein Verdienst erwerben. Denn mit dem französischen Schwank bot er Gustav Maran, der wie Thaller erst in vollgereiften Jahren den Weg aus der Provinz in die Residenz gefunden hatte, hier ein reiches Tätigkeitsfeld.

Maran war ein Komiker reinster Prägung, jedoch von einer ganz anderen Komik als jener, an die die Wiener bisher gewöhnt waren. Er war ein Karikaturist, ohne aber jemals in Übertreibung zu verfallen, und er verstand die Kunst, durch eine ganz geringe Verziehung der Linie aus dem Porträt eine Karikatur zu machen, die das Wesen der Menschen weitaus schärfer zu zeichnen vermag als dessen naturgetreues Porträt. Er war nach meiner Erinnerung der erste im Wesen intellektuelle Komiker in Wien –

wie weit man Nestroy als solchen bezeichnen kann, weiß ich nicht, weil ich ihn nicht mehr gesehen habe – und fand seinen Nachfolger in Max Pallenberg. Heute würde ich als Dritten Theo Lingen in diese Galerie aufnehmen. Ihre Komik zeigt gleiche karikaturistische Transparenz, wie ich sie auch bei den Simplizissimus-Zeichnungen von Olaf Gulbransson und in der Lyrik von Christian Morgenstern und Erich Kästner zu finden vermeine.

Ein theatergeschichtliches Verdienst noch höheren Ranges erwarb sich aber Jarno darin, daß er die letzten beiden schauspielerischen Größen des Wiener Volksstückes, Alexander Girardi und Hansi Niese, auf seiner Bühne zu einem unvergleichlichen Zusammenspiel engagierte. Mochte es auch in Stücken sein, die mit dem Volksstück kaum mehr als den Namen gemeinsam hatten, oft nicht einmal den, denn, wenn ich mich nicht irre, nannten sie sich meistens »Posse mit Gesang«. Wobei die Herren Buchbinder und ihresgleichen mit dieser Bezeichnung eine lobenswerte Bescheidenheit in der Einschätzung ihrer Tätigkeit bewiesen. Denn diese bestand darin, den Publikumslieblingen die Teller zum Servieren der Pointen zu reichen.

Das Carltheater ist wohl zu den Operettenbühnen zu zählen, wenn dort auch zeitweise das gesprochene Wort, in Form der Posse und des sogenannten Austattungsstückes, gepflegt wurde. Als deren namhaftestes ist in meiner Erinnerung »Der Courier des Zaren« (nach Jules Verne) hängengeblieben. Bei diesem Stück bewies ich zum ersten Mal meine Spürnase für die Entdeckung schauspielerischer Begabungen, mit der Bemerkung, die Träger der Rollen des »Iwan Ogareff« und der »Sangarra« hätten gespielt wie ihre Kollegen im Burgtheater. Nach einigen Jahren konnte ich sie auch tatsächlich dort antreffen, den ehemaligen Iwan Ogareff – Hermann Thimig – und die ehemalige Sangarra – Hedwig Bleibtreu. Das Carltheater bot zeitweise auch wirkliche Sensatio-

Das Carltheater, um 1870

nen, vor allem durch die Auftritte von Sarah Bernhardt und später der Duse. Wenn ich nicht irre, haben die Wiener die Duse überhaupt zum ersten Mal im Carltheater gesehen, und hier wurde ja – mit Hermann Bahr als Geburtshelfer – auch der Weltruhm der Duse geboren. Auch das Berliner Theater von Otto Brahm hat im Carltheater gastiert und mir, im Alter von sechzehn Jahren, Gelegenheit zur Entdeckung des in Wien damals noch völlig unbekannten Josef Jarno geboten, der in einer »Wildente«-Vorstellung den »Gregers Werle« gab.

Als Jauner nach dem unglücklichen Ringtheaterbrand zum ersten Male wieder eine Theaterdirektion in Wien übernahm, nämlich die des Carltheaters, pflegte er dort auch zeitweise das Sprechstück. Ich erinnere mich an eine Aufführung des Stückes »Das neue Ghetto« von Theodor Herzl, dessen Titel fast alles ausdrückt, was uns aus dem Wirken Herzls bekannt ist: Anklage und Sehnsucht. Jedenfalls war Herzl als Mensch eine bedeutendere Figur denn als Dichter. Das Stück blieb durchaus im Konventionellen stecken, der Dramatiker blieb weit hinter dem Feuilletonisten zurück.

Als Schlager gedacht, in dem er selber die männliche Hauptrolle übernahm, brachte Jauner »Die offizielle Frau«, die im zaristischen Rußland spielte. Der vermeintliche Schlager, obwohl eine Zeit lang mit Erfolg gegeben, erfüllte allerdings nicht die Erwartungen des stets mit Geldschwierigkeiten kämpfenden Direktors.

Schließlich sei noch angefügt, daß nicht weniger als drei meiner Schwestern dort wenigstens auf den die Leopoldstädter Welt bedeutenden Brettern gestanden sind. Mitzi feierte, ehe sie ans Burgtheater kam, dort ihr schauspielerisches Debut, ich glaube in einem Stück, das »Die große Glocke« hieß, während Rosa in zwei Possen episodistisch einen sogenannten Dienstbotentrampel und einen, allerdings sehr ausgewachsenen, Firmling darstellte. Ella schließlich durfte in einer Wohltätigkeitsveranstaltung mit der damals schon alten Posse »Robert und Bertram«, neben dem Gaunerpaar – Treßler und Kramer –, die Tochter des Bankiers Ipelmayer – Franz Tewele – spielen. In dieser Soiree haben auch die Opernsänger Hesch und Schmedes ihre Beiträge für den wohltätigen Zweck zum besten gegeben. Jede einzelne Nummer wurde von Ipelmayers jüdischem Diener Jacques angekündigt, in dem kein Geringerer als Rudolf Schildkraut steckte, damals noch Operettenkomiker, der später besonders in Amerika zum bedeutenden Charakterdarsteller reifte und dessen Repertoire bis zum König Lear reichte. Ich habe ihn leider nur in Operetten erlebt, von denen sich mir besonders seine charakteristische Darstellung des »Generals Kantschukoff« in »Fatinitza« und des »Teehauswirtes« in »Die Geisha« eingeprägt hat.

Als Fußnote zu den Wiener Sprechbühnen will ich noch das alte Fürsttheater im Prater erwähnen, ursprünglich so nach seinem Direktor Johann Fürst genannt. Unter dem späteren Besitzer Heinrich Jantsch erhielt es den Namen Jantschtheater, wurde dann unter Josef Jarno, der es als zweite Bühne neben dem Josefstädter Theater führte,

Das Lustspieltheater, ehemals Fürsttheater, um 1910

als Lustspieltheater auch vom offiziellen Wiener Publikum zur Kenntnis genommen.

Doch schon Heinrich Jantsch verdient besondere Hervorhebung, denn er brachte den schönen Idealismus auf, im Prater einen Versuch mit Klassikervorstellungen zu wagen. Ich habe dort eine Aufführung von Lessings »Nathan der Weise« gesehen, die ganz anständiges Provinzniveau hatte. Der Schauspieler Rub, am Burgtheater in kleinen Episodenrollen in Verwendung, konnte sich dort jenen Wienern, die nicht zu »ganz Wien« im gesellschaftlichen Sinn gehörten, in einer großen Rolle des klassischen Repertoires zeigen, mit meiner Schwester Ella als Recha an der Seite. Auch eine Aufführung der »Karlsschüler« von Laube ist mir in Erinnerung geblieben. Nachdem Jantsch gestorben war, übernahm sein Sekretär Lischka und später der Schauspieler Adolf Ranzenhofer das Theater, das nunmehr wieder der Posse und zeitweise der Operette dienen sollte. Immerhin muß ihm auch für diese Zeit ein kleines Ruhmesblättchen zugebilligt werden, denn einige Monate wurde ein Nestroyzyklus gegeben, bei dem es gelungen ist, mit einer Truppe von

Schauspielern, die keinen einzigen »Namen« aufweisen konnte, ‚ Aufführungen in Nestroyschem Geist und Stil zu bringen, wie sie sich heute selbst an ersten Wiener Bühnen nicht mehr finden lassen. Denn bei den damaligen Schauspielern gab es noch genug, deren künstlerische Großeltern mit Nestroy, Scholz und Grois, und deren künstlerische Eltern mit Matras, Knaack und Blasel zusammengespielt hatten.

Als ich meine ersten Vorstellungen der Wiener Hofoper besuchte, stand diese noch in voller Blüte. Die Ensembledarbietungen waren nach allgemeinem Urteil nicht mehr zu übertreffen, bis dann später Gustav Mahler doch das Wunder vollbrachte, die Vollkommenheit selbst noch zu vervollkommnen.

Die Weihe dieses Hauses empfing ich mit den Klängen von Verdis »Aida«, bei der noch zwei Sänger aus dem Bayreuther Uradel mitwirkten, Rokitansky und Hermann Winkelmann. Rokitansky dürfte kurz darauf verstorben sein, Winkelmann aber und ein dritter aus jenem illustren Kreis, Theodor Reichmann, wirkten noch ungefähr ein Jahrzehnt, bis in die erste Mahler-Zeit an der Oper. Reichmann beeindruckte mich besonders durch die erschütternde Erzählung der Romfahrt im »Tannhäuser«. Er war unvergeßlich nicht nur als Sänger, sondern erhöhte die Wirkung der künstlerischen Leistung durch seine bildhafte Bühnenerscheinung, wenn er aus einem matten Goldglanz von Melancholie hervortretend etwas Unbeschreibliches in Stimme und Wesen um sich wob. Es war kein Wunder, daß er die Herzen der Wiener Mädchen und Frauen erschauern ließ mit dem leidvollen Bariton seiner erlösungsbedürftigen Helden, seines »Holländer«, »Vampyr« oder »Hans Heiling«. Es ist kein Zufall, daß die Marschner-Opern nach Reichmann aus dem Repertoire der Oper verschwunden sind. Ich will nicht behaupten, sein Bariton sei der schönste gewesen, den ich jemals gehört habe, denn an Fülle des Klanges und samtener

Schönheit stelle ich beispielsweise den von Leopold Demuth höher. Aber etwas, was diese Stimme aus dem Quell der Poesie selbst geschöpft zu haben schien, ließ keine andere mit ihr vergleichen. Mag sein, daß diese Eigenart seinen Gestalten zuviel Weichheit gab, etwa dem »Telramund« nicht gut bekam oder den »Eschenbach« etwas zu süßlich geraten ließ. Aber unter den vielen Darstellern des »Hans Sachs« – ich habe die »Meistersinger« mehr als fünfzig Mal gesehen – hat keiner die absolute Poesie dieser Figur in so kostbarer Art aufglänzen lassen wie Theodor Reichmann, und gern nahm man dafür in Kauf, wenn das Kernhafte dieser Bühnenfigur daneben weniger zu seinem Recht kam.

Auch einen Dirigenten, der an der Errichtung des Bayreuther Werkes mitgearbeitet hatte, einen der getreuesten Helfer des Meisters, habe ich noch gesehen. Hans Richter, in seiner wuchtigen Leibesfülle und mit breit ausladendem Armschwung war das gerade Gegenteil zur ekstatisch zuckenden Art des kleinen, schmächtigen Gustav Mahler, der immer von dem Willen beseelt schien, Musiker und Sänger zu noch höheren Leistungen emporzureißen. Seinem Kollegen am Dirigentenpult, Franz Schalk, wurde hingegen von manchem vorgeworfen, daß er selbst allzusehr an dem Quell von Klang schwelge, den er wie einstens Moses mit seinem Stab rauschen ließ.

Vom Opernring nur eine kurze Strecke in die linke Wienzeile schreitend, trifft man auf die liederliche Schwester der Oper, die Operette, die im Theater an der Wien ihr Lasterquartier aufgeschlagen hatte. Als ich meine Theaterbesuche begann, war die große Zeit der Operette in Wien eigentlich schon vorbei. Noch waren von den Schöpfern der Wiener Operette Strauß, Millöcker und Suppé am Leben, aber ihre Spätwerke wie »Waldmeister«, »Fürstin Ninetta« und »Jabuka« von Strauß oder »Der arme Jonathan« von Millöcker hielten dem Vergleich mit den Meisterwerken aus den sechziger bis acht-

Das Theater an der Wien

ziger Jahren nicht stand. Dann starben Suppé und
Millöcker, und im Jahre 1899 auch Johann Strauß. Das
Ziel seiner künstlerischen Sehnsucht schien Strauß erreicht zu haben, als seine komische Oper »Ritter Pazman«
in der Wiener Hofoper aufgeführt wurde. Es kam aber
nur zu wenigen Vorstellungen, was bewies, daß Strauß
kein Opernkomponist war. Sein wahres Ziel erreichte er
erst nach seinem Tode und mit einem Werk, das er selbst
dieser musischen Weihe nicht würdig erachtet hätte, weil
es ja doch »nur eine Operette« war. Zur Trauerfeier führte die Hofoper an drei Abenden hintereinander »Die Fledermaus« auf, und ich erinnere mich noch, welch atemlo-
se Ergriffenheit bei der ersten Vorstellung durch das
Haus ging, als zwischen dem zweiten und dritten Akt
Franz Schalk mit dem Stab ans Pult klopfte, ihn erhob
und schließlich die ersten Takte des Vorspiels zum Walzer »An der schönen blauen Donau« erklangen.
»Die Operette ist tot«, hatte man in den neunziger Jahren
geklagt, nachdem Suppé verstummt war – aus seinem
Nachlaß war noch mühsam die Operette »Das Modell«
zusammengestoppelt worden – und als der Melodien-

strom in den Spätwerken von Strauß und Millöcker merklich versickerte. Aus dem, was die Epigonen um die Jahrhundertwende brachten, hat sich nur einiges von Ziehrer und der »Opernball« von Heuberger erhalten.

Für mich brachte die Dürrezeit zwischen dieser ersten und der zweiten Wiener Operetten-Blüte, die dann ungefähr um die Jahrhundertwende einsetzte, den Vorteil, daß ich die Operetten der klassischen Trias zu hören bekam und auch Offenbachs später nicht mehr gespielte Werke »Die Großherzogin von Gerolstein«, »Die Prinzessin von Trapezunt« und »Ritter Blaubart« kennengelernt habe. Denn die sich auch in den Kassenrapporten spiegelnde Dürftigkeit der Produktion zwang die Theaterleiter, immer wieder auf die Schätze aus der jüngsten Vergangenheit zurückzugreifen.

Am Theater an der Wien wirkten neben Girardi noch der Tenor Karl Streitmann sowie Josef Josephi, dessen richtiger Familienname, Ichheiser, für einen Sänger wohl zu ominös klang. War Not am Mann, konnte er seinen Bariton bis zum Tenor hinaufschrauben und erwies sich auch bei ernsteren schauspielerischen Aufgaben nicht als Notnagel. Jlka Palmay war eine Sängerin von lebenssprühender Grazie, und Therese Biedermann ein reizvoller, quicklebendiger Soubrettenkobold. Sie hatte durch das häufige Zusammenspiel den Tonfall ihres Kollegen Girardi sosehr angenommen, daß man glauben konnte, die beiden hätten in derselben Kinderstube singen und sagen gelernt. Diese Erscheinung ließ sich später übrigens auch an der Niese beobachten.

Im Carltheater waren die Komiker Carl Blasel und Wilhelm Knaack aus der Großzeit früherer Tage übrig geblieben, die mit dem damals schon verstorbenen Karl Matras unmittelbar an das Komikerterzett Nestroy – Scholz – Grois angeknüpft hatten.

Ungefähr mit dem Beginn des neuen Jahrhunderts setzte mit Léhar, Oscar Straus, Eysler, Fall und Kálmán die zweite Blüte der Wiener Operette ein. Sänger und Dar-

Adolf Sonnenthal, Carl Blasel, Charlotte Wolter, Alexander Girardi,
Emmerich Kálmán, Marie Geistinger, Josef Lehner d.Ä. und Ferdinand
von Saar im Restaurant »zur Linde« in der Rotenturmstraße, 1890

steller, die sich neben ihren Kollegen aus der klassischen
Operettenzeit sehen und hören lassen konnten, waren
etwa Betty Stojan und Julie Kopacsi, die Tenöre Willy
Bauer und Karl Spielmann, später Mizzi Zwerenz am
Carltheater und dann Anni Dirkens. Ein Paar, das, was
den weiblichen Teil betrifft, sogar heute in noch bühnen-
lebendiger Erinnerung ist, bildeten Mizzi Günther und
Louis Treumann, die den Triumphzug der »Lustigen
Witwe« über die ganze Welt eröffneten und mit diesem
Stück Unsterblichkeit erlangten, solange die Unsterblich-
keit der »Lustigen Witwe« dauern wird.

Als Anhang zur Wiener Operette verdienen auch die
Darbietungen zweier kleiner Operettenbühnen Erwäh-
nung. Wiens maître de plaisir der Jahrhundertwende, der
Ausstattungskünstler und von einigen Blättern sogar
zum »Magier aus dem Osten« erhobene Gabor Steiner

hatte das Sommertheater »Venedig in Wien« gegründet. Bald trug das Ensemble die Sommererfolge auf einer kleinen Bühne in der Wasagasse, die ursprünglich »Danzers Orpheum« genannt wurde, auch durch die Theatersaison. Hier erblickten Ziehrers »Landstreicher« und eine Wiederbelebung der beiden danebengegangen Strauß-operetten »Blinde Kuh« und »Simplizissimus«, mit neuem Text unter dem Namen »Gräfin Pepi«, das Rampenlicht. Die zusammengestoppelte Straußoperette erstrahlte im Licht eines neu aufgehenden Sternes am Wiener Operettenhimmel, der Mizzi Zwerenz hieß und später einmal für Jahre jene Nächte beleuchten sollte, in denen ein »Walzertraum« geträumt wurde. Der Hauptschlager dieser Bühnen war jedoch die amerikanische Operette »Die Schöne von New York«, die ihre Serienerfolge – von amerikanischen Dimensionen – über die ganze Welt trug.

Auf der kleinen Winterbühne, deren Operettenabenden Varieténummern angefügt wurden, habe ich auch zum erstenmal einen Vorläufer des Tonkinos gesehen. Unter den kurzen szenischen Aufnahmen befanden sich eine Soloszene des berühmten französischen Schauspielers Jean Coquelin sowie die Fechtszenen aus »Hamlet« mit Sarah Bernhardt, deren Extravaganz unter anderem darin bestand, daß sie selbst den Hamlet spielte. Die bildhafte Wirkung dieser mit höchstem Raffinement aufgemachten Szene wurde dadurch gesteigert, daß das einzige akustische Element in dem leisen Aufeinanderklirren der Degen bestand. Somit wurde das Ganze in eine seltsam visionäre Stimmung erhoben und die höchste Wirkung erzielt, die eine theatralische Aufführung erzielen kann: die Wirkung der Vision.

MUSIK

Da ich niemals imstande war, symphonische Musik zu erfassen, beschränkten sich meine Konzertbesuche auf wenige Lieder- und Klavierabende, für die damals nur die Musikvereinssäle und der Bösendorfersaal zur Verfügung standen. Ein ganz besonderes Fest war aber nicht nur für mich, sondern für »ganz Wien« das alljährliche Grünfeldkonzert im großen Musikvereinssaal.

Die Einreihung Grünfelds in die erste Klasse der Pianisten von Weltruf war in Wien ein vielumstrittenes Thema. Es gab Unentwegte, die behaupteten, zur letzten Weihe durch die hohe Muse mangle es Grünfeld an der weltentrückten künstlerischen Strenge, sein Wesen sei zu weich. Aber es mag wohl gerade diese Weichheit gewesen sein, die auch diese Unentwegten zu dem Geständnis zwang, daß kaum ein zweiter in gleicher Art die holden Wunder Schubertscher Musik unter seinen Fingern erblühen lassen könne. Zu seinem Konzert drängte sich alles, was ihn, eine der markantesten Persönlichkeiten der Wiener Salons, persönlich kannte. Neben aller künstlerischen Zucht, neben allem eisernen Fleiß war er allen guten Dingen dieser Erde zugetan. Selbst ein brillanter Gesellschafter und unübertroffener Anekdotenerzähler, schätzte er fröhliche Geselligkeit, die er, ohne sich bitten zu lassen, stets durch seine wundervollen Klaviervorträge veredelte, behaglich vor dem Bösendorfer Flügel sitzend, die geliebte Havanna im Munde, dazwischen seine Anekdoten erzählend. So gab es auch in seinen Konzerten, wenn das Programm absolviert war, stets einen inoffiziellen Teil, der an Umfang nicht viel hinter dem offiziellen zurückblieb. Das Konzertpodium wurde zum Salon, ein Teil des Publikums hatte die Sitze verlassen und stand in atemloser Stille um den Flügel. Wenn er aus den Tasten ein Bächlein rauschen ließ, in dem in froher Eil' die launische Forelle vorüberschoß, tropfte es wie lauteres Silber von seinen Fingern. Dann folgte seine Paraphrase des »Fledermauswalzers«, seine »Soirées de Vienne«, und der Jubel nahm kein Ende, bis als obligater Abschluß der »Frühlingsstimmenwalzer« erklang.

»Meine Walzer sind gar nicht so schön, die wer'n erst so

schön, wenn du sie spielst«, hatte Johann Strauß zu Grünfeld gesagt. Eine andere Anerkennung besonderer Art wurde ihm durch einen Glaubensgenossen zuteil, der, losgelöst von den orthodoxen Bräuchen seiner Ahnen, erklärt hatte: »Von allen rituellen Festen halt ich nur mehr das Grünfeldkonzert.«

Johann Strauß, der die Walzer schuf, Alfred Grünfeld, der sie am Klavier spielte, und Alexander Girardi, der sie in der Operette sang, sie bildeten sozusagen die göttliche Dreieinigkeit der Wiener Walzerseele als eine der Emanationen des liberalen Bürgertums aus dem letzten Drittel des vorigen Jahrhunderts. Als Grünfeld einmal sein produktives Talent, dem bis dahin ausschließlich Klavierstücke entsprungen waren, in den Dienst der Schaffung einer Operette stellte, wohl mehr der finanziellen Not als dem künstlerischen Trieb gehorchend, da konnte es nur eine Operette der Lebenslust sein, in deren Mitte ein »Lebemann« stand. Grünfeld wird es mir verzeihen, wenn er in meiner Erinnerung nicht als weltentrückter Künstler, sondern in der Gestalt seines »Lebemanns« fortlebt, in Girardis Darstellung, der, während er genießerisch an seiner Havanna zieht, seinen feinen Dinnerwalzer vor sich hinsummt, mit dem Ausklang: »dulijöh dulijöh, ein Mensch zu sein!«

Daß die literarischen, Theater- und Musikerinnerungen einen so breiten Raum einnehmen, ist in meinem Wesen begründet, denn ich habe stets meinem inneren Leben eine weit größere Bedeutung beigemessen als dem äußeren. Deshalb mußte der Pflege dieses Innenlebens mit Literatur, Theater, Musik und Naturgenuß eine weitaus größere Bedeutung zukommen als der allgemeinen Tagespolitik oder der Weltgeschichte. So hat auch die Politik erst in viel späteren Jahren mein wirkliches Interesse gefunden.

NACHHILFESCHÜLER

Nun aber ist es an der Zeit, über meinen weiteren Lebenslauf bis zu unserem Scheiden aus der Wohnung in der Marxergasse zu berichten.

Zu meinen im Unterschied zur Untergymnasialzeit guten Studienerfolgen, trug auch zu einem guten Stück jener Anteil bei, den der dem Haus neu zugewachsene Freund, Dr. Birnbaum, an meinen Studien nahm. Nicht daß ich ihm viel abgespickt hätte, aber allein die Tatsache, daß sich jemand für mein Studium interessierte und ich auch außerhalb der Schule mit jemandem über meine geistigen Bestrebungen sprechen konnte, war von günstigster Folgewirkung.

Meine Mutter schätzte Dr. Birnbaum sehr, und so verdanke ich ihm auch, daß ich langsam begann, mich innerhalb der Familie durchzusetzen, sozusagen zu einem höheren sozialen Rang aufstieg, weil er mich darin unterstützte, daß ich selbst zu unterrichten begann und dabei ein für meine Verhältnisse ganz schönes Stück Geld verdiente.

Ich hatte mich schon zuvor ein wenig im Unterrichten versucht, und das Objekt dieses unbesoldeten Ehrenamtes bildete Felix Seydl, der Stiefbruder meiner Cousine und nachmaligen Schwägerin Mitzi Seydl. Der alte Seydl war Anfang der neunziger Jahre mit seiner zweiten Frau, seiner Tochter Mitzi aus erster Ehe (mit Elise, einer Schwester meiner Mutter) und zwei jugendlichen Söhnen aus zweiter Ehe von Preßburg nach Wien übersiedelt. Ein schweres Leiden hatte ihn gezwungen, seine Stellung als Theaterdirektor in Preßburg aufzugeben, und mein Vater verschaffte ihm den natürlich nur sehr spärlich entlohnten Posten eines Inspizienten am neueröffneten Raimundtheater.

Felix Seydl, ohnehin kein sehr offener Kopf, wurde das Studium nicht nur durch einen Sprachfehler erschwert, er hatte gegenüber seinen Klassenkollegen den Nachteil, daß in der Preßburger Schule der Unterricht in ungarischer Sprache erteilt worden war, auch wenn er deutsch ziemlich geläufig sprach und schrieb. Denn zu Hause wurde deutsch gesprochen – am Theater hatte es nebeneinander ein deutsches und ein ungarisches Ensemble gegeben und Preßburg trug nach dem Eindruck, den ich um die Jahrhundertwende von dort mitnahm, noch immer eher den Charakter einer deutschen als einer ungarischen Stadt, auch wenn dort schon längst die sehr lebhaften Magyarisierungsbestrebungen eingesetzt hatten.

Ich half Felix also in Latein und Griechisch ein wenig nach und unterstützte ihn insbesondere bei der Ausarbeitung seiner deutschen Hausaufsätze. Dabei wandte ich eine Methode an, die mir dann mein ganzes Leben lang im Unterricht stets zum Erfolg verholfen hat. Den ersten Anstoß hatte wohl der Umstand gegeben, daß ich sehr wohl wußte, ich dürfe nicht die deutschen Aufsätze einfach für ihn machen. Ich wußte ja aus eigener Erfahrung, daß ein halbwegs versierter Deutschlehrer sehr wohl erkannte, ob eine Hausarbeit zum Teil aus einer hilfstätigen Feder geflossen ist. So stammte also wirklich jeder Satz in seinen Arbeiten von Felix selbst, und ich beschränkte mich lediglich darauf, die Gedanken und Worte aus ihm herauszuholen. Diese Methode übertrug sich dann auf den Unterricht insgesamt und ich habe mein Leben lang die günstigsten Ergebnisse damit erzielt. Denn der Schüler merkt sich das, was er sich selbst erarbeitet hat, viel besser und empfindet in der Regel auch eine gewisse Genugtuung über die eigene Schöpfung, die auch sein Selbstvertrauen erhöht.

Gleich bei dem ersten Schüler, den ich gegen Entgelt unterrichtete, führte diese Methode zum vollen Erfolg. Ich stand damals in der siebenten Klasse, während er die zweite derselben Schule besuchte und zur Zeit als ziemlich hoffnungsloser Fall galt. Denn es lagen nicht nur ungenügende Unterrichtsresultate in den Hauptfächern vor.

Er hatte einen Streich begangen, der den Direktor veranlaßte, ihn vom weiteren Schulbesuch auszuschließen. Man gestand ihm jedoch zu, am Ende des Semesters eine Privatistenprüfung abzulegen, damit er in die dritte Klasse eines anderen Gymnasiums übertreten könne.

Dieser Schüler, er hieß Paul Scheibe, Sohn des Besitzers der Dampfbuchbinderei Herman Scheibe in der Marxergasse, hatte trotz seiner scheinbar nüchternen Lebensauffassung ein sich ins Romanhafte wendendes Schicksal und gab einen gar nicht so untypischen Vertreter der bürgerlichen Generation um 1900 ab, wie sie uns aus Hofmannsthals Versen im Einleitungsgedicht zu Schnitzlers »Anatol«-Zyklus entgegenblickt: »…also spielen wir Theater, spielen unsere eigenen Stücke, frühgereift und zart und traurig, die Komödie unserer Seele, unseres Fühlens Heut' und Gestern…« Diese Generation, von wirklicher außergewöhnlicher Beschwernis nicht gedrückt, belastete wie zum Ausgleich förmlich mit solcher Beschwernis ihr Inneres. Da eine solche Beschwernis zumeist mehr oder minder unernst war, hatte sie nur den Zweck, als Komödie der Seele der eigenen Nichtigkeit vor sich und den anderen Bedeutung zu verleihen. In diesem Fall jedoch hat sich die Komödie leider zur Tragödie gewandelt und die Beschwernis jenen zerbrochen, der sie auf sich genommen hatte.

Paul hatte, dank meinem kräftigen Nachschub, die Maturitätsprüfung abgelegt und anschließend ein Chemiestudium absolviert. Ich gab ihm einige gute Ratschläge, als er mir eines Tages schriftlich mitteilte, er habe sich verlobt, und er erzählte mir es auch wieder, als die Verlobung gelöst wurde. In all diesen Jahren standen wir in Kontakt, auch wenn dieser durch meine Heirat etwas lockerer geworden war. Im Sommer des Jahres 1911, Paul hatte inzwischen promoviert und sich nun auf ein Medizinstudium verlegt, verbrachte ich, kurz bevor unser Kind geboren wurde, noch drei Tage mit meiner Frau auf dem Sommersitz der Familie Scheibe in Stockwinkel am

Attersee. Anfang des Jahres 1913 erschütterte mich der plötzliche Tod meines Freundes Dr. Birnbaum, der einem Herzschlag erlag. Dies bewog meinen Bruder Sigmund, mir eine Nachricht, die er in der Zeitung gelesen hatte, persönlich zu überbringen, um mir womöglich einen Schock zu ersparen. Paul Scheibe hatte im Schönbrunner Park mit einem Revolver und Gift Selbstmord begangen und seine zweite Braut, eine Tochter des Burgschauspielers Römpler, mit sich in den Tod genommen.

Ein junger Mensch von scheinbar fast nüchterner Denkart, in bestem Wohlstand lebend, nach erfolgreich beendetem Studium einem neuen zugewandt, keines Hindernisses für den geschlossenen Herzensbund gegenwärtig und einem reichen Leben entgegenblickend, hatte dieses eben fortgeworfen und noch ein anderes mitgerissen. »Wer hat sie denn gekannt von uns allen? Wer kümmert sich denn überhaupt um die anderen?« heißt es im »Einsamen Weg« von Arthur Schnitzler.

DER ANTISEMITISMUS DER LUEGERZEIT

Ich habe keine Schulfreundschaft geschlossen, die über die Schulzeit hinaus, ein ganzes Leben gehalten hätte. Unter meinen Klassenkameraden spielte ich aber dennoch eine prominente Rolle, deren Wesen in einer den anderen überlegenen Kenntnis der Literatur, Geschichte, Politik und des öffentlichen Wesens überhaupt bestand, vor allem aber vielleicht in dem, was hierzulande »a große Goschen« genannt wird. Denn obwohl ich niemals das Bestreben hatte, ein Rolle zu spielen oder mich überhaupt vorzudrängen, werde ich, im Gegensatz zu meiner sonst phlegmatischen Veranlagung, in einem Gespräch, das mich auch nur ein wenig interessiert, sehr lebhaft und spreche dabei sehr laut.

Diese Prominenz nun wurde von einigen Kameraden mit

Wohlwollen, von mehreren mit Widerstreben anerkannt. Hinter diesem Widerstreben stand immer deutlicher erkennbar die Politik oder besser gesagt, »der Jud'«.

In der vierten Klasse war es zunächst der Antisemitismus der Luegerzeit, der mir zu schaffen machte. Komisch genug, da dieser Antisemitismus sich ja in erster Linie gegen den jüdischen Kapitalismus und gegen den konfessionellen Juden wandte. Kapitalist war ich, weiß Gott, mein ganzes Leben lang nicht, und dazu seit Geburt, sieht man von dem Intermezzo der verspäteten Taufe ab, evangelischer Christ. Da meine Mutter aus einer nichtjüdischen Familie stammte, war ich also bestenfalls das, was die damalige Zeit geschmackvoll einen Judenstämmling und eine spätere noch viel gehässiger einen jüdischen Mischling nannte. Die Hochflut der Luegerei betraf mich aber stärker als die echten Juden selbst, da ihre Wortführer mit diesen zwar keinen näheren Verkehr mehr pflegten, sie aber im allgemeinen unbehelligt ließen. Ich aber erregte ihr schweres Ärgernis dadurch, daß ich, ohne wirklich Jude zu sein, dem Äußeren nach sogar aufreizend blonder Germane, in allem die Partei der Juden ergriff und geradezu als ihr Protagonist auftrat. Dies war umso merkwürdiger, als ich mein ganzes Leben lang mit dem Judentum durchaus nicht in allem sympathisierte und mich niemals als Jude gefühlt habe. Was mich im allgemeinen anzog, war die bei vielen Juden, die ich kannte, stark ausgeprägte Geistigkeit, was mich abstieß, war der bei mehreren stark ausgeprägte Realismus (oder Materialismus).

Der christlichsoziale Antisemitismus erwies sich bald eher als Wahlschlager denn als eine wirkliche Gefahr für die Juden. Die Christlichsozialen leerten auf ihrem Weg von der Wiener zur Reichspartei viel Wasser in ihren Wein. Neben die Anhänger des Luegerschen »dem kleinen Manne muß geholfen werden«, womit der kleine Gewerbetreibende gemeint war, neben die Vertreter der christlichsozialen Arbeiterschaft wie Leopold Kunschak, traten Vertreter der Bauern und auch der Großgrundbesitzer, dann Feudale wie Prinz Alois Liechtenstein, die sich die Bewegung zunutze machen wollten, trat der Klerus vom kleinen Landpfarrer bis zu den Bischöfen und Erzbischöfen, ein großer Teil der Beamtenschaft und schließlich, angesichts des rasch fortschreitenden Verfalles der liberalen Partei, der Großkapitalismus. Sie alle wurden von den Leuten, die ausgezogen waren, dem kleinen Mann zu helfen, mit offenen Armen aufgenommen. So versammelte sich alles, was bereit war, gegen den in zukünftiger Riesenhaftigkeit sich reckenden Gegner der Christlichsozialen Front zu machen – gegen die Sozialdemokratie. Es war ein für die Judenschaft beschämender und den Judenfreund abstoßender Vorgang, daß auch der jüdische Großkapitalismus in toller Angst vor den Sozialdemokraten in die Gefolgschaft der Christlichsozialen trat und sich damit von dem Besten, den das österreichische Judentum jener Tage hervorgebracht hatte – von Viktor Adler, abwandte.

In ernsterer Form trat die Judenfrage an mich heran, als der Übergang zur Hochschule in greifbare Nähe rückte. Dabei wurde die schreckensvolle Bedeutung des Rassenantisemitismus für die Zukunft damals weder von mir noch von anderen in ihrem vollen Umfang erfaßt. Und seine Vertreter im Parlament, Georg Schönerer mit seinen Gefolgsmannen, wurden wohl nur von den Deutschnationalen Studenten als teutonische Recken verehrt und ernstgenommen. Auf andere wirkten sie mit ihrem Rufe »Heil Hohenzollern«, mit dem sie ihre Parlamentsreden gern schlossen, und mit Schönerers: »Was der Jude glaubt, ist einerlei, in der Rasse liegt die Schweinerei« eher belustigend.

Der Beitritt zu den Verbindungen der Hochschülerschaft war den österreichischen Gymnasiasten verboten. Dennoch ließen sich die Hochschülerschaften nicht abhalten, durch Organisierung geheimer Pennälerverbindungen an den Gymnasien für ihren Nachwuchs zu sorgen.

BERUFSWAHL

Mit dem Abschluß des Gymnasialstudiums trat nun die Frage »Was weiter?« an mich heran, die ich im wesentlichen allein zu beantworten hatte. Und darin, daß ich nicht die richtige Antwort fand und niemand da war, der den richtigen Weg wies, liegt die Wurzel eines im ganzen problematisch verlaufenden Lebens. Es stand für mich fest, daß ich ein Hochschulstudium bestreiten würde. Nach meiner Veranlagung und Geistesrichtung wäre nur das an der philosophischen Fakultät in Betracht gekommen, in erster Linie Germanistik und deutsche Literaturgeschichte, dann die Klassik in Sprache und Literatur, alte und neue Geschichte, Philosophie. Es handelte sich aber nicht bloß um die Art des Studiums, sondern vor allem um die Frage des künftigen Berufes. Da gab es aber nach Abschluß des philosophischen Studiums nur den Beruf des Mittelschullehrers. Den in früher Jugend gefaßten Plan, Schriftsteller und Journalist wie mein Vater zu werden, hatte ich, in richtiger Erkenntnis der Grenzen meiner Fähigkeiten, fallen gelassen. Dazu kamen noch materielle Erwägungen, denn die ewigen Geldschwierigkeiten, in denen sich mein Vater befand, hatten mir die Nachteile und die Unsicherheit eines freien Berufes nachdrücklich vor Augen geführt. Meine durch die Verhältnisse im Elternhaus genährte Angst vor dem Kampf ums Brot ließ, gemeinsam mit einem angeborenen Hang zur Bequemlichkeit, als vernünftigste Forderung für die Zukunft die Begründung einer gesicherten Existenz erscheinen. Und in dieser Frage erwies ich mich als echter Österreicher jener Zeit, für den es im allgemeinen nur zwei Berufswege gab: den des Beamten und den eines Strizzi.
Für einen Gymnasiallehrer bestanden die Aussichten in einem vieljährigen Supplententum mit einem Bettelgehalt, das man mit Privatstunden aufbessern mußte, anschließend einmal das Definitivum als Mittelschullehrer in irgendeinem Provinznest, und, bei viel Glück, in

Moriz Schlesinger, 1903

späten Jahren die Versetzung nach Wien. Denn hatte man das Unglück, den aufreizenden Namen Schlesinger zu führen und überdies nicht katholisch zu sein, war unter den damaligen Verhältnissen nichts Besseres zu erwarten, insbesondere im Ressort Kultus und Unterricht, für das noch immer das Motto galt: »Der Kultus hat den Unterricht erschlagen«. Noch drohender als dieses Risiko umwölkte aber eine andere Aussicht mir den Zukunftshorizont. Es war Gepflogenheit, daß im Untergymnasium allwöchentlich je eine lateinische und eine deutsche Schularbeit gegeben wurden. Die Vorstellung, allwöchentlich vierzig lateinische und vierzig deutsche Arbeiten durchkorrigieren zu müssen, war es, die mich vor diesem Beruf zurückschaudern ließ. So entsagte ich dem Wunsch nach der philosophischen Fakultät und beschloß, Jus zu studieren.

NACHWORT

Mein Vater Moriz Schlesinger wurde als letztes von zwölf Kindern nicht bevorzugt, eher im Gegenteil. Zu seinem Glück wurde er ins humanistische Gymnasium geschickt. Er hätte gern klassische Sprachen studiert, entschloß sich aber aus praktischen Erwägungen für das Studium der Rechtswissenschaften. Sein Jusstudium gab ihm genügend freie Zeit, als Hauslehrer bei wohlhabenden Familien zu arbeiten.

Nach seiner Promotion an der Wiener Universität fand er einen Posten bei den Staatsbahnen. Er mußte wie ein Lehrling anfangen und wurde dann in der Station Klosterneuburg-Weidling eingesetzt. Unter anderem hatte er Telegraphendienst mit Nachtarbeit zu leisten, später wurde er Fahrdienstleiter. Im Zusammenhang mit einem Honigdiebstahl im Bereich der Bahn hatte er in der »Bienenburg«, dem am Nordhang des Kahlenbergs gelegenen Hauses eines Bienenzüchters, ein Protokoll aufzunehmen. Der junge Mann fiel Helene, der jüngsten Tochter des Bienenzüchters auf, und nicht viel später, im Jahr 1910, wurde sie seine Frau.

Bahnbeamte wurden damals nicht gut bezahlt. Das junge Paar fand eine kleine Wohnung im Wiener Außenbezirk Rudolfsheim. Ein Jahr später kam ich zur Welt, 1925 folgte mein Bruder Otto.

Im ersten Weltkrieg wurde meinem Vater das bereits abgeleistete Einjährig-Freiwilligen-Jahr zur Lebensrettung. Papa mußte nicht an die Front, sondern wurde nach Kroatien versetzt, zunächst nach Brod an der Save, später nach Agram (Zagreb). Er hatte in großen Heulagern im Bahnbereich die Lieferung von Futtermitteln zu überwachen und russische Gefangene zu beaufsichtigen, die dort zur Arbeit eingesetzt waren. Er hatte lange Arbeitszeiten, nicht selten auch Sonntag vormittags, aber er lebte in Sicherheit. Überdies konnte die Familie bald nachkommen. Kroatien war zwar Teil der Österreichisch-Ungarischen Monarchie, aber zu Ungarn gehörig. Unter Nahrungsmangel hatten wir in dieser Zeit nicht zu leiden. So ha-

Moriz Schlesinger mit seiner Frau Helene und
der Tochter Helene auf der Veranda
der »Bienenburg«, um 1912

ben wir die Kriegsjahre unter denkbar günstigen Umständen
verbracht.

Unter den Mitarbeitern meines Vaters befand sich Otto König
sen., der spätere Kunst- und Literaturkritiker der »Arbeiter-
Zeitung«, mit dem ihn bald starke gemeinsame Interessen ver-
banden. Auch dieser hatte seine Frau und seinen Sohn Otto,
den späteren Leiter des Forschungszentrums »Wilhelminen-
berg«, bei sich in Agram.

Eine andere Lebensfreundschaft entstand, als wir in Brod bei
der Familie des Rechtsanwalts Dr. Ivekovic Wohnung fanden.
Diese übersiedelte später ebenfalls nach Agram, und unser
Kontakt wurde enger. Wir haben einander auch nach dem

Krieg noch besucht und sind für's Leben in Korrespondenz geblieben. Wir waren auch mit anderen kroatischen Familien befreundet, die Deutsch sprachen.

Nach Wien heimgekehrt, begann auch für uns die Hungersnot. Oft fuhr mein Vater auf's Land und kaufte bei den Bauern Lebensmittel. Mit seinem natürlichen Wesen und seiner Fähigkeit, mit einfachen Menschen zu reden, fand er überall offene Türen. Er kam immer mit vollem Rucksack nach Hause.

Eine neue Lebensperiode begann, als ich ins humanistische Gymnasium kam. Da war Papa in seinem Element. Auf Spaziergängen in Schönbrunn begann er mir im Vorhinein Lateinunterricht zu geben.

Bald mußte er jedoch aus beruflichen Gründen den Privatunterricht abbrechen, er wurde Transportkontrollor. Er fuhr nun auf die Strecke und hatte in den Stationen die Gebarung des Transports zu überprüfen und dem Personal mit Rat und Information zu helfen. Das wurden schöne Jahre für ihn. Das Bahnfahren hat ihm immer Freude gemacht. Drei bis vier Tage in der Woche war er unterwegs. Oft ging er den Weg zwischen zwei Stationen zu Fuß, traf Menschen, sprach mit ihnen und genoß die frische Luft. Manchmal schrieb er eine Karte an uns, einmal auch an mich: »Hier sende ich einen Gruß aus Spitz, wo ich auf hartem Sorgensitz für Dich, gewohnt an spitze Witze, den Stift für solche Witze spitze.« Eine Zeit lang war die Wachau sein Einsatzgebiet, aber zumeist fuhr er über den Semmering nach Bruck und Graz.

Um 1930, als die politischen Unruhen begannen und die wirtschaftliche Lage immer schlechter wurde, versetzten die Österreichischen Bundesbahnen viele ihrer Beamten mittleren Alters in Frühpension. Dieses Schicksal traf auch meinen Vater, der sich durch die Aussicht, auf keine Verbesserung seiner beruflichen Position mehr hoffen zu können, getroffen fühlte. Zum Glück fand er bald einen Posten bei einer Spedition, wo er seine Bahnkenntnisse verwerten konnte. Als im Jahr 1934 in Österreich die Demokratie zusammenbrach, war er dann sogar froh, nicht die von den öffentlichen Beamten erwartete Haltung zeigen und »das Tamtam mitmachen« zu müssen.

Oft hatten wir Papa schon gebeten, seine Erinnerungen niederzuschreiben. Er war sich der Mühe dieses Unterfangens bewußt, raffte sich aber nun doch dazu auf, alte halbverwendete Schulhefte zu füllen.

Der unheilvolle Einbruch des deutschen Faschismus im Jahr 1938 traf unsere Familie schwer. Im September 1942 wurde ich aus politischen Gründen verhaftet und bis zum Kriegsende festgehalten. Mein viel jüngerer Bruder Otto wurde gleich nach der Matura zur Wehrmacht eingezogen und 1944 im Mittelabschnitt der Ostfront als vermißt gemeldet. Solange Kriegsgefangene aus Rußland heimkehrten, hofften wir noch. Eines Tages aber sah mich mein Vater an und sagte: »Ich glaube nicht mehr, daß er noch kommen wird.«

Papa hatte ursprünglich geplant, zusammen mit seinem Sohn wieder an die Universität zu gehen. Obwohl es ihm schwer fiel, hat er die Seelenstärke aufgebracht, allein ein zweites Studium zu beginnen. Er besuchte Vorlesungen für Latein und Griechisch und schloß dabei Kontakt mit jungen Menschen, die ihn schnell in ihren Kreis einbezogen. Zu Hause war er damit beschäftigt, an seinen Erinnerungen weiterzuschreiben. Er war mit seinem Vorhaben noch lange nicht fertig, als ihn 1954 während eines Sommeraufenthalts in Krimml ein Schlaganfall traf. Danach konnte er sich nicht mehr konzentrieren, nicht mehr richtig denken und schreiben. Mit diesem schmerzlichen Bewußtsein mußte er noch zwei bittere Jahre leben. Zuletzt war er nicht mehr der gewohnte heitere, witzige, freundliche Mensch, der trotz Schicksalsschlägen und Kummer immer lebensfroh sein konnte, zu seinem und unserem Glück.

Helene Otley,
Rockville im Frühjahr 1993

ANHANG

PERSONENVERZEICHNIS

Albach-Retty, Rosa (1874–1980), Schauspielerin; kam nach ersten Engagements in Berlin 1895 an das Deutsche Volkstheater und wurde 1905 von Paul Schlenther im Rollenfach der Naiven ans Burgtheater engagiert.

Altenberg, Peter (eigentlich Richard Engländer; 1859–1919), Schriftsteller; verfaßte Kleinprosa.

Andersen, Hans Christian (1805–1875), dänischer Schriftsteller; begründete seinen Weltruhm mit Märchen und Erzählungen für Kinder.

Anschütz, Heinrich (1785–1865), Schauspieler; 1821–1864 am Burg- ˡᵗ ᵃˡˢ einer der größten deutschen Tragöden.

olksschriftsteller; im Mittel-
.er Erzählungen und Romane
enbauern und des städtischen
nigkeit er gesellschaftskritisch
oauer«, 1871, »Der G'wissens-
77.

omödiendichter; Journalist und
Presse«.

ltiker, Lektor und Journalist; ver-
ngen vor und nach 1900; gab seit
Wochenzeitschrift »Die Zeit« her-
freisinnig-demokratischen »Neu-
Max Reinhardt als Regisseur ans
iert; 1908 Burgtheaterkritiker beim
urgtheaterdirektor.

ger; nach Gastspielreisen durch Eu-
ellung als Erster Operettentenor am

890), Dramatiker; Meister des Gesell-
idert, wurde seit 1834 ca. 12.000 mal

Baumeister, Bernhard (eigentlich Baumüller; 1828–1917), Schauspieler; von Laube 1853 ans Burgtheater engagiert, wo er sich vom Naturburschen zum Charakterdarsteller entwickelte; spielte über 500 Rollen.

Benedikt, Moritz (1849–1920), liberaler Publizist; ab 1872 als Journalist tätig; ab 1908 Chefredakteur und Herausgeber der »Neuen Freien Presse«.

Benedix, Roderich (1811–1873), deutscher Dramatiker, Schauspieler und Theaterdirektor.

Berger, Alfred Freiherr von (1853–1912), Lyriker und Dramatiker; war nach Schreyvogel, Laube und Dingelstedt einer der bedeutendsten Dramaturgen des Burgtheaters; seit 1887 artistischer Sekretär des Burgtheaters; ab 1894 Professor für Ästhetik; 1900–1910 Leiter des Deutschen Schauspieles in Hamburg; verheiratet mit Stella von Hohenfels.

Bernhardt, Sarah (1844–1923), französische Schauspielerin; ab 1880 zahlreiche Auslandsgastspiele.

Biedermann, Therese (1863–1942), Sängerin; Kinderdarstellerin am Wiener Stadttheater und ab 1877 am Burgtheater; nach Provinzengagements von 1886–1899 am Theater an der Wien, ab 1901 am Carltheater.

Björnson, Björnstjerne (1832–1910), norwegischer Dichter und Politiker; ursprünglich Romantiker, war als Vertreter des Realismus ein Erneuerer der norwegischen Literatur.

Blasel, Carl (1831–1922), Volksschauspieler und Theaterdirektor; begann als Sängerknabe an der Hofoper; 1863 holte ihn F. Stampfer ans Theater an der Wien, seine Darbietungen in Possen und Operetten machten ihn populär; bildete seit 1869 am Carltheater gemeinsam mit W. Knaack und J. Matras ein Komikerkleeblatt, das im deutschen Sprachraum berühmt wurde; 1885 Direktor des Josefstädter Theaters, dann des Carltheaters.

Bleibtreu, Hedwig (1868–1958), Schauspielerin; kam nach Engagements in Deutschland 1892 an das Carltheater und ab 1893 ans Burgtheater; wandelte sich in über 200 Rollen von der Sentimentalen und Jugendlichen Heldin über die Heroine und Salondame zur Mütterspielerin; eine der gefeiertsten Tragödinnen ihrer Zeit.

Bognar, Friederike (1840–1914), Schauspielerin; 1858 von Laube ans

Krieg noch besucht und sind für's Leben in Korrespondenz geblieben. Wir waren auch mit anderen kroatischen Familien befreundet, die Deutsch sprachen.

Nach Wien heimgekehrt, begann auch für uns die Hungersnot. Oft fuhr mein Vater auf's Land und kaufte bei den Bauern Lebensmittel. Mit seinem natürlichen Wesen und seiner Fähigkeit, mit einfachen Menschen zu reden, fand er überall offene Türen. Er kam immer mit vollem Rucksack nach Hause.

Eine neue Lebensperiode begann, als ich ins humanistische Gymnasium kam. Da war Papa in seinem Element. Auf Spaziergängen in Schönbrunn begann er mir im Vorhinein Lateinunterricht zu geben.

Bald mußte er jedoch aus beruflichen Gründen den Privatunterricht abbrechen, er wurde Transportkontrollor. Er fuhr nun auf die Strecke und hatte in den Stationen die Gebarung des Transports zu überprüfen und dem Personal mit Rat und Information zu helfen. Das wurden schöne Jahre für ihn. Das Bahnfahren hat ihm immer Freude gemacht. Drei bis vier Tage in der Woche war er unterwegs. Oft ging er den Weg zwischen zwei Stationen zu Fuß, traf Menschen, sprach mit ihnen und genoß die frische Luft. Manchmal schrieb er eine Karte an uns, einmal auch an mich: »Hier sende ich einen Gruß aus Spitz, wo ich auf hartem Sorgensitz für Dich, gewohnt an spitze Witze, den Stift für solche Witze spitze.« Eine Zeit lang war die Wachau sein Einsatzgebiet, aber zumeist fuhr er über den Semmering nach Bruck und Graz.

Um 1930, als die politischen Unruhen begannen und die wirtschaftliche Lage immer schlechter wurde, versetzten die Österreichischen Bundesbahnen viele ihrer Beamten mittleren Alters in Frühpension. Dieses Schicksal traf auch meinen Vater, der sich durch die Aussicht, auf keine Verbesserung seiner beruflichen Position mehr hoffen zu können, getroffen fühlte. Zum Glück fand er bald einen Posten bei einer Spedition, wo er seine Bahnkenntnisse verwerten konnte. Als im Jahr 1934 in Österreich die Demokratie zusammenbrach, war er dann sogar froh,

nicht die von den öffentlichen Beamten erwartete Haltung zei-
gen und »das Tamtam mitmachen« zu müssen.

Oft hatten wir Papa schon gebeten, seine Erinnerungen nieder-
zuschreiben. Er war sich der Mühe dieses Unterfangens be-
wußt, raffte sich aber nun doch dazu auf, alte halbverwendete
Schulhefte zu füllen.

Der unheilvolle Einbruch des deutschen Faschismus im Jahr
1938 traf unsere Familie schwer. Im September 1942 wurde ich
aus politischen Gründen verhaftet und bis zum Kriegsende
festgehalten. Mein viel jüngerer Bruder Otto wurde gleich
nach der Matura zur Wehrmacht eingezogen und 1944 im
Mittelabschnitt der Ostfront als vermißt gemeldet. Solange
Kriegsgefangene aus Rußland heimkehrten, hofften wir noch.
Eines Tages aber sah mich mein Vater an und sagte: »Ich glau-
be nicht mehr, daß er noch kommen wird.«

Papa hatte ursprünglich geplant, zusammen mit seinem Sohn
wieder an die Universität zu gehen. Obwohl es ihm schwer fiel,
hat er die Seelenstärke aufgebracht, allein ein zweites Studium
zu beginnen. Er besuchte Vorlesungen für Latein und Grie-
chisch und schloß dabei Kontakt mit jungen Menschen, die ihn
schnell in ihren Kreis einbezogen. Zu Hause war er damit be-
schäftigt, an seinen Erinnerungen weiterzuschreiben. Er war
mit seinem Vorhaben noch lange nicht fertig, als ihn 1954
während eines Sommeraufenthalts in Krimml ein Schlaganfall
traf. Danach konnte er sich nicht mehr konzentrieren, nicht
mehr richtig denken und schreiben. Mit diesem schmerzlichen
Bewußtsein mußte er noch zwei bittere Jahre leben. Zuletzt
war er nicht mehr der gewohnte heitere, witzige, freundliche
Mensch, der trotz Schicksalsschlägen und Kummer immer le-
bensfroh sein konnte, zu seinem und unserem Glück.

Helene Otley,
Rockville im Frühjahr 1993

ANHANG

Albach-Retty, Rosa (1874–1980), Schauspielerin; kam nach ersten Engagements in Berlin 1895 an das Deutsche Volkstheater und wurde 1905 von Paul Schlenther im Rollenfach der Naiven ans Burgtheater engagiert.

Altenberg, Peter (eigentlich Richard Engländer; 1859–1919), Schriftsteller; verfaßte Kleinprosa.

Andersen, Hans Christian (1805–1875), dänischer Schriftsteller; begründete seinen Weltruhm mit Märchen und Erzählungen für Kinder.

Anschütz, Heinrich (1785–1865), Schauspieler; 1821–1864 am Burgtheater; galt als einer der größten deutschen Tragöden.

Anzengruber, Ludwig (1839–1889), Volksschriftsteller; im Mittelpunkt seiner 19 Volksstücke sowie der Erzählungen und Romane steht das Leben und Milieu des Alpenbauern und des städtischen Kleinbürgers, deren sittliche Engstirnigkeit er gesellschaftskritisch nachzeichnete; u. a.: »Der Meineidbauer«, 1871, »Der G'wissenswurm«, 1874, »Das vierte Gebot«, 1877.

Auernheimer, Raoul (1876–1948), Komödiendichter; Journalist und Feuilletonist bei der »Neuen Freien Presse«.

Bahr, Hermann (1863–1934), Dramatiker, Lektor und Journalist; verfolgte als Schriftsteller alle Strömungen vor und nach 1900; gab seit 1894 mit anderen u.a. die liberale Wochenzeitschrift »Die Zeit« heraus; ab 1998 Theaterkritiker beim freisinnig-demokratischen »Neuen Wiener Tagblatt«; 1906 von Max Reinhardt als Regisseur ans Deutsche Theater in Berlin engagiert; 1908 Burgtheaterkritiker beim »Neuen Wiener Journal«; 1918 Burgtheaterdirektor.

Bauer, Wilhelm (geb. 1863), Sänger; nach Gastspielreisen durch Europa und USA ab 1893 Dauerstellung als Erster Operettentenor am Carltheater.

Bauernfeld, Eduard von (1802–1890), Dramatiker; Meister des Gesellschaftsstückes im 19. Jahrhundert, wurde seit 1834 ca. 12.000 mal am Burgtheater aufgeführt.

Baumeister, Bernhard (eigentlich Baumüller; 1828–1917), Schauspieler; von Laube 1853 ans Burgtheater engagiert, wo er sich vom Naturburschen zum Charakterdarsteller entwickelte; spielte über 500 Rollen.

Benedikt, Moritz (1849–1920), liberaler Publizist; ab 1872 als Journalist tätig; ab 1908 Chefredakteur und Herausgeber der »Neuen Freien Presse«.

Benedix, Roderich (1811–1873), deutscher Dramatiker, Schauspieler und Theaterdirektor.

Berger, Alfred Freiherr von (1853–1912), Lyriker und Dramatiker; war nach Schreyvogel, Laube und Dingelstedt einer der bedeutendsten Dramaturgen des Burgtheaters; seit 1887 artistischer Sekretär des Burgtheaters; ab 1894 Professor für Ästhetik; 1900–1910 Leiter des Deutschen Schauspieles in Hamburg; verheiratet mit Stella von Hohenfels.

Bernhardt, Sarah (1844–1923), französische Schauspielerin; ab 1880 zahlreiche Auslandsgastspiele.

Biedermann, Therese (1863–1942), Sängerin; Kinderdarstellerin am Wiener Stadttheater und ab 1877 am Burgtheater; nach Provinzengagements von 1886–1899 am Theater an der Wien, ab 1901 am Carltheater.

Björnson, Björnstjerne (1832–1910), norwegischer Dichter und Politiker; ursprünglich Romantiker, war als Vertreter des Realismus ein Erneuerer der norwegischen Literatur.

Blasel, Carl (1831–1922), Volksschauspieler und Theaterdirektor; begann als Sängerknabe an der Hofoper; 1863 holte ihn F. Stampfer ans Theater an der Wien, seine Darbietungen in Possen und Operetten machten ihn populär; bildete seit 1869 am Carltheater gemeinsam mit W. Knaack und J. Matras ein Komikerkleeblatt, das im deutschen Sprachraum berühmt wurde; 1885 Direktor des Josefstädter Theaters, dann des Carltheaters.

Bleibtreu, Hedwig (1868–1958), Schauspielerin; kam nach Engagements in Deutschland 1892 an das Carltheater und ab 1893 ans Burgtheater; wandelte sich in über 200 Rollen von der Sentimentalen und Jugendlichen Heldin über die Heroine und Salondame zur Mütterspielerin; eine der gefeiertsten Tragödinnen ihrer Zeit.

Bognar, Friederike (1840–1914), Schauspielerin; 1858 von Laube ans

Burgtheater engagiert; ab 1873 in Prag, Berlin und am Deutschen Volkstheater.

Brahm, Otto (eigentlich Otto Abraham; 1856–1912), deutscher Dramatiker und Theaterleiter; seit 1881 Kritiker der »Vossischen Zeitung« in Berlin, begründete u.a. mit P. Schlenther 1889 die Freie Bühne in Berlin und bahnte hier als Wegbereiter des Naturalismus die Erfolge Ibsens und Hauptmanns, übernahm 1894 das Deutsche Theater Berlin und ab 1904 das Lessingtheater.

Bukovics, Emmerich von (1844–1905), Journalist, Dramaturg und Bühnenschriftsteller; 1889–1905 Direktor des Deutschen Volkstheaters.

Burckhard, Max (1854–1912), ursprünglich Ministerialbeamter und Privatdozent für Privatrecht; Dramatiker und Theaterkritiker; von 1890-1897 Direktor des Burgtheaters; anschließend Rat am Verwaltungsgerichtshof.

Busch, Wilhelm (1832–1908), deutscher Dichter, Zeichner und Maler; Meister des epigrammatischen knappen Textes, verbunden mit satirischen Bilderfolgen, in denen er das Spießbürgertum in seiner Verlogenheit und Selbstzufriedenheit bloßstellt.

Chiavacci, Vinzenz (1847–1916), Journalist und Volksstückdramatiker; nach 1886 Chefredakteur beim »Neuen Wiener Tagblatt«.

Clemenceau, Georges Benjamin (1841–1929), französischer Politiker; Republikaner; ab 1876 Abgeordneter; Führer der radikalsozialistischen Linken; 1906–1909 und 1917–1920 französischer Ministerpräsident.

Costa, Karl (eigentlich Karl Kostina; 1832–1907), Schriftsteller; verfaßte eine Reihe vielgespielter Volksstücke, führte zeitweilig die Direktion des Josefstädter Theaters.

Courths-Mahler, Hedwig (1867–1950), deutsche Schriftstellerin; schrieb ab ihrem 17. Lebensjahr mehr als 200 Unterhaltungsromane, denen immer dasselbe Klischee von Aufstieg, Reichtum und Glück sozial Niedriggestellter zugrunde liegt; einige ihrer Bücher erreichten Massenauflagen.

Dawison, Bogumil (1818–1872), Schauspieler, ab 1849 als Liebhaber am Burgtheater engagiert; anschließend Engagements in den USA und in Dresden.

Demuth, Leopold (eigentlich Leopold Pokorny; 1861–1910), Bariton; ab 1897 ständiges Mitglied der Hofoper, ab 1899 auch bei den Bayreuther Festspielen.

Devrient, Max (1857–1929), deutscher Schauspieler; kam 1881 an das Wiener Ringtheater; 1882 Burgtheater, ab 1910 Mitglied auf Lebenszeit.

Dingelstedt, Franz Freiherr von (1814–1881), Schriftsteller und Theaterleiter; kam über München und Weimar nach Wien; 1867–1870 Direktor der Hofoper, unter seiner Leitung fand am 25. 5. 1869 die Eröffnung des neuen Hauses am Ring statt; 1870–1881 Direktor des Burgtheaters.

Dirkens, Anni (1869–1942), Operettensoubrette; ab 1896 am Theater an der Wien, ab 1899 Josefstädter Theater.

Eisenmenger, August (1830–1907), Maler; 1872–1901 Professor an der Akademie der bildenden Künste, zeitweise auch Rektor und Prorektor; schuf u. a. Historien- und Deckengemälde für Ringstraßenpalais, den Musikvereinssaal, das Parlament und das Rathaus.

Eisenmenger, Rudolf Hermann (geb. 1902), Maler; 1939–1945 Präsident des Wiener Künstlerhauses; ab 1951 Professor an der Technischen Universität Wien; schuf 13 Gobelins und den Eisernen Vorhang der Wiener Staatsoper.

Eysler, Edmund (1874–1949), Komponist und Pianist; Pianist in vornehmen Salons und im Vergnügungsetablissement »Venedig in Wien«; komponierte ca. 60 Operetten im traditionellen Wiener Stil; 1903 gelang ihm mit »Bruder Straubinger« der durchschlagende Erfolg, an dem A. Girardi wesentlich beteiligt war; mit ihm begann das Silberne Zeitalter der Wiener Operette.

Fall, Leo (1873–1925), Kapellmeister und Operettenkomponist; komponierte u.a. »Brüderlein fein«, 1905.

Fichtner, Carl (1805–1873), Schauspieler, von Schreyvogel 1824 zu einem Probegastspiel ans Burgtheater engagiert, wo er bis zu seinem Lebensende blieb.

France, Anatole (1844–1924), französischer Schriftsteller; verkörperte als einer der bedeutendsten französischen Erzähler, Essayisten und Literaturkritiker seiner Zeit die humanistische Tradition der Aufklärung; Gegner des Symbolismus; trat als Sozialist für Dreyfus ein; 1921 Nobelpreis für Literatur.

Freytag, Gustav (1816–1895), deutscher Schriftsteller; Schöpfer der Journalistenkomödie »Die Journalisten«, 1854.

Fröden, Adolf (1861–1932), Komiker, einer der populärsten Schauspieler der Wiener Vorstadt; 1893–1897 am Raimundtheater, ab 1898 am Kaiserjubiläums-Stadttheater; fand seine Haupt- und Glanzrolle in K. Costas »Bruder Martin«.

Fulda, Ludwig (1862–1939), deutscher Lustspieldichter und Übersetzer.

Fürst, Johann (1824–1882), Theaterdirektor; begann als Straßen- und Volkssänger gemeinsam mit J. Matras; leitete eine Singspielhalle, bis er 1867 das kleine Fürsttheater im Prater gründete (1872 umgebaut, seit 1892 Jantschtheater und 1895–1928 Lustspieltheater).

Gabillon, Louis (oder Ludwig; 1828–1896), Schauspieler; 1853 von Laube als Charakterschauspieler ans Burgtheater engagiert, wo er über 300 Rollen verkörperte; ab 1875 dort auch als Regisseur tätig; seit 1856 in zweiter Ehe mit Zerline Gabillon verheiratet.

Gabillon, Zerline (1835–1892), Schauspielerin; kam unter Laube 1853 an das Burgtheater, wo sie sich als Charakterdarstellerin scharf pointierter Rollen und vor allem als Virtuosin des feinen Konversationsstückes auszeichnete; seit 1856 mit Louis Gabillon verheiratet.

Gallmeyer, Josephine (1838–1884), Schauspielerin, Tänzerin, Soubrette und Schriftstellerin; debütierte in Wien 1856 am Josefstädter Theater; ab 1857 unter der Direktion Nestroy am Carltheater; profilierte sich dann in Temesvar im Volksstück; 1862–1865 Theater an der Wien; den Höhepunkt ihrer Karriere als Sängerin und Schauspielerin der Wiener Volksbühne erlebte sie von 1865–1872 am Carltheater; anschließend Tourneen; wurde »der weibliche Nestroy« genannt.

Giampietro, Josef (1866–1913), Schauspieler; von 1889–1899 im Rollenfach des Komikers, Bonvivants, Liebhabers und Naturburschen am Deutschen Volkstheater engagiert; spielte dann in Operetten im Theater an der Wien und ging anschließend nach Deutschland.

Girardi, Alexander (1850–1918), Volksschauspieler; kam über zahlreiche Kurtheater 1871 als Komiker, Jugendlicher Liebhaber, Naturbursche und Tenor nach Wien, wo er zusammen mit J. Gallmeyer seine ersten Erfolge feierte; verkörperte von 1874 bis 1896 am Theater an der Wien die komischen Rollen in den Operetten von J. Strauß, K. Millöcker und E. Eysler; 1896–1897 am Carltheater;

1898–1900 Charakterdarsteller am Deutschen Volkstheater; anschließend Gastspiele; debütierte kurz vor seinem Tod am 15. 2. 1918 als Fortunatus Wurzel in Raimunds »Der Bauer als Millionär« am Burgtheater; er verhalf durch seine Interpretation zahlreichen Kompositionen zu großer Popularität, wie dem »Fiakerlied« von Gustav Pick, das er am 24. 5. 1885 zum erstenmal auf dem Praterfest der Fürstin Pauline Metternich in der Rotunde sang; in erster Ehe mit Helene Odilon verheiratet.

Glöckner-Kramer, Josephine (Pepi; 1874–1954), Schauspielerin; kam nach musikalischer und dramatischer Ausbildung in Wien über Budapest und Deutschland 1892 ans Deutsche Volkstheater, wo sie bis 1918 blieb; erwarb sich große Beliebtheit als Soubrette in der Darstellung urwüchsiger Volkstypen; Tochter von J. Matras.

Goluchowski, Agenor Maria Adam Graf (1849–1921), Diplomat und Staatsmann; ab 1875 Mitglied des Herrenhauses; Botschafter und Gesandter in Paris und Bukarest; 1895–1906 Außenminister, setzte sich für die Erhaltung des Status quo auf dem Balkan ein und erreichte mit den Vereinbarungen von Mürzsteg (1903) mit dem Zaren den Höhepunkt seiner politischen Karriere.

Groller, Balduin (eigentlich Adalbert Goldscheider; 1848–1916), Journalist und Schriftsteller; Chefredakteur der »Neuen illustrierten Zeitung«; gründete 1871 die »Allgemeine Kunstzeitung«.

Grois, Alois (1809–1874), Sänger und Komiker; kam über die Provinz ans Carltheater; bildete ab 1854 nach dem Tod von Direktor Carl, gemeinsam mit J. Nestroy, W. Scholz und K. Treumann, das berühmte Komiker-Quartett des Carltheaters.

Grübl, Raimund (1847–1898), Rechtsanwalt; ab 1880 als liberaler Abgeordneter im Wiener Gemeinderat; Widersacher K. Luegers; von 1894–1895 Bürgermeister von Wien.

Grünfeld, Alfred (1852–1924), Pianist und Komponist; wurde besonders durch seine Konzertparaphrasen und durch den Vortrag von Straußwalzern bekannt; schrieb auch Operetten und Serenaden.

Gulbransson, Olaf (1873–1958), norwegischer Maler und Zeichner; bedeutender Karikaturist, der in München für die politisch-satirische Wochenzeitschrift »Simplicissimus« tätig war.

Gutzkow, Karl Ferdinand (1811–1878), Schriftsteller und Dramatiker; Vertreter der Jungdeutschen; »Uriel Acosta« stammt aus dem Jahr 1847.

Haizinger, Amalie (1800–1884), Schauspielerin; war von 1847 bis 1884 am Burgtheater im Fach der komischen Alten tätig.

Hanslick, Eduard (1825–1904), epochemachender Musikkritiker und Musikschriftsteller; ab 1848 als Kritiker bei der »Wiener Zeitung«, ab 1855 bei der »Presse« und bei der »Neuen Freien Presse«.

Hartmann, Ernst (1844–1911), Schauspieler; von Laube als Liebhaber ans Burgtheater engagiert, dort ab 1864 auf Lebenszeit; war neben Sonnenthal Träger des Konversationsstückes; verheiratet mit Helene Hartmann.

Hartmann, Helene (1843–1898), Schauspielerin; debütierte unter Laube 1865 am Burgtheater, dort ab 1867 zuerst im Rollenfach der Naiven, später als Charakterdarstellerin fest engagiert; verheiratet mit Ernst Hartmann.

Hasenauer, Karl Freiherr von (1833–1894), Architekt und Oberbaurat; ab 1884 Professor an der Akademie der bildenden Künste, 1867–1881 Mitglied des Wiener Gemeinderates; 1867 Bauten für die Weltausstellung in Paris, 1871–1873 verantwortlich für die Wiener Weltausstellung; errichtete u.a. 1872–1881 gemeinsam mit G. Semper die beiden Hofmuseen; 1874–1888 Burgtheater, 1882–1886 Hermesvilla, ab 1881 Neue Hofburg; zählt mit seinem dekorativen und pompösen neobarocken Stil zu den wichtigsten Repräsentanten der Ringstraßenarchitektur.

Hauptmann, Gerhart (1862–1946), deutscher Dramatiker; Vertreter des Naturalismus.

Hebbel, Friedrich Christian (1813–1863), deutscher Dramatiker; lebte ab 1845 in Österreich; bewahrte in seinen Dramen, unter Vorwegnahme der sozialen und existenziellen Thematik des modernen Theaters, den strengen Stil der klassischen Tragödie.

Herzl, Theodor (1860–1904), Journalist, Erzähler und Dramatiker; Begründer des Zionismus; 1891–1895 Pariser Korrespondent der »Neuen Freien Presse«, dann Feuilletonredakteur.

Hesch, Wilhelm (1860–1908), Schauspieler und Sänger; ab 1895 an der Hofoper als vielseitiger dramatischer Baß engagiert.

Heuberger, Richard (1850–1914), Musikkritiker und Komponist; ab 1881 Musikkritiker beim »Wiener Tagblatt«, 1896–1901 bei der »Neuen Freien Presse«; ab 1904 Redakteur der »Neuen Musikalischen Presse«.

Hofmannsthal, Hugo von (1874–1929), Dichter; Erneuerer der antiken Tragödie und des mittelalterlichen Mysterienspiels; Zusammenarbeit mit R. Strauss (u.a. »Elektra«, 1904, »Der Rosenkavalier«, 1911, oder »Die Frau ohne Schatten«, 1919); gründete mit M. Reinhardt die Salzburger Festspiele, wo 1920 sein »Jedermann« uraufgeführt wurde.

Hohenfels, Stella Freifrau von (1857–1920), Schauspielerin; unter Förster ans Burgtheater engagiert, 1881 Hofschauspielerin; ab 1889 mit Alfred Freiherr von Berger verheiratet.

Holub, Emil (1847–1902), Ethnologe und Forschungsreisender; lebte von 1872–1880 in Südafrika; reiste 1883 von Kapstadt bis zum Sambesi.

Ibsen, Henrik (1828–1906), norwegischer Dichter; Wegbereiter des Naturalismus in Deutschland, Mitbegründer des Symbolismus; schuf die neue Gattung des Gesellschaftsstücks, das mit radikaler Kritik an den gesellschaftlichen Verhältnissen den Beginn des modernen Dramas markiert.

Jantsch, Heinrich (1845–1899), Schauspieler, Dramatiker und Theaterleiter; übernahm nach zahlreichen Direktionen in Deutschland 1893 das ehemalige Fürsttheater im Prater.

Jarno, Josef (1886–1932), Schauspieler, Regisseur und Theaterdirektor; ab 1899 Direktor des Josefstädter Theaters, wo er auch erstmals teilweise einen literarischen Spielplan versuchte; verheiratet mit Hansi Niese.

Jauner, Franz Ritter von (1832–1900), Schauspieler und Theaterdirektor; kam von Laube gefördert 1854 ans Burgtheater; ab 1855 im Ausland; ab 1872 Direktor des Carltheaters; ab 1875 provisorischer und von 1878–1880 definitiver Direktor der Hofoper, wo er Wagner förderte; 1880–1881 Direktor des Ringtheaters, das am 8. 12. 1881 völlig abbrannte, wobei 386 Menschen den Tod fanden; 1884–1894 Direktor des Theaters an der Wien (u.a. 1885 Uraufführung des »Zigeunerbaron«); anschließend Regisseur, Kurzdirektion am Carltheater.

Josephi, Josef (eigentlich Ichhäuser; 1852–1920), Schauspieler und Operettentenor.

Kainz, Josef (1858–1910), Schauspieler; spielte lange Jahre als Gast an vielen deutschsprachigen Bühnen, auch in Wien; erst 1899 als Nachfolger F. Mitterwurzers an das Burgtheater berufen; wurde durch die schöpferische Gestaltung seiner Rollen und durch seine realistische Sprechtechnik zum berühmtesten Charakterdarsteller des deutschsprachigen Theaters seiner Zeit.

Kalbeck, Max (1850–1921), Musikschriftsteller; ab 1880 Redakteur der »Wiener Allgemeinen Zeitung«, ab 1883 Musikreferent der »Neuen Freien Presse«, ab 1886 des »Neuen Wiener Tagblatts« und ab 1890 der »Wiener Montags-Revue«; war neben E. Hanslick ein heftiger Gegner von R. Wagner, A. Bruckner und H. Wolf.

Kálmán, Emmerich (1882–1953), ungarischer Operettenkomponist; u.a. »Die Czardasfürstin«, 1915, »Gräfin Mariza«, 1924.

Kästner, Erich (eigentlich Melchior Kurtz; 1899–1974), deutscher Schriftsteller; bekannter Kinderbuchautor; schrieb bis 1933 zeitkritische und politisch-satirische Texte für das Kabarett mit treffsicherem Witz gegen spießbürgerliche Moral, Militarismus und Faschismus.

Klaar, Alfred (1840–1927), Journalist, Essayist, Kritiker; ab 1901 Redakteur der »Vossischen Zeitung« in Berlin.

Klinger, Gustav (eigentlich Bernhard Buchbinder; 1854–1922), ungarischer Journalist und Schriftsteller; kam 1897 nach Wien, wo er zu einem der beliebtesten Verfasser von Hintertreppenromanen avancierte.

Knaack, Wilhelm (1829–1894), deutscher Komiker; folgte 1857 einem Ruf Nestroys an das Carltheater, wo er später dessen Rollen übernahm und sich trotz seiner norddeutschen Herkunft neben C. Blasel und J. Matras glänzend behaupten konnte.

Kopacsi, Julie (eigentlich Juliska Kopacsi-Karczag; geb. 1867), ungarische Operettensoubrette; 1894–1896 am Carltheater, dann Gastspiele in Europa, den USA, Theater an der Wien.

Korngold, Julius Leopold (1860–1945), Journalist und Musikschriftsteller; als Kollege und späterer Nachfolger E. Hanslicks von 1902–1934 einflußreicher Musikreferent der »Neuen Freien Presse«.

Kotzebue, August (1761–1819), Dramatiker, Journalist und Theaterdirektor; beliebter Gebrauchsdramatiker des 19. Jahrhunderts, schrieb hunderte Stücke; von 4156 Spieltagen des Hoftheaters in Weimar unter Goethes Leitung fielen 658 auf Aufführungen von Stücken Kotzebues, obwohl dieser als politischer Gegner Goethes galt; eines seiner bekanntesten Stücke ist »Die Deutschen Kleinstädter«, 1803.

Krakauer, Alexander (geb. 1866), Musiker.

Kramer, Leopold (1869–1942), Schauspieler; von 1897–1914 im Rollenfach des Bonvivant und Liebhabers am Deutschen Volkstheater; verheiratet mit Leopoldine Glöckner-Kramer.

Krastel, Friedrich (1839–1908), Schauspieler; von Laube 1865 als Liebhaber und jugendlicher Held ans Burgtheater engagiert, ab 1888 im Helden- und Heldenväterfach tätig.

Kraus, Karl (1874–1936), Sprach- und Kulturkritiker, Dramatiker; führte in seiner 1899 gegründeten Zeitschrift »Die Fackel« einen unerbittlichen Kampf gegen Korruption und Sprachmißbrauch; übersetzte Shakespeare und bearbeitete Werke Nestroys und Offenbachs.

Kürnberger, Ferdinand (1823–1879), liberaler Publizist, Dramatiker und Erzähler.

Lamezan-Salins, Eduard Graf (1835–1903), Jurist; ab 1889 Präsident des Landesgerichts für Strafsachen in Wien; barg beim Ringtheaterbrand am 8. 12. 1881 einige Verletzte und gründete unter diesem Eindruck gemeinsam mit H. Wilczek und J. Mundy die Wiener Freiwillige Rettungsgesellschaft.

Langkammer, Gustav (geb. 1856), Charakterkomiker und Regisseur; seit 1889 am Deutschen Volkstheater; ab 1893 am Raimundtheater; 1900–1901 Direktor des Theaters an der Wien; verheiratet mit Richard Nordmann (Pseudonym von Margarete Langkammer).

La Roche, Karl Ritter von (1794–1884), Schauspieler; 1833 auf Lebenszeit ans Burgtheater engagiert, führte dort ab 1841 auch Regie; 1873 von Kaiser Franz Josef geadelt.

L'Arronge, Adolf (1838–1888), Dramatiker.

Laube, Heinrich (1806–1884), Dramatiker, Erzähler, Kritiker und Theaterdirektor; bedeutendster Dramaturg des 19. Jahrhunderts; 1850–1867 Direktor des Burgtheaters, später Leiter des Leipziger und des Wiener Stadttheaters.

Lehár, Franz (1870–1948), Operettenkomponist; Hauptvertreter der sogenannten Silbernen Operettenaera.

Lewinsky, Josef (1835–1907), Schauspieler; 1854 Theater an der Wien, 1858 von Laube ans Burgtheater engagiert, wo er später auch als Regisseur erfolgreich war; profilierter Charakterdarsteller, vor allem im Intrigantenfach, später auch in komischen Rollen und in Volksstücken; berühmt für seine hervorragende Sprechtechnik.

Lingen, Theo (1903–1978), Bühnen- und Filmschauspieler, vorwiegend im komischen Fach.

Löwe, Ludwig (1794–1871), Schauspieler; ab 1811 im Rollenfach des Jugendlichen teilweise, ab 1826 endgültig am Burgtheater engagiert, wo er als Erster Held und später als Heldenvater 283 Rollen verkörperte.

Lueger, Karl (1844–1910), christlichsozialer Politiker; 1897–1910 Bürgermeister von Wien. Genoß große Popularität, sprichwörtlich für seinen Antisemitismus bekannt.

Maran, Gustav (eigentlich Gustav Dolezal; 1854–1917), Charakterschauspieler und Komiker; fand nach Jahren als Wanderschauspieler 1894 am Josefstädter Theater ein dauerndes Engagement.

Marlitt, Eugenie (eigentlich Eugenie John; 1825–1887), deutsche Schriftstellerin; veröffentlichte zahlreiche sozialkritische Unterhaltungsromane, u.a. Das Geheimnis der alten Mamsell, 1868.

Marmorek, Oskar (1863–1909), Architekt und Zionist; wirkte 1889 bei der Weltausstellung in Paris mit; arbeitete in Wien vorwiegend für Großausstellungen, u.a. Musik- und Theaterausstellung 1892, Vergnügungsanalage »Venedig in Wien«, 1900; Entwürfe für das Cottageviertel in Wien, Synagoge in Döbling, 1907; berief gemeinsam mit T. Herzl und M. Nordau 1897 den ersten Zionistenkongreß nach Basel; beging Selbstmord.

Marschner, Heinrich (1795–1861), Kapellmeister und Opernkomponist; sein Vorbild war C. M. v. Weber, während er wiederum R. Wagner als Vorbild diente.

Martinelli, Ludwig (1832–1913), Maler und Schauspieler; ab 1873 am Theater an der Wien und ab 1886 am Carltheater als Schauspieler tätig; kam 1889 als Freund Anzengrubers an das Deutsche Volkstheater und wurde dort eine der Hauptstützen des Ensembles.

Matras, Josef (1832–1887), Volkssänger und Volksschauspieler; kam 1857 an die Singspielhalle seines Freundes J. Fürst im Prater; 1862 ans Carltheater, wo er im Volksstück, in Possen und Operetten zum Publikumsliebling avancierte; als Vertreter des »verschmitzt-spaßigen« Wieners bezeichnet; repräsentierte gemeinsam mit W. Knaack und C. Blasel die Blütezeit der Wiener Volkskomödie.

May, Karl (eigentlich Karl Hohenthal; 1842–1912), deutscher Schriftsteller; schrieb zunächst Dorfgeschichten und Kolportageromane und wurde ab 1891 mit abenteuerlichen Reiseerzählungen zu einem der meistgelesenen deutschen Schriftsteller.

Metternich-Winneburg-Sándor, Pauline Fürstin von (1836–1921), Schwiegertochter und gleichzeitig Enkelin des Staatskanzlers Clemens Wenzel Lothar Fürst von Metternich; machte ab 1870 das Palais Metternich zu einem bedeutenden Mittelpunkt des Wiener Gesellschaftslebens; Organisatorin von karitativen Veranstaltungen und der Internationalen Musik-und Theaterausstellung, 1892.

Metzl, Ottilie (geb. 1872), Schauspielerin; ab 1891 am Burgtheater, dann am Raimundtheater; verheiratet mit Felix Salten.

Millöcker, Karl Joseph (1842–1899), Kapellmeister und Komponist; begann 1858 als Flötist im Josefstädter Theater; 1866 Kapellmeister am Theater an der Wien; wechselte 1868 zum Harmonietheater, dem späteren Orpheum, wo er Anzengruber kennenlernte, für dessen Stücke er dann die Musik schrieb; 1869–1883 Kapellmeister am Theater an der Wien; schuf 19 Operetten und die Musik zu 70 Possen; »Der Bettelstudent«, 1882, und »Gasparone«, 1884, zählen zu den klassischen Operetten.

Mitterwurzer, Friedrich (1844–1897), Schauspieler; wurde als Talent für »brüchige Charaktere« berühmt; gastierte unter Laube 1867 am Burgtheater; 1871 fest ans Burgtheater engagiert, dem er mit Unterbrechungen bis 1883 angehörte; anschließend Engagements am Wiener Stadttheater, am Ringtheater; ab 1884 Leitung des Carltheaters; von 1886-1894 Gastspielreisen und Burgtheatergastspiele.

Morgenstern, Christian (1871–1914), deutscher Schriftsteller, Lyriker und Kabarettexter; wurde vor allem durch seine skurrilen Sprachgrotesken bekannt.

Müller-Guttenbrunn, Adam (1852–1923), Heimaterzähler, Dramatiker und Theaterleiter; Anhänger des großdeutschen Gedankens; von Laube bei seinen journalistischen Anfängen ermuntert; leitete ab 1886 das Feuilleton der »Wiener Deutschen Zeitung«; ab 1893–1896 Direktor des Raimundtheaters, 1898–1903 Direktor des Kaiserjubiläums-Stadttheaters; später deutschnationaler Abgeordneter zum Nationalrat.

Mundy, Jaromir von (1822–1894), Offizier und Arzt; war ab 1881 neben H. Wilczek einer der Hauptorganisatoren der Wiener Freiwilligen Rettungsgesellschaft.

Nestroy, Johann Nepomuk (1801–1862), Volksschauspieler und Dramatiker; ursprünglich vielseitiger Opern- und Sprechtheaterdarsteller; 1832–1839 Komiker und Bühnenautor am Theater an der Wien; 1839–1853 Schauspieler und Bühnenautor am Carltheater; 1854–1860 Direktion des Carltheaters; verfaßte über 80 Theaterstücke, wobei er vom traditionellen Wiener Volksstück ausgehend das Wiener Volkstheater zur Vollendung brachte.

Niese, Hansi (1875–1934), Volksschauspielerin; kam über die Provinz 1893 als Naive ans Raimundtheater; als 1899 ihr Ehemann Josef Jarno die Direktion des Josefstädter Theaters übernahm, entwickelte sie sich dort zur Charakterkomikerin und Menschendarstellerin großen Formats; war mit A. Girardi als idealem Partner in Anzengruber- und Raimundstücken erfolgreich; gilt als die letzte große österreichische Volksschauspielerin.

Nissel, Franz (1831–1893), Dramatiker; 1852 erster Bühnenerfolg mit dem Volksstück »Das Beispiel«; erhielt 1878 für »Agnes von Meran« den Schillerpreis; sonst setzte sich nur 1882 vorübergehend »Die Zauberin am Stein« am Burgtheater und anderen Bühnen durch.

Nordmann, Richard (eigentlich Margarete Langkammer; 1866–1922), Schauspielerin und Journalistin, naturalistische Dramatikerin und Erzählerin; verheiratet mit Gustav Langkammer.

Odilon, Helene (1865–1939), Schauspielerin; von 1891–1903 am Deutschen Volkstheater engagiert, wo sie als Salondame auf der Bühne und als erotische Grande dame durch ihre privaten Skandale rasch berühmt wurde; in erste Ehe mit A. Girardi verheiratet.

Offenbach, Jacques (1819–1880), Kapellmeister, Theaterdirektor und Komponist; einer der Begründer der modernen Operette (u.a. »Orpheus in der Unterwelt«, 1858, »Die schöne Helena«, 1864, »Pariser Leben«, 1866).

Pallenberg, Max (1877–1934), Schauspieler und Charakterkomiker.

Palmay, Ilka (eigentlich v. Petras; geb. 1864), ungarische Schauspielerin und Sängerin; 1890–1893 Soubrette am Theater an der Wien.

Payer, Julius Ritter von (1842–1915), Polar- und Alpenforscher, Kartograph; nahm 1869/70 an der zweiten deutschen Nordpolexpedition teil; gemeinsam mit K. Weyprecht Leiter der österreichisch-ungarischen Nordpolexpedition 1872–1874, bei der am 30. 8. 1873 eine Inselgruppe, das Kaiser-Franz-Josefs-Land, entdeckt wurde.

Petőfi, Sándor (eigentlich Petrovics; 1823–1849), ungarischer Nationaldichter, größter ungarischer Lyriker; fiel im ungarischen Freiheitskrieg.

Pick, Gustav (1832–1921), Jurist und Komponist; zunächst als Jurist und im kaufmännischen Bereich tätig; war, ohne Noten lesen zu können, ein ausgezeichneter Klavier-, Harmonium- und Posthornspieler; schrieb das Fiakerlied »I führ zwa harbe Rappen«, das im Frühjahr 1885 auf dem von Fürstin Metternich für die Wiener Rettungsgesellschaft im Prater veranstalteten Volksfest unter der Devise des 100jährigen Bestehens der Wiener Fiakerzunft von A. Girardi zum erstenmal gesungen wurde.

Polgar, Alfred (1873–1955), Theaterkritiker, Dramatiker und Essayist in Wien und Berlin; Meister der kleinen Form.

Pötzl, Eduard (1851–1914), Journalist und Lokalschriftsteller; ab 1874 Redakteur der »Wiener Neustädter Zeitung«, dann bis zu seinem Tod Feuilletonredakteur des »Neuen Wiener Tagblatts«; Meister der Wiener Lokalskizze und pointenreicher Schilderer des Wiener Alltaglebens.

Raimund, Ferdinand (1790–1836), Dramatiker und Schauspieler; ursprünglich bei Wandertruppen, kam 1814 an das Josefstädter Theater; 1817–1830 am Leopoldstädter Theater, wo er ab 1821 auch als Spielleiter und von 1828–1830 als Direktor wirkte; Vollender des traditionsreichen Alt-Wiener Volksstücks und Klassiker des Märchen- und Zauberspiels; Grundgedanken seiner Werke sind die Ideale des Biedermeier Treue, Dankbarkeit, Zufriedenheit und Maßhalten, die in der Welt der Phantasie oder auf dem Boden der Heimat spielen.

Raupach, Ernst (1784–1873), Lustspieldichter; verfaßte 117 Gesellschaftskomödien und Lustspiele, u.a. das Allerseelenrührstück »Der Müller und sein Kind«, das 1907 zu einem Operettenlibretto umgestaltet und auch verfilmt wurde.

Reichmann, Theodor (1849–1903), berühmter Wagnersänger; 1882–1889 Hofopernmitglied; nach Gastspielen in USA und England wiederum von 1893–1903 an der Hofoper; zählte bis 1892 und dann ab 1902 zu den wichtigsten Mitgliedern des Bayreuther Festspielensembles.

Reimers, Georg (1860–1936), Schauspieler; vom Carltheater 1885 ans Burgtheater engagiert.

Rettich, Julie (1809–1866), Schauspielerin; 1828 Gastspiel am Burgtheater, dort von 1830–1833 und ab 1835 ständiges Ensemblemitglied.

Richter, Hans (1843–1916), Kapellmeister und Dirigent; 1875–1900 Erster Kapellmeister der Hofoper; 1880–1890 Konzertdirigent der Gesellschaft der Musikfreunde; ab 1876 einer der Hauptdirigenten der Bayreuther Festspiele; ging dann nach England, wo er zum Wegbereiter für R. Wagner wurde.

Rokitansky, Hans Freiherr von (1835–1909), Sänger; ab 1864 als Baßist an der Hofoper engagiert.

Salten, Felix (eigentlich Siegmund Salzmann; 1869–1945), Schriftsteller und Journalist; 1890–1892 Redakteur der »Allgemeinen Kunst-Chronik«; seit 1893 Burgtheaterreferent der »Wiener Allgemeinen Zeitung«; später u.a. Kulturreferent der »Berliner Morgenpost« und der »Frankfurter Allgemeinen Zeitung«; Kabarettgründer; 1906–1922 Leiter des Kulturteiles der »Neuen Freien Presse«.

Sandrock, Adele (1863–1937), Schauspielerin; kam vom Meininger Hoftheater nach Wien, wo sie als Iza im »Fall Clemenceau« am Theater an der Wien entdeckt wurde; 1888–1895 am Deutschen Volkstheater; bis 1898 eindrucksvolle Tragödin am Burgtheater; wurde von Max Reinhardt nach Berlin geholt.

Schalk, Franz (1863–1931), Kapellmeister und Dirigent; 1901 von G. Mahler als Erster Kapellmeister an die Hofoper berufen; dirigierte 1904–1921 die Konzerte der Gesellschaft der Musikfreunde; 1918–1929 (1919–1924 gemeinsam mit R. Strauss) Direktor der Staatsoper.

Schildkraut, Rudolf (1862–1930), Schauspieler.

Schlenther, Paul (1854–1916), Journalist; Vorkämpfer des Naturalismus; 1886–1898 Theaterkritiker und Redakteur der »Vossischen Zeitung« in Berlin; 1898–1910 Burgtheaterdirektor.

Schlesinger, Max (1846–1907), Journalist; Redakteur des »Salonblattes«; Mitredakteur des »Wiener Tagblattes«, wo er alljährlich im Fasching unter dem Namen Max ausführliche Berichte von sämtlichen Wiener Bällen veröffentlichte.

Schlesinger, Sigmund (1832–1918), Journalist und Lustspieldichter; Feuilletonredakteur des »Neuen Wiener Tagblatts«. Lustspiele: »Mit der Feder«, 1863; »Die Gustel von Blasewitz«, 1863; »Nicht

schön«, 1863; »Wenn man nicht tanzt«, 1863; »Der Graf aus dem Bu-
che«, 1863; »Mein Sohn«, 1863; »Der Hausspion«, 1864; »Am Frei-
tag«, 1865; »Ein liberaler Kandidat«, 1872; »Liselotte«, 1872; »Die
Schwestern von Rudolfstadt«, 1874; »Das Trauerspiel des Kindes«
1876; »Wiener Tagebuchblätter«, 1880; »Das Ende vom Anfang«,
1890; »Wer das Größte nicht ehrt ist das Kleinere nicht wert«, 1890;
»Der Scheidungsschmaus«, 1898; »Großpapa Bolz«, 1909; »Ein Opfer der Wissenschaft«, 1909. Operettenlibretti gemeinsam mit Ignaz
Schnitzer: »Pufferl«, 1905; »Der Elektriker«, 1906; »Tip-Top«, 1907.

Schlögl, Friedrich Kilian (1821–1892), Feuilletonist und humoristischer Volksschriftsteller; schrieb für viele Zeitschriften, u.a. für das
»Neue Wiener Tagblatt«, Humoresken, Sittenbilder und kulturhi-
storische Aufsätze.

Schmedes, Erik (1868–1931), Heldentenor; 1898–1924 Mitglied der
Hofoper; u.a. zahlreiche Gastspiele in Bayreuth.

Schnitzer, Ignaz (1839–1921), Schriftsteller, Journalist und Übersetzer; ursprünglich aus Pest, lebte ab 1881 endgültig in Wien; nach
»Der Prätendent«, 1881, verfaßte er die Libretti zu »Der Zigeunerbaron« (Musik Johann Strauß, UA 1885), »Bruder Straubinger« (gemeinsam mit M. West; Musik E. Eysler, UA 1903), »Pufferl« (gemeinsam mit S. Schlesinger, Musik E. Eysler), »Der Elektriker« (gemeinsam mit S. Schlesinger, 1906), »Tip-Top« (gemeinsam mit S.
Schlesinger, 1907); 1920 erschein sein zweibändiges Werk »Meister
Johann« mit wichtigen Beiträgen zur Lebensgeschichte der Familie
Strauß.

Schnitzler, Arthur (1862–1931), Dichter und Arzt; ab 1890 mit der literarischen Bewegung Jung Wien in Kontakt, der auch H. v. Hofmannsthal, F. Salten oder H. Bahr angehörten; Burgtheaterdebut
mit »Liebelei« am 9. 10. 1895.

Scholz, Wenzel (1787–1857), Volksschauspieler; ursprünglich Wanderschauspieler; 1814/15 Hofburgtheater; Freund und wichtigster
Partner J. Nestroys, der für ihn eigene Rollen schrieb; nach u.a. Josefstädter Theater und Theater an der Wien ab 1838 durch lebens-
länglichen Vertrag ans Carltheater gebunden.

Schöne, Hermann (1836–1902), Schauspieler und Schriftsteller; 1863–
1899 am Burgtheater engagiert.

Schönerer, Georg Ritter von (1842–1921), deutschnationaler Politiker;
Gründer des Deutschnationalen Vereins (1882), der von rassisti-
schem Antisemitismus getragen wurde.

Schönherr, Karl (1867–1943), Dramatiker; klagte in seinen naturalistischen, von Landschaft und Tradition Tirols gekennzeichneten Problemstücken, die Daseinsnot des Menschen an, u.a. »Sonnwendtag«, 1902, »Erde«, 1907, »Glaube und Heimat«, 1910.

Schönthan, Franz Edler von Pernwald (1849–1913), Schauspieler und Dramatiker; verfaßte gemeinsam mit seinem Bruder Paul zahlreiche bühnenwirksame Lustspiele, wie »Der Raub der Sabinerinnen«, 1885, oder »Maria Theresia«, 1903.

Schratt, Katharina (eigentlich Katharina Kiß von Itebe; 1855–1940), Schauspielerin; debütierte als »Gustel von Blasewitz« (von S. Schlesinger) 1872 am königlichen Hoftheater Berlin; 1873 als »Käthchen von Heilbronn« am Wiener Stadttheater; 1874–1875 Hoftheater in Petersburg; 1875–1879 unter Laube am Stadttheater; wurde nach Gastspielreisen von 1883–1900 Mitglied des Burgtheaters; 1887 Hofschauspielerin.

Shaw, George Bernhard (1856–1950), irischer Schriftsteller und Journalist; sein literarisches Programm war die Demaskierung der bürgerlichen Gesellschaft, die Zerstörung verkrusteter Konventionen und die prinzipielle Auflehnung gegen etablierte Normen; verfaßte rund 70 Schauspiele, u.a. »Die Häuser des Herrn Sartorius«, 1897, »Frau Warrens Gewerbe«, 1898, oder »Der Teufelsschüler«, 1901, und zahlreiche kunst- und literaturkritische sowie sozialikritische und politische Schriften.

Sonnenthal, Adolf von (1834–1909), Schauspieler, berühmter Heldendarsteller; von Laube 1856 ans Burgtheater engagiert; dort ab 1884 auch als Oberregissseur tätig; 1886–1888 Burgtheaterdirektor; 1882 geadelt.

Speidel, Ludwig (1830–1906), deutscher Journalist und Schriftsteller; ab 1853 in Wien, wurde der klassische Vertreter des Wiener Feuilletons, auch als Kritiker für das Burgtheater und die Hofoper tätig; schrieb von 1877–1884 ausschließlich für die »Neue Freie Presse«.

Spitzer, Daniel (1835–1893), Rechtsanwalt, Schriftsteller und Journalist; schrieb ab 1865 für »Die Presse«, dann für die »Deutsche Zeitung« und die »Neue Freie Presse«; wurde bekannt durch seine humoristisch-satirischen Feuilletons, die er »Wiener Spaziergänge« nannte.

Stelzhammer, Franz (1802–1874), Schriftsteller; einer der bedeutendsten Mundartdichter des bayrisch-oberösterreichischen Raums, ursprünglich Wanderschauspieler.

Strakosch, Alexander (1845–1909), Schauspieler und Schauspiellehrer; kam 1872 mit Laube von Leipzig als Vortragsmeister an das Wiener Stadttheater; während der Direktion Burckhard als Vortragsmeister am Burgtheater.

Straus, Oscar (1870–1954), Kapellmeister und Operettenkomponist; u.a. »Ein Walzertraum«, 1907.

Strauß, Johann (Sohn; 1825–1899), Kapellmeister und Komponist; bis 1871 ausschließlich Kompositionen von Tanzmusik (Walzerkönig); wandte sich dann der Operette zu und eroberte die Bühnen der ganzen Welt u.a. mit »Die Fledermaus«, 1874, »Eine Nacht in Venedig«, 1883, »Der Zigeunerbaron«, 1885, »Wiener Blut«, 1899; unter seinen 560 Musikstücken befinden sich 145 Walzer.

Sudermann, Hermann (1857–1928), deutscher Schriftsteller; vor dem 1. Weltkrieg erfolgreicher Dramatiker, der gegen den Sittenverfall eines unsozialen Bürgertums polemisierte, u.a. in »Heimat«, 1893; verfaßte auch realistische Romane und Erzählungen.

Suppé, Franz von (1819–1895), Komponist; Neffe des italienischen Opernkomponisten Donizetti; begann seine Laufbahn 1840 als Kapellmeister in Wien; verfaßte über 1000 Kompositionen; darunter »Die schöne Galathee«, 1865; »Leichte Kavallerie«, 1866; »Fatinitza«, 1876; »Boccaccio«, 1879.

Szeps, Moritz (1835–1902), Journalist und Zeitungsherausgeber; von 1855–1867 Chefredakteur der liberalen »Morgenpost«; 1867 Gründung des »Neuen Wiener Tagblatts«, verkaufte dieses dann 1872 an die Steyrermühl AG, blieb jedoch bis 1886 Herausgeber und Chefredakteur; 1886 Gründung des »Wiener Tagblatts«.

Thaller, Willi (1854–1941), Volksschauspieler; begann als Wanderschauspieler, wurde 1881 von Jauner als Gast ans Carltheater berufen, wo er für den erkrankten J. Matras fest engagiert wurde; ab 1882 Gastspiele in Deutschland und USA; 1898 Raimundtheater; 1900–1902 eines der beliebtesten Mitglieder des Deutschen Volkstheaters; 1902 Theater an der Wien.

Thimig, Hermann (1890–1982), Schauspieler; Charakterkomiker; war u.a. bei Max Reinhardt in Wien und Berlin engagiert, ab 1934 am Burgtheater.

Thimig, Hugo (1854–1944), Schauspieler und Theaterdirektor; ab 1874 mit Unterbrechungen am Burgtheater engagiert, ab 1897 auch als Regisseur tätig; 1912–1917 Burgtheaterdirektor; 1923–1936 am

Theater in der Josefstadt; galt als einer der bedeutendsten Charakterkomiker des deutschen Sprachraums; Vater von Hermann Thimig.

Treßler, Otto (1871–1967), Schauspieler; ab 1896 am Burgtheater.

Tyrolt, Rudolf (1848–1929), Schauspieler und Schriftsteller; 1873–1884 am Wiener Stadttheater, 1884–1888 am Burgtheater und anschließend am Volkstheater engagiert; hervorragender Darsteller von Wiener Volkstypen.

Verne, Jules (1828–1905), französischer Schriftsteller; verfaßte utopisch-halbwissenschaftliche Abenteuer- und Zukunftsromane.

Wagner, Josef (1818–1870), Schauspieler; von 1835–1839 am Josefstädter Theater; 1847 als Gast, 1950 von Laube ständig ans Burgtheater engagiert.

Weyprecht, Karl (1838–1881), Seekartograph und Polarforscher; Offizier der österreichischen Kriegsmarine; führte nach zahlreichen Reisen von 1869-1871 die Küstenaufnahme Dalmatiens durch; leitete 1871 gemeinsam mit F. v. Peyer eine Vorexpedition in die Arktis und führte von 1872–1874 die österreichisch-ungarische Nordpolexpedition durch, die zur Eroberung des Franz-Josefs-Lands führte.

Wilczek, Hans Graf (Johann Nepomuk; 1837–1922), Großgrundbesitzer; 1861–1918 Mitglied des Herrenhauses; Förderer von Wissenschaft, Forschungsexpeditionen und Kunst; arrangierte 1879 gemeinsam mit H. Makart den berühmten Festzug, war 1881 Mitbegründer der Wiener Freiwilligen Rettungsgesellschaft, gründete gemeinsam mit Billroth das Krankenhaus Rudolfinerhaus und initiierte den Wiederaufbau der Ruine Kreuzenstein (1874–1908); wurde vielfach geehrt, u.a. von Kaiser Franz Josef zum Ritter des Goldenen Vlieses ernannt; verfaßte zahlreiche Bücher.

Winkelmann, Hermann (1848–1912), Heldentenor und Wagnersänger; 1883–1906 Hofopernmitglied.

Wittmann, Hugo (1839–1923), deutscher Journalist und Feuilletonist; ab 1869 bei der »Neuen Freien Presse« vornehmlich als Theaterkritiker tätig; verfaßte gemeinsam mit T. Herzl Bühnenstücke und mit anderen Bühnenautoren Opernlibretti für J. Strauß, K. Millöcker u. a.

Wolter, Charlotte (1834–1897), Schauspielerin; von Nestroy ans Carltheater engagiert, ab1862 am Burgtheater.

Ziehrer, Carl Michael (1843–1922), Militärkapellmeister und Komponist; führte die Hoch- und Deutschmeister zu hohem Ruhm; verfaßte 600 Märsche, Walzer und Tänze und 22 Operetten; u. a. »Die Landstreicher«, 1899 (1600 Aufführungen).

Zuckerkandl, Bertha (1864–1945), Journalistin und Schriftstellerin; Tochter von Moritz Szeps und verheiratet mit dem Anatomen Emil Zuckerkandl; in ihrem Haus trafen sich die bekanntesten Persönlichkeiten der Kunst- und Kulturszene wie G. Klimt, G. Mahler, M. Reinhardt, A. Schnitzler, H. v. Hofmannsthal oder K. Kraus; sie war in der Zwischenkriegszeit eine der bedeutendsten Journalistinnen Europas.

Zuckerkandl, Emil (1849–1910), Anatom, 1879 a. o. Universitätsprofessor, 1882 Universitätsprofessor in Graz, lehrte ab 1888 in Wien, erwarb sich große Verdienste um die Entwicklung der topographischen und vergleichenden Anatomie sowie um die Morphologie; war mit Bertha Zuckerkandl verheiratet.

Zuckerkandl, Otto (1861–1921), Urologe und Chirurg; ab 1896 Universitätsprofessor in Wien; Bruder von Emil Zuckerkandl.

Zwerenz, Mizzi (1876–1947), Soubrette; von 1901–1916 am Carltheater engagiert, eine der Lieblingspartnerinnen Alexander Girardis.

GLOSSAR

Bocherlé, scherzhafte Verkleinerungsform bzw. Romanisierung von
   Bocher, jidd., Talmudschüler

Börtel, Borte

Budel, Theke

Chuzpe, jidd., Frechheit

enter, jenseits

entere Gründ', die Vorstädte Wiens jenseits des Alserbaches, durch
   die Urwüchsigkeit und Schneid der Bewohner bekannt.

Erdapfel, Kartoffel

Farbkastl, Malkasten

Fiaker, (zweispännige) Pferdekutsche, auch Kutscher

Fotzn, Ohrfeige

Frackerl, kleine Schnapsflasche (von *flacon*)

frozzeln, necken

Gassel, kleine Gasse

Gav'liere, Kavaliere

Goderl kratzen, jmdm, schmeicheln

Greisler (Greißler), Krämer (Kramladen)

Greislerhund, großer Hundemischling

G'spritzter, mit Sodawasser aufgespritzter Wein, Schorle

Guglhupf (Gugelhupf), Napfkuchen aus Hefeteig mit Rosinen.

Häferl, Trinkbecher, Tasse

hatschen, hinken, gehen

Hieb, hier: Stadtbezirk Wiens

Indianerkrapfen, Schokoladenachtisch, Mohrenkopf

Janker, Jacke, Bauernjacke

Kipfel, Hörnchen

Laiberl (Laberl), kleiner Brotlaib, Kleingebäck

Mandl, Männchen

Marille, Aprikose

Maschanzger, einheimisch Apfelsorte

Nachtmahl, Abendessen

nebbich, jidd., etw.: wenn schon; unbedeutend

Pfersach, jidd., Pfirsiche

pflanzen, hier: necken

Plätschen, großes Pflanzenblatt (Salat); eine mäßig große Fläche
   Nässe, Schmutz oder dgl.; im Kartenspiel: sehr gute Karten

Preferance, Kartenspiel, *preferanzeln*, Preferance spielen

Pülcher, Strolch, Vagabund, Halbstarker

Rattler, kleiner Hundemischling

Schlagobers, Schlagsahne

Schmalranftler, schmalkrempiger Hut, galt als schneidig, wienerisch

Schotter, Kleingeld, Münzen

Sommerfrische, sommerlicher Landaufenthalt (Urlaub)

Stan, eigentlich *Stein (an der Donau)*: österreichische Strafanstalt bei Krems a.d. Donau

Stösser, Habicht; Zylinder mit schmaler, flacher Krempe (der Fiaker), Fiakermelone; galt als schneidig, wienerisch

Strizzi, Strolch, Zuhälter

Totalisateur, *Totalisator*, offizieller Buchmacher beim Pferderenn- und Turniersport

Trampel, plumpe (weibliche) Person; verächtlich

Tramway, Straßenbahn

Wean, Wien

Zins, Miete

Zuckerl, Bonbon

zwa harbe Rappen, zwei lebhafte (herbe) Rappen

Zwetschke, Pflaume

BILDNACHWEIS